章太炎傳

湯志鈞 著

臺灣商務印書館 發行

章太炎是中國近代有影響的人物

引言

章太炎是中國近代有影響的人物，也是一位有爭議的人物。

章太炎早年贊助政治改革，後來投身反清革命；出獄東渡，主編《民報》，和同盟會發生矛盾；民國成立，由附袁（世凱）到反袁，由追隨孫中山到反對改組後的國民黨。由於他本身的複雜性，形成對他評價的差異。

我認為評價歷史人物，特別是像章太炎這樣的思想家，似應弄清他各該文章的寫作時間，弄清他是在什麼時代背景下寫的。因為近代歷史發展迅速，一個人的思想也隨著社會的發展而有所變化，章太炎早年撰寫的《訄書》和後來改定的《檢論》，從編日到內容都有極大不同，他的增刪、改易，反映了他在動盪的時代裡的思想變化。如果把他後來的撰著，說是他早年的思想，那就不可能得出正確的結論。同時，評價歷史人物，也不能絕對化，而應全面考慮，例如章太炎在二十世紀初力倡「排滿」，是事實，但在辛亥前夕卻有了改變；又如他晚年反對白話文，也是事實，但他早年也寫過白話文；他崇奉《說文》，反對甲骨文，後來也有了改變。正確評價歷史人物，就要按照一定的時間、條件，具體分析。

近代人物，離今較近，有時也會牽涉親友、尊卑、鄉里、師友等關係，評價時自不能阿其所好，也不能抓住一點，不計其餘。

本書準備按照上述意願，對章太炎的一生，作一探索。

目錄

第一章 誦六籍・通訓詁

一 倉前世家

同治七年戊辰十一月三十日（一八六九年一月十二日），章太炎生於浙江餘杭倉前小鎮的書香世家。

餘杭在杭州市西郊，倉前鎮在餘杭縣中南，東距杭州市十八公里，西離餘杭鎮六公里，過去以舟船代步，如今鐵路、公路暢通，交通方便。

倉前鎮是南宋的糧倉，據嘉慶《餘杭縣志》：「臨安便民倉在縣東十里，今名其地曰倉前」。離現在倉前糧站以西三百米是一片民房，倉前人至今還稱它為「臨安倉」。

章氏故居在倉前鎮街市中段，坐北朝南，略偏西南。前三廳是一百多年前建築，後一幢樓房則為七十多年前建造。四進房子，「一進比一進高，後樓比前廳高一米多。整座房子全是木質結構，下鎮地板，上襯木質望板，內室四壁不露粉牆，在柱腳之間隔著木板。牆腳條石砌礎，約一公尺以下的牆身用的是開磚，其上是泥牆，厚度約四二公分。第一廳是平房，三間二邊房一過道，面積一四六・三平方米。第二廳是平房，三間一廚房一邊弄，面積一七二・七平方米。第三廳是二層樓房，三間一書房一過道，面積二三六平方米。太炎先生臥室在這一廳靠近書房的東邊間。第四廳是二層新樓，三間一邊房一過道，面積二一七・九平方米，整座故居進深四一・五米，占地六八八平方米，建築面積八一一・五平方米，除去過道、天井面積，實際使用面積七二五平方米。除後樓使用保管較好外，一、二、三廳已破陋不堪」①，一九八六年曾加修理。

倉前可稱是魚米之鄉，據一九八五年統計，全年畝產一七六六斤，總產糧食三、六〇八萬斤。全年淡水魚起水量六、〇七五擔，蠶繭二、四一四擔，竹筍一一、四八九擔，油菜籽一、二二八、〇〇〇斤。飼養生猪二三、三〇五頭，毛兔二一、〇〇〇隻，家禽七九、四一九隻，產蛋一、八三五擔②，章太炎自幼就生長在這交通便利、物產豐富的餘杭倉前。

章太炎名炳麟，字枚叔（一作梅叔），初名學乘，因羡慕顧炎武之為人，改名絳，別號太炎。曾用名和筆名有章燐、章緇、絳叔、西狩、日本西狩祝予、末底、戴角、薊漢閣主、支那章炳麟、臺灣旅客、知拙夫、亡是公、支獵胡、支拉夫、支那夫、陸沉居士、劉子政私淑弟子、劉子駿之紹述者。又有毛一、蕭海琳，但未獲旁證，也未見手迹。

章太炎曾祖名均，字安圃（一作安溥），「自署治齋」。生於清乾隆中。「家素給，承累世

章太炎故鄉——倉前鎮

倉前章太炎故居

業緒，廢居田畜，貲產至百萬。入縣學為增廣生，援例得訓導，教於海鹽儒學」。「出萬餘緡起苕南書院，又置百千畝為章氏義莊，右為家塾，教族人讀書，時宗族三百餘人，貧者多就家塾習業」。「年六十三，清道光十二年卒」③。

章太炎祖父名鑑，字聿昭，自署曉湖，「稍長，入縣學為附學生，援例得國子監生」。「蓄宋、元、明舊槧本至百千卷，日督子弟講誦」。「中歲好醫術，自周、秦及唐、宋、明、清諸方書悉諳誦上口。以家富不受人餉糈，時時為貧者治療，處方不過五、六，諸難病率旬日起」。「年六十二，清同治二年卒」④。

又據《光緒餘杭縣志稿・人物列傳》稱：章鑑「少習舉業，以妻病誤於醫，遍購古今醫家書，研究三十年。初僅為親族治病，輒效」，太平天國起軍後，「行醫為治，嘗治時疫之脈絕氣脫者，一劑即起，立方參變不泥古。防危症，藥不過三、四味，曰少則力專，多則牽制也」。章太炎也擅醫學，受其祖父影響。

章太炎父親名濬，字輪香，「家多藏書，得恣誦習」。太平天國起軍後，對江南地主經濟進行掃蕩，章氏「家無餘財，獨田一頃在耳」⑤，「嘗客清杭州府知府譚鍾麟所」。「晚歲里居」，課章太炎及兄箴讀，「時舉藏書目錄及平生師友學行以詔。諸子由是發憤為學，年六十六，清光緒十六年卒」。「子男四人，長殤，次籛嗣，清光緒壬寅浙江鄉試舉人。次炳麟」。次炳芹，女，適同邑張蔭椿，清光緒癸卯進士，籤分度支部福建司主事。

又據《光緒餘杭縣志稿・人物列傳》：章濬，「字楞香，廩生，屢試優等，道光己酉拔萃科，埒入選時，家素封，以忌者齮言，遽歸不應試。鄉闈七荐不售，泊如也」。同治初，左宗棠「督師至閑林鎮，濬獻地圖，並陳善後策，頗見用。先是，濬祖均捐田千畝建義莊，燹後券册盡毀，濬悉心鈎稽，得七百餘畝復之，家譜、宗祀以次修葺，凡勘荒修塘，均實事求是，晚年猶與耆老規畫東鄉水利無稍倦。生平長於醫，為人治病輒效，暇則以詩自娛」⑥。

章濬立有〈家訓〉，中說：「妄自卑賤，足恭諂笑，為人類中最庸下者。吾自受業親教師外，未嘗拜謁他人門牆。汝曹當知之」。「精研經訓，博通史書，學有成就，乃稱名士。徒工詞章，尚不足數，況書畫之末乎？然果專心一藝，亦足自立，若脱易為之，以眩俗子，斯即謂斗方名士，慎勿墮入」。「曲園設教詁經精舍，吾時充監院，相處數歲，今聞其茹蔬念佛，賢士晚節，往往至此」。又言自己「中年頗好禪學」以及「吾家世授醫術，然吾未能工也」⑦。那麼，章太炎在章濬死後到詁經精舍就讀，係秉其「遺訓」，他的深究醫術也與家學有關。

二　詁經精舍

章太炎幼年、少年時代，除受到家學的薰陶外，對他影響最大的有二，一是受朱有虔（左卿）的影響，明「夷夏之防」；二是在杭州詁經精舍，跟隨俞樾接受傳統的古文經學治學方法。

章太炎在十一、二歲時，從外祖父朱有虔讀經，偶然看到蔣良騏《東華錄》所載曾靜案等「文字獄」，朱有虔說是「夷夏之防，同於君臣之義」，並說：過去王船山、顧炎武也曾「言之」。章太炎以為「明亡於清，反不如亡於李闖」，自稱：「余之革命思想伏根於此」。他說：

「余十一、二歲時，外祖朱左卿（名有虔，海鹽人）授余讀經，偶讀蔣氏《東華錄》曾靜案，外祖謂『夷夏之防，同於君臣之義』。余問：『前人有談此語否？』外祖曰：『王船山、顧亭林已言之，尤以王氏之言爲甚，謂歷代亡國，無足輕重，惟南宋之亡，則衣冠文物，亦與之俱亡。』余曰：『明亡於清，反不如亡於李闖。』外祖曰：『今不必作此論，若果李闖得明天下，闖雖不善，其子孫未必皆不善，惟今不必作此論耳。』余之革命思想伏根於此。依外祖之言觀之，可見種族革命思想原在漢人心中，惟隱而不顯耳」⑧。

關於受朱有虔影響，較早就有「種族革命思想」事，章太炎曾多次述及，如說：「鄙人自十四、五歲，覽蔣氏《東華錄》，已有逐滿之志」⑨。「余年十三、四，始讀蔣氏《東華錄》，見呂留良、曾靜事，悵然不怡，輒言有清代明，寧與張、李也」⑩。〈東京留學生歡迎會演說辭〉也說：

「兄弟少小的時候，因讀蔣氏《東華錄》，其中有戴名世、曾靜、查嗣庭諸人的案件，便就胸中發憤，覺得異種亂華，是我們心裡第一恨事。後來鄭所南、王船山兩先生的書，全是那些保衛漢種的話，民族思想，漸漸發達，但兩先生的話，卻沒有甚麼學理」⑪。

還說：讀了《東華錄》和《明季稗史》，見到「揚州、嘉定、戴名世、曾靜之事，仇滿之念固已勃然在胸」⑫。

章太炎自稱：「幼誦六籍，訓詁通而已」⑬。朱有虔的教育，《東華錄》、《明季稗史》的閱讀，對章太炎的較早蘊育「民族」思想是有影響的；至於「種族革命」，則是在外患日迫、清政府腐朽日露的情況下逐漸發展的。

一八九〇年，章太炎父親去世，到杭州詁經精舍跟隨著名漢學家俞樾受業，埋頭「稽古之學」，在學業上奠定了很好的基礎。

俞樾，字蔭甫，號曲園，浙江德清人，曾任翰林院編修。他是從顧炎武、戴震、王念孫、王引之等一脈相承下來的清代著名樸學大師，撰有《羣經平議》、《諸子平議》、《古書疑義舉例》諸書，校正羣經、諸子句讀，審定文義，並分析其特殊文法與修辭，治學方法嚴謹。在他主持下的詁經精舍，不趨尚專為應付科舉應試的時文，「專理經義，即旁及詞賦，亦多收古體，不涉時趣」⑭。精舍中設有許鄭祠，「特奉許、鄭兩先師栗主於精舍之堂，用示凱式，使學者知為學之要，在於研求經義，而不在乎明心見性之空談，月露風雲之浮藻」⑮。可知他是尊崇東漢許慎、鄭玄之學，即古文經學的。

章太炎在詁經精舍，「事德清俞先生」，言「稽古之學」，「出入八年，相得也」⑯，遇到「讀書有不明處，則問之」⑰。後來，他曾談到向俞樾「問學」和他對俞樾治學的評價，如說：

「然治《春秋》，頗右公羊氏，蓋得之翔鳳云。爲學無常師，左右採獲，深疾守家法、違實錄者。說經好改字，末年自敕爲經說十六卷，多與前異。章炳麟讀《左氏・昭公十七年傳》：『其居火也久矣，其與不然乎？』證以《論衡・變動篇》云：『絉然之氣，見宋、衛、陳、鄭災。』說曰不然者，林然之誤，借林爲絉。先生曰：『雖訽善，不可以訓。』其審諦如此」⑱。

又說：

「二十歲，在餘杭，談論每過儕輩。忖路徑近曲園先生，乃入詁經精舍，陳說者再，先生率未許。後先生問，『《禮記・明堂位》有虞氏官五十、夏后氏官百、殷二百、周三百、鄭《注》周三百六十官，此云三百者，記時〈冬官〉亡也。〈冬官〉亡於漢初，周末尚存，何鄭《注》謂〈冬官〉亡乎？』余謂：『〈王制〉三卿五大夫，據孔《疏》，諸侯不立冢宰、宗伯、司寇之官，有小司徒、小司寇、小司空、小司馬、小卿而無小宗伯，故大夫之數爲五而非六，依《周禮》，當減三百之數，與〈冬官〉存否無涉也。』先生稱善。又問：『《孝經》有先王而至德要道，先王誰耶？鄭《注》謂先王爲禹，何以孝道始禹耶？』余謂：『《經》云先王有至德要道以順天下者，明政治上之孝道異尋常人也。夏后世襲，方有政治上之孝道，故孝道始禹。且《孝經》之制，本於夏后；五刑之屬三千，語符〈呂刑〉。三千之刑，周承夏舊，知先王確爲禹也。』先生亦以爲然。余於同儕，知人所不知，頗自矜」⑲。

章太炎對俞樾的「審諦」是深為欽佩的。他的治學方法，也繼承了古文經學的治學特點。

在詁經精舍時，章太炎又先後向黃以周、高學治、譚獻請益。

黃以周，字元周，浙江定海人，「為學不拘漢、宋門户」，曾主持江陰南菁書院多年，「江南諸高材皆出其門中」⑳。他採集漢、唐至清關於禮制的解說，撰《禮書通故》一百卷，考釋中國古代禮制、學制、封國、職官、田賦、樂律、刑法、名物、占卜等，以「三禮」為宗，詳加考證，是清代學者研究「三禮」的重要著作之一。章太炎對此極為推崇，說是「蓋與杜氏《通典》比隆，其校覈異義過之。諸先儒不決之義，盡明之矣」㉑。他的重視典章制度和考究歷代沿革，應該是受到黃以周的啟發的。

高學治，字宰平，「刻苦求樸學」，「亦好宋、明儒書，以貢生選烏程訓導」。章太炎撰〈高先生傳〉，謂：「問經書，輒隨口應。且令讀陳喬樅書。炳麟曰：『若不逮陳奐矣。』先生曰：『長洲陳君過拘牽，不得聘。』炳麟問孫星衍，且及逸書。先生曰逸書置之」。章太炎舉例以責，「先生稱善，且曰：『若是逸書者可說矣，雖然不見篇帙，從朽壁中得一二語已拉絕者，輒以施訓，若得完書當云何？』炳麟由是說經益謹。先生語炳麟：『惠、戴以降，樸學之士，炳炳有行列矣；然行義無卓絕可稱者，方以程、朱倪也。視兩漢諸經師堅苦忍形，遁世而不悶者，終莫能逮。夫處陵夷之世，刻苦典籍，而操行不衰，常為法式，斯所謂易直弸中君子也，小子志之』」㉒。高學治「刻苦求樸學」，重「行義」，對章太炎有影響。

譚獻，字仲修，浙江仁和人。同治舉人。「治經必求兩漢諸儒微言大義，不屑屑章句，讀書日有程課，凡所論著，檃括於所為日記，文導源漢、魏，詩優柔善入，惻然動人，又工詞」㉓。後為張之洞延主湖北經心書院。章太炎治文，曾受譚獻影響，他在後來寫的〈致譚獻書〉中說：「少治經術，漸遊文苑。既嗜味小學，伉思相如、子雲，文多奇字，危側趨詭，遂近偽體。吾師愍其懵暗，俯賜救療，自審受藥陽、扁，正危聲夔、曠，慚恨向作，爰畀游光」㉔。章太炎的文崇魏、晉，與譚獻的啟示有關連。

由上可知，詁經精舍「專課經義」，主持精舍的俞樾宗古文經學，章太炎曾詣問學的黃以周、高學治重樸學，使他薰染古文經學的治學方法；儘管譚獻也治今文，但章太炎主要從他學文學，「初不及經義」。在這些老師、前輩中，給他影響最深的還是俞樾，自稱：「余始治經，獨求通訓詁、知曲禮而已，及從俞先生游，轉益精審，然終未窺大體」㉕。

章太炎在詁經精舍八年，埋頭「稽古之學」，沿著古文經學治學途徑，繼承俞樾經、子研究的軌轍，在學業上奠定了良好的基礎，寫下了大量的讀書札記。

章太炎在詁經精舍的讀書札記，除部分刊入《詁經精舍課藝》外，尚有《膏蘭室札記》，《春秋左傳讀》也寫於此時。

《詁經精舍課藝》第七集收錄章太炎〈壯於頄解〉等十七篇，是他在光緒十六年至十九年間的「課藝」；《詁經精舍課藝》第八集收錄章太炎《西旅獻獒解》等二十二篇，是他在光緒二十年至二十二年的「課藝」。這些札記，是對《易》、《書》、《詩》、《禮》、《春秋》、《論語》、《孟子》、《爾雅》諸書文字、經義的詮釋。他不拘泥舊注、舊本，每能提出己見，如〈祖乙圮於耿解〉認為鄭玄所說「祖乙又去相居耿，而國為水所毀，於是修德以禦之，不復徙也」。以為鄭說「誇強而非事實，水毀城郭，切膚之災，非如桑谷雊雉之變。無害於民生者，可修德禦之也」。提出「圮乃圯之誤字」，「圯於耿者，作橋於耿也。古人多實字虛用，如築城即曰城，築郭即曰郭也。故築圯即曰圯矣」。「此圯於耿，與杜預事正同，謂浮橋也」㉖。〈八十曰耋、九十曰耄解〉謂陸德明《經典釋文》據鄭玄注本，以《禮記・曲禮》「八十曰耋，九十曰耄」中「曰耄」二字為「後人妄加」。章太炎則據〈射義〉「耆耋好禮，旄旗稱道不亂」，以為「足見耋為八十，與九十曰旄分也」，並以《禮記・王制》、《尚書・堯典》相互參證，說明「曰耋」二字不是「妄加」㉗。

在「課藝」中，對今文經學尚未排斥，有時還加援用，認為「《左氏》而通於《公羊》」，他對何休《公羊解詁》提出批評，也沒有逕反《公羊》。如〈無酒酤我解〉㉘，對《毛詩》中〈小雅・伐木〉：「無酒酤我」進行考釋，認為「《傳》：『酤，一宿酒也』。《箋》云：『酤，買也，王無酒酤買之』」。「酤」，應以鄭玄《毛詩箋》訓「買」為是。「以酤為買，出於三家，鄭說非獨創」。知章氏對今文三家《詩》說尚不偏廢。又如〈昭十年不書冬說〉，謂何休《公羊解詁》「以為蓋昭公取吳孟子之年，故貶之」，他以吳與魯同姓姬，故貶之。章氏以為這是何休「臆說，非《公羊》師承之舊」。對「不書冬」也主褒貶。他還要以「《公羊》之大誼，箴何君之違闕」㉙。又如〈魯於是始尚羔解〉，援引《白虎通・瑞贄》「卿大夫贄，古以麑鹿，今以羔雁」，以為「執麑者，殷制也。蓋殷於三統尚質，於五色尚白。《論語》云：『素衣麑裘』，謂裘與衣色同，是麑色白也。魯用殷禮，以從周則嫌僭上，從夏則嫌代周，故用殷禮，祭以白牡，其證也，則贄亦當從殷而用麑」。「魯卿見晉卿之執羔，因惡麑鹿之質而改尚羔。《春秋》救文以質，方欲改羔為麑，而魯反充麑用羔，是以素臣謹志之，蓋以見三正之循環，非僅為區區器數錄也，此《左氏》可通於《公羊》者也」㉚。

章太炎宗漢學，但對宋儒略有可取的也曾採用。如〈躐席解〉謂：「《禮記・玉藻》『登席不由前為躐席』，自來皆作兩句讀。謂『所以不由前者，為其躐席也』。惟陳澔則作一句讀」。「澔固妄人，然一知半解，未必全無足錄」㉛。

章太炎在詁經精舍從俞樾學習，俞樾的治學方法，是從王念孫、王引之一脈相承的。王引之的《經義述聞》，也是他們視為圭臬的作品，但章太炎並不迷戀骸骨，墨守師承，認為它也有「未能融貫」之處。如〈毋出九門解〉云：「炳麟案：鄭《注》以天子九門為：路門、應門、雉門、庫門、臯門、城門、近郊門、遠郊門、關門。《經義述聞》則謂南方三門、東西北各二。〈匠人〉九階注曰：南面三，三面各二，是其例也。說頗精確，惜其謂與《考工記》之旁三門不同，猶未經融貫二經也」。章氏認為〈匠人〉「營國方九里，此謂城也，旁三門，此謂郭也」。「故知十二門，謂郭而城，止九門也」。「九分其國，九卿治之，必為營於九門明矣」。「故知王城惟有九門，惟郭乃十二門耳，兩經固不誖也」㉜。

章太炎在詁經精舍「精研故訓，博考事實」，對我國古代文獻曾潛心鑽研。

其實，《詁經精舍課藝》中發表的，只是章太炎在詁經精舍肄業時札記的極少幾篇，他從光緒十七年仲春起，將讀書所得，隨時札記，即《膏蘭室札記》，生前未刊，僅有稿本，共四卷，今存三卷；卷一有二百三十一條，卷二有一百五十五條，卷三有八十八條，共四百七十四條，都是對儒家經籍、周秦諸子以至其他古籍考釋駁難之作。考釋之書，有《爾雅》、《說文解字》、《廣韻》、《訓纂》、《易》、《易辨終備》、《論語》、《管子》、《墨子》、《荀子》、《莊子》、《晏子春秋》、《尸子》、《列子》、《文子》、《商君書》、《呂氏春秋》、《淮南子》、《揚子法言》、《鹽鐵論》、《申鑑》、《白虎通義》、《論衡》、《書》、《尚書中侯》、《尚書大傳》、《儀禮》、《周禮》、《大戴禮記》、《禮記》、《國語》、《公羊傳》、《穀梁傳》、《山海經》、《穆天子傳》、《吳越春秋》、《新序》、《說苑》、《史記》、《漢書》、《後漢書》、《晉書》、《隋書》、《宋書》、《史通》、《詩》、《楚辭》、《文心雕龍》等書，皆逐條考釋文句，間有駁論。

在這些札記中，很多是對上述古籍文字音韵的考釋，對通假字等時有心得，如〈令入而不至謂之瑕〉，即對《管子·法法篇》的「瑕」借為「固」提出新解，他說：「《管子·法法》：『令入而不出謂之蔽，令出而不入謂之雍，令出而不行謂之牽，令入而不至謂之瑕』。瑕猶蔽於雍也，字借為固，《春秋》宋共公名固，〈十二諸侯年表〉作瑕，是瑕與固通也。《說文》『固，四塞也』。引申則《說文》云『錮，寒也』。寒亦不至之誼也。《論語》『學則不固』。孔注：『固，蔽也』。

《周禮・掌固》注：固，國所以依阻者也，惟有塞之蔽之阻之者，是以入而不至，故曰令入而不至謂之固」。又如〈皤校四時〉，認為《列子》中「皤校四時」，「皤」即「皤」、「蕃」，「蕃」又可借為「變」。他說：「皤猶皤也。《食貨志》云『獄少皤』者是也，亦猶蕃也。《漢書・成帝紀》引《堯典》『於變時雍』，作於蕃時雍，是蕃得借為變矣。校讀為交者，《小爾雅・廣詁》『交，易也，更也』。然則皤校四時，謂變易四時也」。

札記中對古注擇善而從，對拘腐的舊注，也提出新解。如〈混吾〉謂：「《管子・侈靡》『佶堯之時，混吾之美在下』。尹知章注言「二帝之時，比屋可封，美俱在下」，其說是也。而以混為同，則非也。《說文》『琨，石之美者』。〈子虛賦〉『琳緡琨珸』，然則混吾即琨珸，以石之美喻人之美也」。又如〈庚泥不可得泉〉謂：「《管子・地員》『青龍之所居，庚泥不可得泉』。注『庚續其處，即有青龍居，又沙泥相續，故不可得泉也』。此說太迂曲。案庚即唐，《說文》唐從庚聲可證。上文云，黃唐無宜也。注云：唐，虛脆也，是也。蓋虛脆之土謂之庚，亦謂之唐，其實皆借為場，古文唐作啺，從昜聲，故唐與場聲通也。《釋詁》『庚揚皆訓續也』，是借揚為庚，故庚與場聲亦通也。《方言》云『蚍蜉蠅鼠之場謂之坻，螾場謂之坦』，坻與坦，亦皆土中之虛脆者也」。

札記中也有對清儒考證提出批評的，如對臧庸的講古籍用韻，在〈論臧拜經音韵之謬〉中說：「乃臧拜經以為《三百篇》首尾中間無不可韵者，則支離破碎，厚誣古人，宜為陳恭甫所譏也。乃又謂《儀禮》敘事之文亦皆有韵。夫《詩》與《儀禮》祝醮等辭，及羣經中應對議論之文，及引古語之文，此乃文章潤色之法，設有不韵者，易以訓詁相同之字而韵協矣，於理可也。至敘事則如人名、官名，有不容改易者，如謂協韵，則《春秋》亦節協韵乎？」

札記中也有史學考證，如〈晏子生卒〉，從《晏子春秋·雜下篇》「晏子使吳」一事，與〈外下篇〉「晏子沒十有七年，景公飲諸大夫酒」相矛盾，對晏子生卒和《晏子春秋》提出異議。

由上可知，札記是繼承乾嘉學派的治學方法，以文字學為基點，從校訂經書擴大到史籍和諸子，從解釋經義擴大到考究歷史、地理、天文曆法、音律、典章制度，他是深受俞樾的影響的。

從今存《膏蘭室札記》三卷來說，有下述三點值得注意：第一，章太炎在詁經精舍除潛研古籍外，對西學也已涉獵。例如《歷物疏證》「小引」：「算術積世愈精，然歐幾里生周末，《幾何原本》遂為百世學者所宗，是算理固備於二千年前矣」㉝，提到希臘數學家歐幾里得的《幾何原本》。〈問運至野者〉引「英人雷俠兒《地學淺釋》」㉞。〈火燼炎而不滅〉引「西人韋廉臣《格物探原》㉟。〈化學多者莫多於日月〉，引「侯夫勒《談天》和赫士譯《天文揭要》」㊱。可知章太炎這時已經接觸西學。他自己雖說：「自從甲午以後，略看東西各國的書籍，才有學理收拾起來」㊲，實際上在此以前已治西學了。查一八九六年章氏〈致譚獻書〉云：

「麟前論《管子》、《淮南》諸篇，近引西書，旁傅諸子，未審大楚人士以傖父目之否？頃覽嚴周〈天下篇〉，得惠施諸辨論，既題以歷物之意，歷實訓算，傅以西學，正如閉門造車，不得合轍。分曹疏證，得十許條，較前說爲簡明確鑿矣」㊳。

引西學以釋《管子》、《淮南》諸條，如上揭〈問運至野者〉引《地學淺釋》以釋《管子・侈靡》，如上揭〈化學多者莫多於日月〉，引《天文揭要》以釋《管子・白心》，〈火爈炎而不滅〉引《格物探源》以釋《淮南・覽冥訓》；又如釋《淮南子・天文訓》、《淮南子・墬形訓》諸條，也明顯地採用西說。這些篇文，都存於《膏蘭室札記》卷三，是癸巳年，即一八九三年的作品，也就是說，他在一八九三年已治西學了。章太炎的老師俞樾在一八九七年寫的《詁經精舍課藝》八集〈序〉說：「此三年中，時局一變，風會大開，人人爭言西學矣，而余與精舍諸君子猶硜硜焉抱遺經而究終始，此叔孫通所謂鄙儒不通時變者也。雖然，當今之世，雖孟子復生，無他說焉。為當世計，不過曰盍亦反其本矣。為吾黨計，不過曰守先王之道以待後之學者」。他也感到甲午至丙申三年間的「風會大開」；其實在此之前「硜硜焉抱遺經而究終始」的章太炎，卻早已研讀西學了。

第二，《膏蘭室札記》是章太炎早年之作，他認為僅「十得其五」故生前迄未刊行。查《膏蘭室札記》除幾篇刊於《詁經精舍課藝》外，後來經過修潤輯入《太炎文錄初編》的，只有〈夏用青說〉（原名〈或素或青夏造殷因〉）、〈大夫五祀三祀說〉、〈子思孟軻五行說〉（原名〈案往造舊說謂之五行〉）、〈孝經本夏法說〉、〈賓柴說〉、〈禽艾說〉、〈說束矢白矢〉（原為〈束矢〉、〈白矢參連〉二篇）、〈諸布諸嚴諸逐說〉、〈說稽〉等數篇而已，絕大部分卻沒有刊布。大約因係少年之作，不夠成熟之故。後來，章太炎在〈再與人論國學書〉稱：「行篋中亦有札記數冊，往者少年氣盛，立說好異前人，由今觀之，多穿鑿失本意，大抵十得其五耳。假我數年，或可以無大過矣」㊴。似指《膏蘭室札記》而言，故他生前迄未梓行，也可看出章太炎治學的嚴謹。

第三，章太炎自稱：「二十四歲，始分別古今文師說」㊵。二十四歲，當光緒十七年，即一八九一年，也就是在詁經精舍肄業之時。就上述《詁經精舍課藝》和《膏蘭室札記》來看，他遵循古文經學的治學方法，但對今文尚未排斥，對宋學之略有可取的也曾採用，而不墨守師承，迷戀骸骨。我認為章太炎的「分別古今文師說」，又是伴隨著時代的推移、形勢的發展而逐漸深入的。

如上所述，俞樾是古文經學家，但他又治《春秋》，「頗右公羊氏」，也好「兩漢諸儒微言大義」，章太炎在詁經精舍時，一方面沿著古文經學治學的軌轍前進，一方面也對今文諸說加以研討，這時還沒有專排今文。

章太炎視今文經學為「詭誕」，是看到康有為的《新學偽經考》而言。查章太炎「始分別古今文師說」一定在光緒十七年，這年恰恰是《新學偽經考》初版刊行之年。這句話，又載在光緒二十二年的《年譜》中，下面還說：「譚先生好稱陽湖莊氏，余侍坐，但問文章，初不及經義，與穗卿交，穗卿時張《公羊》、《齊詩》之說，余以為詭誕。專慕劉子駿，刻印自言私淑」。譚先生，譚獻；穗卿，夏曾佑，也張今文學說。這年《年譜》又記：

「初，南海康祖詒長素著《新學僞經考》，言今世所謂漢學，皆亡新王莽之遺；古文經傳，悉是僞造。其說本劉逢祿、宋翔鳳諸家，然尤恣肆。又以太史〈公〉多據古文，亦謂劉歆之所羼入。時人以其言奇譎，多稱道之。祖詒嘗過杭州，以書示俞先生，先生笑謂余曰：爾自言私淑劉子駿，是子專與劉氏爲敵，正如冰炭矣」。

他對康有為的「專與劉氏為敵」是深為不滿的。就在這一年，作《春秋左傳讀》。

《春秋左傳讀》是章太炎駁難今文學者之作，有必要作簡單的介紹。

《春秋左傳讀》五卷，《自定年譜》雖說是本年作，實際上起草較早，這時應為寫成之年㊶。《章氏叢書》初編僅收〈敍錄〉。〈敍錄〉云：「《春秋左傳讀》者，章炳麟著也。初名《雜記》，以所見輒錄，不隨經文編次，效臧氏《經義雜記》而為之也。後更曰『讀』。取發疑、正讀為義也。蓋籀書為讀，籀其大義曰讀，紬其微言亦曰讀」。「紬微言，紬大義，故謂之《春秋左傳讀》」云。懿《左氏》、《公羊》之衅，起於劭公，其作《膏肓》，猶以發露短長為趣。從劉逢祿本《左氏》不傳《春秋》之說，謂條例皆子駿所竄入，授受皆子駿所構造，著《左氏春秋考證》及《箴膏肓評》自申其說。彼其摘發同異，盜憎主人，諸所駁難，散在《讀》中」。諸祖耿：〈記本師章公自述治學之功夫及志向〉記：「余幼專治《左氏春秋》，謂章實齋六經皆史之說為有見。……方余之為一知半解也，《公羊》之說如日中天，學者撏其餘焰，簧鼓一世，余故專明《左氏》以斥之。然清世《公羊》之學，初不過一二人之好奇，康有為倡改制，雖不經，猶無大害，其最謬者，在依據緯書，視《春秋經》如預言，則流弊非至掩史實、逞妄說不止」㊷。也提到了康有為。

章太炎在撰寫《春秋左傳讀》時，曾與「好稱陽湖莊氏」今文的譚獻商榷。譚獻《復堂日記續錄》「光緒二十一年乙未九月二十三日」記：「得汪子用祖孫書，又為餘杭章生炳麟枚叔呈雜文三篇。章生劬書善病，嘗作《春秋左傳讀》，有志治經，前年楊春圃以所作文字質。已略指正之矣」。章太炎光緒二十二年新正〈致譚獻書〉也附寄《左傳讀》請「指其瘢垢」，謂：「夫《左氏》神趣深博，言約誼隱，故覽文如詭，尋理即暢，持其蕝詞，彪蔚敘事，瞻逸嘗學，買櫝遂失隋珠。嘗撢嘖於荀、賈，微文於遷、向，微言絕恉，迴出慮表，修舉故訓，成《左氏讀》。志在纂疏，斯為屬草，欲使莊、孔解戈，劉、宋弢鏃，則鯫生之始願已」㊸，可知《春秋左傳讀》主要是駁難莊存與、孔廣森、劉逢祿、宋翔鳳今文之學的。

章太炎也將此稿請俞樾審讀，俞樾「搖首曰：『雖新奇，未免穿鑿，後必悔之』」，他也「由是鋒芒乃斂」㊹。章氏〈自述學術次第〉也說：

「余治經專尚古文，非獨不主齊、魯，雖景伯、康成亦不能阿好也。先師俞君，曩日談論之暇，頗右《公羊》。余以爲經即古文，孔子即史家宗主。漢世齊學，雜以燕、齊方士怪迂之談，乃陰陽家之變。魯學猶爲儒流，而成事不符已甚。康成所述，獨《周禮》不能雜以今文，《毛詩箋》名爲宗毛，實破毛耳。景伯謂《左氏》同《公羊》者十有七八，故條例多爲元凱所駁。余初治《左氏》，偏重漢師，亦頗旁採《公羊》。以爲元凱拘滯，不如劉、賈閎通。數年以來，知《釋例》必依杜氏，古字古言，則漢師尚焉。其文外微言，當取二劉以上。元年之義，採諸吳起，專明政紀，非可比傅乾元也。譏世卿之説，取之張敞，所指則季氏、田氏、趙氏，非如《公羊》讕言崔、尹也。北平曆譜、長沙訓詁之文；漢以後不遺隻字，余獨於《史記》得之。〈十二諸侯年表〉所載鄭妾夢蘭、衛鞭師曹、曹人弋雁諸事，《左氏》皆不志其年，而〈年表〉有之，斯必取諸歷譜者矣。採用傳文，時或改字，觀《尚書》改字本於安國，則知《左氏》改字〈本〉於長沙矣。所次《左傳讀》，不欲遽以問世者，以滯義猶未更正也」㊺。

說明自己「專尚古文」，《春秋左傳讀》之所以沒有「問世」，是「以滯義猶未更正」之故。重赴日本主編《民報》時，仍「藏在篋中，未示學者」，只將〈敍錄〉一篇鈔送《國粹學報》，自感「中受（劉逢祿）見之，唯有匍匐卻走耳」㊻。不久，在〈再與人論國學書〉中也說：「《左氏》故言，近欲次錄。昔時為此，亦幾得五、六歲，至今仍有不愜意者，要當精心汰淅，始可以質君子」㊼。對《春秋左傳讀》仍有「不愜意者」。後來，章氏有些看法發生變化㊽，致此書在他生前迄未刊布。

上面談到，章太炎自稱「始分別古今文師法」在《新學偽經考》刊行那年，他對《新學偽經考》視為「恣肆」。康有為治今文，反劉歆，自然受到常州今文經學奠基人劉逢祿的影響。《春秋左傳讀》駁難劉逢祿，自與《新學偽經考》的刊行有關。此外，他還擬專門駁議《偽經考》，《瑞安孫先生傷辭》稱：「會南海康有為作《新學偽經考》，詆古文為劉歆偽書。炳麟素治《左氏春秋》，聞先生治《周官》，皆劉氏學，駁《偽經考》數十事未就，請於先生。先生曰：是當嘩世三數年。荀卿有言，狂生者不胥時而落，安用辨難，其以自熏勞也」㊾。

那麼，章太炎在詁經精舍肄業期間，崇奉左氏，駁難莊、劉，右《左傳》，辟《公羊》，他和治今文的康有為是「論學殊」的。然而，《春秋左傳讀》「藏於篋中」，駁《新學偽經考》數事也「未就」，這是什麼原因呢？除掉學術上自感尚有「滯義」外，又有著時代的原因。

---

① 俞金生：〈倉前鎮和太炎故居〉，《餘杭文史資料》第二輯，一九八六年五月版。

② 同上。

③ 章太炎：〈先曾祖訓導君先祖國子君先考知縣君事略〉，《太炎文錄續編》卷四。

④ 同上。

⑤ 同上，又章太炎：〈與龔未生書〉：「<u>江</u>籍遺產三十畝，聊供饘粥入學之資」。知章氏曾籍遺產土地三十畝。

⑥ 《兩浙輶軒續錄》，參見《行述》。

⑦ 章氏筆述，影行手迹，見《制言》第四十三期，一九三七年六月十六日出版。

⑧ 朱希祖：〈本師章太炎先生口授少年事迹筆記〉，《制言》第二十五期《太炎先生紀念專集》。

⑨ 章太炎：〈致陶亞魂柳亞廬書〉，《復報》第五號；又見《制言》第六十一期。

⑩ 章太炎：《光復軍志》，一九一八年八月天津華新印刷廠排印本。

⑪ 見《民報》第六號。

⑫ 章太炎：〈獄中答新聞報〉，《蘇報》光緒二十九年閏五月十二日。

⑬ 章太炎：〈上李鴻章書〉，手迹，上海圖書館藏，見《章太炎政論選集》第五三頁，一九七七年十一

月中華書局版。

⑭ 俞樾：《詁經精舍五集・序》。

⑮ 俞樾：《詁經精舍四集・序》。

⑯ 章太炎：〈謝本師〉，《民報》第九號。

⑰ 〈章太炎先生答問〉，見拙編《章太炎政論選集》上冊第二五九頁，中華書局一九七七年版。

⑱ 章太炎：〈俞先生傳〉，見《太炎文集》卷二。

⑲ 諸祖耿：〈記先師章公自述治學之功夫及走向〉，《制言》第二十五期。

⑳ 章太炎：〈黃先生傳〉，《太炎文錄初編》卷二。

㉑ 同上。

㉒ 章太炎：〈高先生傳〉，見《太炎文錄初編》卷二。

㉓ 《清史稿》卷四九一〈文苑〉二。

㉔ 章太炎：〈致譚獻書〉，手迹，上海圖書館藏。

㉕ 《太炎先生自定年譜》「光緒二十二年丙申，二十九歲」。

㉖ 見《章太炎全集》第一冊第三一五——三一六頁。

㉗ 同上第三三三——三三四頁。

㉘ 同上第三三六；又《膏蘭室札記》亦有此文，文字有異。

㉙ 同上第三三五——三三六頁。

㉚ 同上第三三七——三三八頁。

㉛ 同上第三三二頁。

㉜ 章太炎：〈毋出九門解〉，見《章太炎全集》第一冊第三二四——三二五頁。

㉝ 《章太炎全集》第一冊第二四三頁。

㉞ 同上第二五九頁，雷俠兒（Charles Lyell），今譯賴爾。

㉟ 同上第二五六頁，韋廉臣（Alexander Williamson），美國傳教士。

㊱ 同上第二六〇——二六一頁，侯夫勒（J. F. W. Hershel），今譯赫舍爾，英國天文學家。赫士（W. M. Hayes），美國傳教士。

㊲ 章太炎：〈東京留學生歡迎會演說辭〉。

㊳ 章太炎：〈致譚獻書〉，光緒二十二年七月十日，手迹，上海圖書館藏。

㊴ 《國粹學報》丁未年第十二號。

㊵ 《太炎先生自定年譜》「光緒二十二年丙申，二十九歲」。

㊶ 章太炎於光緒二十二年〈致譚獻書〉已云附寄〈春秋左傳讀〉，此函寫於是年「新正」，知書在二十二年前已經落稿。又據譚獻：《復堂日記續錄》，光緒二十一年九月，章氏即與譚獻商榷此書，見後。

㊷ 見《制言》第二十五期。

㊸ 手迹，上海圖書館藏。

㊹ 諸祖耿：〈記本師章公自述治學之功夫及志向〉，《制言》第二十五期。

㊺ 手稿，上海圖書館藏。

㊻ 章太炎：〈與劉師培書三〉，《國粹學報》丙午年第十二號，光緒三十二年十一月二十日，《太炎文錄初編》未收。

㊼《國粹學報》丁未年第十二號，光緒三十三年十二月二十日出版，收入《太炎文錄初編·別錄》卷二。

㊽錢玄同：〈與顧起潛書〉，見《制言》第五十期。又章太炎：〈與徐哲東論春秋書〉云：「《春秋左傳讀》乃僕少作，其時滯於漢學之見，堅守劉、賈、許、穎舊文，以與杜氏立異，晚乃知其非」。

㊾《太炎文錄初編》卷二。

第二章 走出書齋

一 以革政挽革命

一八九四年的中日戰爭，中國又一次慘敗。次年四月十七日（三月二十三日），清政府與日本簽訂喪權辱國的「馬關條約」，瓜分危機近在眼前。康有為趁著入京應試的機會，聚合各省應試學子一千三百餘人於五月二日聯名上書請願，發動「公車上書」，請求拒和、遷都、練兵、變法，提出「下詔鼓天下之氣」、「遷都定天下之本」、「練兵強天下之勢」、「變法成天下之治」等救國綱領。並在北京、上海辦強學會和《萬國公報》、《中外紀聞》、《時務報》。

在民族危機深重的刺激下，章太炎聽到康有為設立上海強學會，曾「寄會費銀十六圓入會」①，《時務報》創刊，章太炎與經理汪康年有舊②，「目擊道存」、「懷欲著論」，致書汪康年：

「大著宗旨，不欲臧否人物，韙非教令，斯誠定，哀微辭，言者無罪。抑商榷法制，無過十端，數册以往，語欲屈竭，則綉其鞶帨矣。芻蕘之見，謂宜馳騁百家，掎摭子史，旁及西史，近在百年，引古鑑今，推見至隱。昔太沖《待訪錄．原君》論學，議若誕謾，金版之驗，乃在今日，斯固瑋琦幼眇，作世模式者乎？如鄙見可採，尚有數首，即當寫奉，證今則不爲危言，陳古則不觸時忌，昔人以三百五篇諫者，其是謂歟？」③

他毅然走出書齋，於一八九七年一月（光緒二十二年十二月），由杭赴滬，任職《時務報》，並在《經世報》、《實學報》、《譯書公會報》撰文，基本上贊成維新變法，指出中國應該「發憤圖自強」、「不能惟舊章之守」，主張以「革政挽革命」。

章太炎在《時務報》和康門弟子共事不久，文章也發表不多，但他在這時的論文中，卻有沾染今文的迹象。

時務報

「今文」、「古文」，是儒家經籍的不同統緒，他們雖都發端於漢代，但所尊的經典不同，對孔子的看法不同，治學的方法也不相同。大體說來，古文經學家以六經是前代的史料，孔子是「述而不作，信而好古」的聖人，不過將前代的史料加以整理、傳授後人而已，也就是說：他們以為孔子是一位史學家，將孔子看作古代文化的保存者。

今文學家卻反對這種說法，他們認為孔子決不僅僅是一個古代文化的保存者，五經（六經去「樂」）固然有前代的史料，但經過孔子整理，就有了新的涵義，有的還是孔子所作，更具深意。前代的史料，是孔子「托古改制」的手段，經過孔子的「制作」，經書就有了「微言大義」。不能只重視其文與史，應該重視經書之「義」。因此，今文經學視孔子為政治家、哲學家。

古文學家以六經為古代史料，以孔子為史學家，所以尊孔子為先師；今文學家以孔子為政治家，所以尊孔子為「素王」。所謂「素王」，謂有「王」之德和才而無「王」之位。孔子雖有「德」和「才」，畢竟沒有其「位」，只是「素王」。他們同樣推崇孔子，但推崇的角度不同。今文學家以孔子為「素王」，以為經書中有孔子「筆削」之「義」，所以尊孔子，注目於發揮孔子「微言大義」的《春秋公羊傳》；古文經學家雖也崇奉孔子，但卻又認為周公佐成王「攝政」，「有德有位」，還有「致太平之迹」的《周禮》，所以尊周公，注目於《周禮》。

今文學家注目於經書之「義」，所以治經注意「微言大義」，和政治的關係也較密切；古文學家在古文經書發現後即注意校勘脫簡，所以注目於名物訓詁，但它的發生、發展又和社會經濟有一定的關聯。

章太炎在詁經精舍學習，俞樾是著名的古文經學大師，儘管章太炎在「課藝」中也有吸取今文經學的跡象，但他的治學方法還是遵循古文義理，他認真研討的《左傳》，也是古文經傳，他還自署「劉子駿之紹述者」④，以「紹述」古文經學的創始人劉歆自居。

但是，章太炎這時的論文，卻有沾尋今文的跡象，如說：

「是故整齊風俗，範圍不過，若是曰大一統；益損政令，九變復貫，若是曰通三統。通三統者，雖殊方異俗，苟有長技則取之。雖然，凡所以取其長技，以為我爪牙干城之用者，將以衛吾一統之教也。……

「吾聞《齊詩》五際之言曰：午亥之際為革命，卯酉之際為革政，神在天門，出入候聽，是其為言也，豈特如翼奉、郎顗所推，繫一國一姓之興亡而已。大地動搈，全球播復，內奰中國，覃及鬼方，於是乎應之。……然則如之何而可？曰：以教衛民，以民衛國，使自為守而已。變郊號，柴社稷，謂之革命；禮秀民，聚俊才，謂之革政。今之亟務，曰：以革政挽革命」⑤。

他在《實學報》所刊《異術》一文也說：

「道生於五德，德生於色，色生於統。三統迭建，王各自為政。仲尼以春王正月莫絡之，而損益備矣」⑥。

「大一統」、「通三統」，是《春秋》公羊家言；《齊詩》傳者喜以陰陽五行推論時政，他們都是今文經說。

今文學派的學說，並不排斥其他學派的援用，但作為嚴守家法的古文學派來說，每每視若鴻溝。

和章太炎所學異途並為他後來深詆的今文學說，在維新變法時期一度援用，原因何在？且看他是怎樣闡釋這些經說，旨在說明什麼的。

章太炎以為「大一統」是「益損政令，九變復貫」，和吸收「殊方異俗」的「長技」，「以衛吾一統之教」。也就是說，凡是西方資本主義國家（「殊方異俗」）的「長技」，可資中國「借鏡」的，可以作為改變成法（「益損政令」）的參考。例如舉辦「有益於黃人」的學會，用以說明「修內政」、行「新制度」的必要；說明不能「惟舊章之守」，而須「發憤圖自強」⑦。又就《齊詩》五際「革命」、「革政」之說加以推演，認為在當時的社會條件下，應該「禮秀民，聚俊才」，進行「革政」，亦即實現政治改革。那麼，他的援用《公羊》、《齊詩》，旨在闡明變法的必要性。章太炎在維新變法時期，政治上同情資產階級維新派，參加了他們宣傳刊物的編輯，並在自己的文章中，運用了今文觀點。

章太炎之所以在政治上同情維新派，以全在自己的論著中滲附了某些今文學說，這是因為：甲午戰後，外侮頻仍，國勢浸衰，康有為等對封建頑固勢力和洋務官僚進行鬥爭，提出救亡主張，代表當時中國社會發展的趨勢，賦有進步的意義。章太炎對康、梁的同情，主要是對這種政治主張的同情，從挽救民族危亡、進行變法圖強來說，他們這時的政治主張基本上是一致的。

如上所述，章太炎說是「今之亟務，曰：以革政挽革命」。以為「禮秀民，聚俊才」是「革政」，而「變郊號，柴社稷」則為「革命」。「禮秀民，聚俊才」，和康有為「公車上書」所提「求人才而擢不次」、「慎左右而廣其選」、「通下情而合其力」相類似。至於「革命」，則要「變郊號，柴社稷」，亦即要「改朝換代」。當前的「亟務」，卻為「以革政挽革命」。「以革政挽革命」，表明章太炎這時認為「救亡圖存」的辦法是「革政」，亦即進行資產階級的政治改革。

「以革政挽革命」，也表明章太炎這時多少覺察到民族災難、革命危機。對帝國主義的侵華、清朝政府的腐朽，還是深有感受的。

「以革政挽革命」，表明甲午戰後，章太炎的政治主張與康、梁基本相同，從而參加強學會，編撰《時務報》，贊成維新變法。

二　辦報刊，設學會

維新思潮發展成為羣衆性的政治運動，是在中日甲午戰後，以康有為領導的「公車上書」為起點。康有為等維新志士呼籲救亡圖存，變法維新，又是以組織學會、發行報刊作為推動維新的「急務」的。

章太炎在甲午戰後走出書齋，除在《時務報》撰文外，又編輯《經世報》、《實學報》，還在武昌籌設《正學報》，在杭州籌組「興浙會」。

《經世報》，旬刊，宋恕、章太炎、陳虬等任撰述，光緒二十三年七月上（一八九七年八月二日）⑧創刊，至同年十二月（一八九八年一月），共出十六冊。

經世報館設在杭州上扇子巷，上海分館在「新馬路福海里謝寓」，北京、天津、山東、福建、安徽、江蘇等地均設售報處，月出三期。

章太炎在《經世報》共發表論文三篇，即〈變法箴言〉（第一冊）、〈平等論〉（第二冊）、〈讀管子書後〉（第三冊）。在這些論文中，主要提出下列數點：

一、對當時言變法的「華妙」、「猝暴」提出「箴言」。

〈變法箴言〉以為當時「瑰意琦行之士，則有二病焉，華妙云乎，猝暴云乎！」「變法者，非口說也，必躬自行之，躬自行之而不可濟，必赴湯火冒白刃以行之。古者改制度，定文章，必乘龕劉之後」。中國「有志之士，又稍稍娛樂於禪學以日銷其骨鯁」，章太炎認為這些「遁匿於佛者」是「華妙」，應予規正，也有「見西法之效，以為馳騁上下，無曲折可以徑行也，又取夫後王之政而暴施之於百年以前也」，這是「猝暴」。

經世報

章太炎認為：「學堂未建，不可以設議院；議院未設，不可以立民主。事勢之決塞，必有先後，皆出於幾。自有地球三十九期以來，石刀銅刀之變，非由政令發徵，而民靡然從之，其幾迫也。聖人者，因其幾而導之入，故舉無不起，廢無不墜。今也駿特倜黨之士，丁時未至，盱衡厲色，悍然而為之，志固不遂，且危其身矣。」「病華妙者，吾懼其不以身殉也；病猝暴者，吾又懼其妄以身殉也」。

他認為：「民不知變，而欲其速化，必合中西之言以喻之」。應該鑑於何桂清、張佩綸「言談雖賢，亦時有中要領者，而禍敗若是」。「鑑於是二子，變者千端而或有什一之成；不鑑於是二子，冒没輕儳，其勢無疑止，雖有中壽，猶不獲睹天下之治也。」

二、以為「平等之說，非撥亂之要」。〈平等論〉說：「雖然，吾嘗有取矣，取夫君臣之權非平等，而其褒貶則可以平等也。昔者埃及之王稱法老，死，大行至窆所，或頌其德，或指其郵，以得失相庚償，過多則不得入墓，其王亦深自飭厲，懼罹罪辟，莫敢縱欲，是即中國稱王以誄天王之義，是即《春秋》有罪不書葬之義。」

三、在〈讀管子書後〉中談到「工藝」，有發展資本主義工商業的思想傾向。

他說：「是故侈靡者，工藝之所自出也。夫既有工藝矣，則一方或有餘，而一方或不足，而求之者則固相等，於是商賈操之以徵貴賤，則其勢不得不生輕重。輕重者，亦勢之無可循者也。」他提到「工藝」，又談到「貿易攻之而有餘」，看到資本主義國家的商品輸出。但他又以

「管子之言」，「亦泰西商務所自出」，說明他曾依托往古。此文收入《訄書》初刻本，改題〈喻侈靡〉，除文字有損益外，末後並加附識：「釋氏《大集月藏經》云：譬如青金為無價寶，若無真金，銀為無價；若無銀者，輸石為無價；若無輸石，偽寶為無價；若云偽寶，赤白銅鐵白蠟鉛銀為無價寶。是即侈靡無定，適其時尚之義也。」思想已有變化。

同年，章太炎又為《實學報》撰文。

《實學報》，旬刊，光緒二十三年八月初一日（一八九七年八月二十八日）在上海創刊，王仁俊（幹臣）為總理，章太炎任總撰述。

《實學報》創刊，章太炎為撰序文，說是：

> 「夫報章者，誠史官之支與餘裔也。劉子駿有言：『墨家者流，蓋出於清廟之守』。其在周初曰史佚，其後曰史角。然則墨翟學於史氏。故其聲、光、熱、重之學，奭然爲諸子最。今爲《實學報》，其必念夫墨子而後二千餘年，旁魄熔凝以有是篇，必奭然爲紀事之書最」。

他這時對先秦諸子仔細探索，故〈序〉中提到「墨家者流」。他還有〈儒道〉、〈儒兵〉、〈儒法〉、〈儒

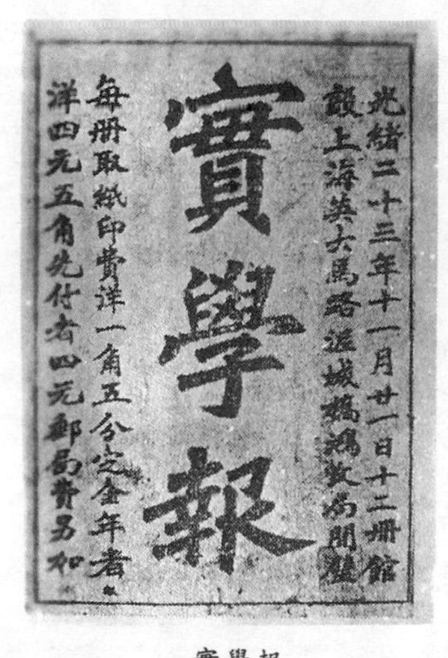

實學報

墨〉、〈儒學〉諸文，先後在《實學報》發表。這些論文，後來收入《訄書》，但有修改。

章太炎在《實學報》第二期上，還發表〈後聖〉一文，中稱：

「自仲尼而後，孰爲後聖？曰：水精既絕，制作不紹，浸尋二百年，以踵相接者，惟荀卿足以稱是。非侈其傳經也，其微言通鬼神，彰明於人事，鍵牽六經，謨及後世，千年而不能閫明者，曰〈正名〉、〈禮論〉。〈禮論〉未作，人以爲祝史之事；作矣，人以爲辟公之事。孟氏未習，不能窺其意。其他揖讓之禮雖從，而戾於行事者，遇之則若集熬矣。……烏虖！斯其制作也，則迥乎三統，竟乎文祖地祇之甏，是故〈禮論〉以鍵六經，〈正名〉以鍵《春秋》之隱義。其他〈王制〉之法，〈富〉〈强〉之論，〈議兵〉之略，得其枝葉，猶足以比成、康。嶯乎！非後聖孰能不見素王而受其鬲翼銅瑁者乎！

「而治孟學者惎之，以論性惡爲敵逑。烏虖！性惡者，非同人性於禽豸也，而異人性於聖王之制禮，有善不□，斯謂之惡已。……烏虖，世俗之説者，以桀、紂有天下，湯、武簒而奪之。荀子以爲傴巫跛匡之智，載在〈正論〉，駁辯幾千言，孰謂其術之異於孟氏也。

「夫治孟學以惎荀子者，始宋程、蘇。蘇與程相敵逑，其惎荀氏則合衆，彼蘇氏尤昌狂妄言。……推其用意，且曰死而操金椎以葬，下見荀卿，將敲其頭矣。利祿小生，不可與道古，其文學以程、蘇爲寶祏，從而和之，使後聖之學，終於閉錮伏匿；仲尼之志，自是不得見。悲夫！並世之儒者，誦説六藝，不能相統一。章炳麟訂之曰：同乎荀卿者與孔子同，異乎荀卿者與孔子異」。

章太炎對荀卿極為尊崇，《訄漢微言》稱：「遭世衰微，不忘經國，尋求政術，歷覽前史，獨於荀卿，韓非所說，謂不可易」。他在本年初〈上李鴻章書〉也說：「一以荀子、太史公、劉子政為權度」⑨，這裡更以荀子為「後聖」。他的尊崇荀卿，不是單純的「侈其傳經」，而因為他「微言通鬼神，彰明於人事」，「不循於舊名，有作於新名」，也就是因為荀子有「法後王思想」之故。這點，章太炎在一八九九年的〈尊荀〉中又有發揮。又，康有為利用今文學說「托古改制」，他的門徒梁啟超更謂「荀傳小康，孟傳大同」，夏曾佑且有「冥冥蘭陵（荀卿）門，萬鬼頭如蟻」之詩，有似「排荀運動」⑩。譚嗣同《仁學》又說：「二千年來之政，秦政也，皆大盜也；二千年來之學，荀學也，皆鄉愿也」。章太炎推崇荀卿，專為撰文，或亦與此有關，蓋亦有感而發。

又有〈異術〉一文，提到「三統迭建，王各自為政」，前文已經述及。文中還提到「所宜與起者，民之意而已」。並望「上」能「酌民言而酌其意」，說明有要求從上而下的維新變法思想。文中也提「三統」、「損益」，說明也受康有為等的影響。

《經世報》、《實學報》雖以介紹新知識為名，但文字古雅，不如《時務報》之「近俗」。《實學報》編輯王仁俊且專門在〈實學平議〉欄上刊出〈民主駁義〉和〈改制辟謬〉⑪對康、梁改制學說公開攻擊，當時就引起一些人的議論，如張元濟說：

「近見《實學報》、《經世報》，皆有顯與《時務報》爲敵之意，此皆例有之阻力，執事幸勿爲所動也。《經世報》言多粗魯，姑勿論。而《實學報》則最足以動守舊者之聽，且足以奪貌新者之心。濟料其聲勢必將日大，然一二十年後，民智大開，又必不辨而自屈，則又何必沾沾於目前之是非也。其以天地日月例夫婦，仍不過八股之學。《華盛頓》後極贊民主，與其《平議》宗旨，大相矛盾。如此之類，不勝枚舉。又安能自成一家乎？非謂異我者即在所必擯。東西報館豈無異趣。所恨者，以爝火之微，而亦欲與日月爭明。使爲守舊之徒，猶可言也；而僞在此似新之輩。夫處今之世，即合此十百有志之士，通力合作，猶恐未必有濟。況復顯分畛域，同室操戈！濟處局外，且深怨憤，而何論公與穰卿之身當其際者乎？雖然，出一言，行一事，而天下翕然，則已爲大同之世矣，而今尚非其時。濟敬以兩言相勖曰：『勿與之相競，勿因此自餒』。遲之既久，必能共明。且此之接踵而起者，何一非公與穰卿之私淑弟子乎？此亦公自知之也」⑫。

《經世報》和《實學報》是維新運動時期湧現出來的刊物，章太炎在這兩份刊物中均有文章發表。然而，這兩份刊物的內容和形式都没有《時務報》那樣清新，甚至還有對當時的改良運動有攻擊之詞，特別是《實學報》。其實，這不能歸罪章太炎，章太炎的主張還是與報社的王仁俊等有別，如他贊助改革，希望光緒皇帝「酌民言而酌其意」。對日本明治維新也予注視⑬。儘管他和康、梁在學術思想上有所不同，他在文章中還引用了一些今文詞句。《實學報》的王仁俊反對西學，章太炎則不然，他曾主張翻譯西書，以為「互市以來，所傳譯泰西書」，只有四百種為太少；以為「泰西政藝，各往往取諸希臘、羅馬，而文明遠過其本」，值得注意⑭。正由於如此，他和《經世報》、《實學報》的其他編者意見不合，共事不久，即行離去，也不再為他們撰文。

維新運動期間，章太炎也主張組織學會，推動變法，也想借助張之洞的實力推動變法，於一八九七年在杭州發起興浙會，於一八九八年春前往武昌，助辦《正學報》。

興浙會是光緒二十三年五月（一八九七年六月）由章太炎、董祖壽、連文澂等浙籍人士在杭州發起的。〈興浙會序〉稱：

「浙江於東南爲上腴，其民好學蹈禮，而被文弱之名，謂之非用武之國。然勾踐以甲楯五千，起於會稽，北覆大吳，臣僕齊、晉。……由是觀之，浙人非儒，浙土非不可用。

「往者中東之役，羣儒上書，以釣名譽，而頑頓者以浙人不與爲大詬。……方今浙江之俗，稍益選懦，而隱居求志者，蓋時見於山樊。然或訟言時務，而不能深探其本，或以舊學爲城堞，其學不足以經世。離羣渙處，莫相切厲，卒迷陽而不返。悲夫！別於地球而爲亞細亞，別於亞細亞而爲震旦，別於震旦而爲浙江，斯其在赤道二極間，則猶毫末之於馬體也。恆星未伏，白水不涸，太行、華、岱未崩弛，人發其憤，震旦獨可興。抑不能興震旦而言興亞細亞，不能與一部而興震旦，則夸嚴之談已。吾胎萌於浙，慮從其近，是以樹興浙會。有能從吾盍簪者，焞槃五公之言行，而洞通乎時事，庸詎知不湔文弱之名，而號之用武之國也。

「乃者吳、楚、嶺南，學會蓋彬彬矣。如興浙會者，其意趣大同，而名實或少異焉。嗟乎！有知吾之興浙之志者，可無著言於竹帛乎」⑮。

《興浙會章程》第一條稱：

「學問之道，有教無類，劉、於、王、黃、張五公，文學勳業，風節行誼，於浙中爲特著，而時代亦最近，故舉之爲職志。非謂學者當墨守諸公之藩籬，不必博覽羣書也」。

第三條稱：

「《七略》著目，攸韜羣籍。百家餘裔，流別滋繁，學者各以性情所近，然必當知其要義。大抵經以《周禮》、兩戴記爲最要。由訓詁通大義，足以致用。史以三史，《隋書》、《新唐書》爲最要。所謂五經之廟，可以觀怪，子以管、墨爲最要。至荀子則入聖域，固仲尼後一人。持衡諸子，舍蘭陵其誰哉！若凌雜米鹽，博而寡要，則當思反約矣」。

第三條稱：

「經世之學，曰『法後王』。雖當代掌故，稍遠者亦芻狗也。格致諸藝，專門名家，聲光電化，爲用無限。而學者或苦於研精覃思，而心過躁，卒無所成。二敎八足，惟寄蛇穴。斯可懼矣。大抵精敏者宜學格致，驅邁者宜學政法。官制、兵學、公法、商務，三年有成，無待焠掌。且急則治標，斯爲當務。若自揣資性與藝學相遠，當爭以政法學爲趨向」。

〈序〉和〈章程〉，疑出於章太炎手筆。因為：第一、它表彰劉基、於謙、王守仁、黃宗羲、張煌言五位「浙人」，而這五人正是章太炎當時所稱道的。第二、〈章程〉中提出「經世之學，曰法後王」，又說「至荀子則入聖域，因仲尼後一人，持衡諸子，舍蘭陵其誰哉！」章太炎這時撰有〈後聖〉，說是「同乎荀卿者與孔子同，異乎荀卿者與孔子異」。旋撰〈尊荀〉，與章太炎當時思想一致。第三、文字風格與章太炎同。第四、〈經世報〉第三冊有〈興浙會題名〉，列「秀水董伯駿祖壽（廩生）、錢塘連孟清文澂（貢生）、餘杭章枚叔炳麟（監生）」三人，章太炎為題名三人之一，他又是《經世報》撰述，〈序〉和〈章程〉即載是報，可見他是興浙會最早發起人之一，撰〈序〉當屬可能。

可是，因為〈序〉文表彰的是明末「浙人」，文中有「狼弧之威，致屆胡酋，使肉食之獸，羸身橧窟，華夏故鼎，反於磨室」，以致「金華屠，嘉興殘，二郡之間，僵屍蔽野，流血頃畝。嗟我浙人，蓋無罪於天，而王師一至，芟夷斬艾，如草木焉」等詞句，自然引起一些忠於清朝封建統治者的震驚。這樣，便有上虞許家惺〈續擬興浙學會章程〉⑯，第二條稱：

「本會學術門類雖分政法、藝事、輿地、商務四綱，然其餘細目，如天地、動植、兵戰、醫礦等類，亦當一律研求。苟能舉浙中切要興革之事，尤合本會興革微意，如兩浙物產土宜，民情俗尚，形勢要隘、水道通塞、沙線明略（輿地一門能兼圖繪，尤爲明晰），皆須切實詳述」。

與原訂〈章程〉不同了。〈續擬興浙學會章程〉不但將「興浙會」改為「興浙學會」，內容也顯然和〈興浙會序〉、〈興浙會章程〉不同。興浙會之所以改名為興浙學會，據《經世報》第六冊〈本館告白〉所稱：

「友人來信謂本報第二期所登〈興浙會序〉及〈章程〉，『興浙』下宜有『學』字，以避嫌疑。敬當尊致會中同人於刊布章程時添入」。

說是改名是為了「以避嫌疑」，避什麼「嫌疑」呢？似乎增加了「學」字就是專門討論學術的結會，不是政治團體了。〈興浙會序〉從浙人「文弱」、「用武」，談到甲午戰後「公車上書」、「江浙人不與為大詬」⑰，認為「頑頓」。並舉出劉基、於謙、王守仁、黃宗羲、張煌言五位浙人，這五人都在政治上有過影響，劉基既是反對元朝統治，翊贊朱元璋建立明朝，黃宗羲、張煌言又在明亡時有所為，無怪要改訂會名了。改變會名後續訂的〈章程〉，也就主要是為「浙中切要興革之事」，「如兩浙物產土宜、民情俗尚、形勢要隘、水道通塞、沙線明暗」等和時政獨犯不大的「實事」了。

章太炎於光緒二十四年春前往武昌，《太炎先生自定年譜》稱：「初，余持《春秋左氏》及《周官》文，與言今文者不相會。清湖廣總督南皮張之洞亦不喜公羊家，有以余語告者，之洞屬余為書駁難」。章太炎〈自述學術次序〉也說：「余昔在南皮張孝達所，張嘗言『國學淵微，三百年發明已備，後生但當蒙業，不須更事高深』，張本好疏通，不暇精理。又見是時怪說流行，懼求深適以致妄，故有是語。時即答曰：『經有古今文，自昔異路，近代諸賢，始則不別，繼有專治今文者作，而古文未有專業，此亦其缺陷也』」。照此說來，章太炎的赴鄂，是由於張之洞「不喜公羊家」，看到當時「怪說流行」，而章太炎則「與言今文者不相會」，從而張之洞邀其「咨度」的。

據汪太沖《章太炎外紀》稱，章太炎的赴鄂，和錢恂（念劬）有關，他說：「近詢諸念劬，念老謂張南皮之識太炎，實先見太炎所為《左氏說》，謂有大才可治事，因屬念老致此人。時念老在南皮府中，念老求諸四方，得太炎於上海，與往湖北，偕見南皮。時太炎稍有主張革命名，南皮不敢晝見，匿太炎於念老室中，午夜屏人，見太炎，談達曙，大服之」⑱。說是張之洞「大服之」，不可信；而章之去鄂，經過錢恂推薦，則係事實。

劉禺生：《世載堂雜憶》也誌章太炎去鄂，以及辦報事，他說：

「庚子事變前，康、梁公羊改制說盛行。張之洞本新派，懼事不成有累於己，乃故創學說，以別於康、梁。在紡紗局辦《楚學報》，以梁鼎芬爲總辦，以王仁俊爲坐辦，主筆則餘杭章太炎炳麟也。太炎爲德清俞曲園高足弟子，著有《春秋左傳讀》一書。之洞以其尚《左氏》而抑公羊，故聘主筆政。予與江蘇朱克柔、仁和邵仲威（仲綱之弟）、休寧程家檉，常問學於仁俊先生之門。仁俊先生曰：『他日梁節庵與章太炎，必至用武，梁未知章太炎與革命黨，其主張奴視保皇黨，豈能爲官僚作文章乎？』

「《楚學報》第一期出版，囑太炎撰文，太炎乃爲排滿論凡六萬言，文成，鈔呈總辦。梁閱之，大怒，口呼反叛反叛、殺頭殺頭者凡百數十次。急乘轎上總督衙門，請捕拿章炳麟，鎖下犯獄，按律制罪。予與朱克柔、邵仲威、程家檉等聞之，急訪王仁俊曰：『先生爲《楚學報》坐辦，總主筆爲張之洞所延聘，今因排滿論釀成大獄，朝廷必先罪延聘者，是張首受其累，予反對維新派者以口實。先生宜急上院，謂章太炎是個瘋子，逐之可也』。仁俊上院，節盦正要求拿辦。仁俊曰：『章瘋子，即日逐之出境可也』。之洞語節盦，快去照辦。梁怒無可洩，歸拉太炎出，一切鋪蓋衣物，皆不准帶，即日逐出報館」⑲。

劉禺生自稱時在武昌，但所記誇張失實。第一、「庚子事變後」，章太炎沒有到武昌。他的去武昌，是在「庚子事變」前兩年。「庚子事變」那年，張之洞在武昌鎮壓自立軍，而章氏卻在上海愚園參加「國會」，並「割辮與絕」，不可能也沒有再去「謁見」張之洞。第二、「排滿論凡六萬言」，未之前聞，章太炎雖很早孕有民族主義思想，而這時還只主張「革政」，沒有掙脫改良思想的束縛。他當時雖也有不滿清政府的論調，也只是「退則語人」，沒有公開撰文。他對康、梁今文改制的「夸誕外衣」是反對的，對康、梁的維新變法還是贊同的。他不可能在一八九八年春就已撰有「排滿論」。只是到了「庚子事變」以後，到了自立軍失敗以後他才摒棄幻想，矢志反滿，於一九〇一年在東京《國民報》第四期上發表了〈止仇滿論〉。第三、在武昌「辦《楚學報》」，《楚學報》為《正學報》之誤，說什麼「《楚學報》第一期出版」，《正學報》實未出版。《正學報》是張之洞幕僚梁鼎芬、王仁俊、陳衍、朱克柔等議設的。

章太炎撰有〈正學報緣起〉和〈例言〉，原稿為章士釗收藏，蒙馬宗霍先生抄錄見示⑳，其中有幾點值得注意：

第一、《正學報》是在張之洞的授意下設立，定名「正學」，是為了正「迂儒之激」。〈正學報緣起〉稱：

「光緒二十四年春，膠州灣既割，是時距遼東之戰四年矣。天下方側席求人材，開特科以致天下士，海內髦傑，踔躍陵厲，北向望風采，以爲雪國恥、起民瘼，當在今日。俄而旅順、金山復迫於朔方之國，并海以南則吳淞，以西南則廣州灣，皆濱大瀛，復爲鄰國要求賃質。將相旰食，瞿然未有以應，士氣復沮，議論無所薄，稍益流宕，馳說者至欲避難異域，寄籍爲流民，計不終朝，民志益渙，䵵然似無所麗者。南海梁鼎芬、吳王仁俊、侯官陳衍、秀水朱克柔、餘杭章炳麟，有憂之，於是重趼奔走，不期同時相見於武昌。武昌，天下中樞也。其地爲衢國，聲聞四達，於中古則稱周南，惟蒼姬之土，嘗斡運之以爲風始。冀就其疆域，求所以正心術、止流說者，使人人知古今之故，得以涵泳聖涯，化其顓蒙而成其懇惻，於事爲便。惟夫上說下教，古者職之撣人，而今爲報章之屬。乃佽偶諏訪，事求諸日本，而求諸歐、美之洲，得其日月所記，譯以華文，比類錯綜，終以己之論議，旬爲一册，命曰《正學報》」。

可知《正學報》是梁鼎芬、王仁俊、陳衍、朱克柔、章太炎等在武昌發起籌備的。梁鼎芬等時處張之洞幕府，而章太炎則是應張之洞之邀赴鄂，所以，《正學報》也是在張之洞的授意下擬設的。他們是在割膠事起，民族危機嚴重的情況下籌設的；是鑑於當時或者「虛憍自貴」，「惡聞異己」，或者「震怖」西方，「願為之贅屬」，於是設報以正「迂儒之激」，也就是〈正學報緣起〉中所說「正心術，止流說」。因而定名為《正學報》。

第二、從〈緣起〉和〈例言〉中，可以看到，《正學報》準備「選譯東西各報為主，於邸鈔則從略」。「譯報自事實外，求錄論議」，對其中「蜚語中人」的，則加「案語」。至於格致、算術、農商、工藝則但「詮次法程，鈎玄提要」而已。至於論議，則「文尚條達」，「意務剴切」。「九流騰躍，以蘭陵為宗，歷史汗牛，以後王為法」。準備旬為一册。

《正學報》既已籌議，為何没有正式出版？我認為，主要由於章太炎和張之洞的意見不合，對《勸學篇》既有議論，對梁鼎芬等尤有諷刺，終於「謝歸」，而《正學報》亦寂焉無聞。

《太炎先生自定年譜》「光緒二十四年戊戌」記：

「余至武昌，館鐵政局。之洞方草〈勸學篇〉，出以示余，見其上篇所説，多效忠清室語，因答曰：『下篇爲翔實矣。』梁鼎芬者，嘗以劾李鴻章罷官，在之洞所，倨傲，自謂學者宗。余聞鼎芬先與合肥蒯光典爭文王受命稱王義，至相箠擊，因謂鼎芬不識古今異法。一日聚語，鼎芬頗及左氏、公羊異同，余曰：『內中國，外夷狄，《春秋》三家所同。弑君稱君爲君無道，三家亦不有異。實錄之與虛言，乃大殊耳』。他日又與儔輩言及光復，鼎芬恚焉。未幾，謝歸」。

章太炎：〈艾如張董逃歌序〉說：

「永曆既亡二百三十七年春，余初至武昌，從主者張之洞招也。是年青島、旅順既割，天下土崩，過計者欲違難異域，寄籍爲流民，計不終期，民志益渙，黠黠似無傅嚴。張之洞始爲〈勸學篇〉，以激忠愛，摧橫議，就余咨度。退則語人：『宙合皆含血，生於洲而人偶其洲，生以其國而人偶其國，人之性然也。惟余赤縣，權輿風、姜以來，近者五千祀，沐浴膏澤淪浹精味久矣，稟性非異人。言之謨訓上思利民，忠也；朋友善道，忠也；憔悴事君，忠也。』今二者不舉，徒以效忠徵求氐庶。且烏桓遺裔，蹂躪君族幾三百年，茹毛飲血，視民如雉兔，今九世之仇縱不能復，乃欲責其忠愛，忠愛則易耳，其俟諸革命之後。聞者皆怒，辮髮上指揀。或椓之張之洞，之洞使錢恂問故。且曰：『足下言《春秋》主弑君，又稱先皇帝諱，於經云何？』應之曰：『《春秋》稱國弑君者君惡甚，《春秋》三家所同也。清文帝名皇太極，其子孫不爲隱，當復爲其子孫諱耶？』之洞謝余。歸自夏口，沿於大江，而作《艾如張》一篇，以示孫寶瑄，寶瑄韙之；以示宋恕，宋恕陽爲狂不省。其夏，康有爲以工部主事筦朝政，變更法度，名爲有條貫，能厭民望。海內夸者，曲踴陵厲，北向望風采，以爲雪國恥，起民瘼有日，而余復爲《逋逃歌》一篇，以示宋恕，宋恕復陽狂不答」㉑。

章太炎「退則語人」，言「九世之仇」，「忠愛」「俟諸革命以後」，「聞者皆怒」，傳入張之洞之耳，「之洞謝余」，應為他離開武昌的主要原因。

張之洞本以「宏攬自憙」，他的「延攬」章太炎，也是由於他專治古文，與康、梁的崇尚今文不同，而張之洞這時又正撰〈勸學篇〉以詆擊康、梁改制學說，自稱：「戊戌春，僉壬伺隙，邪說遂張，乃著〈勸學篇〉上、下篇以辟之。大抵會通中西，權衡新舊」㉒。「本」指有關世道人心的封建論理，「通」指有關工商業、學校、報館等可變通辦理。章太炎見其上篇所說，多效忠清室語，因答曰：「下篇為翔實矣。」對他的上篇是不滿的。他也沒有按照張之洞的意旨逕駁康、梁。查《華國月刊》一卷八期「通訊輯錄」有〈鍾孔昭來書〉謂：

「憶章君十餘年前嘗有《駁議》，惜未揭櫫，中懷歉然，不悉貴刊可否檢錄，以餉國人」。

《華國》「編者識」曰：

「按章君未有《駁議》，蓋當前清戊戌政變後，張文襄聘章君至鄂，曾屬爲此文，嗣章君以與文襄論政不合，未幾即還上海，遂未屬草」。

《駁議》，指駁難康有為《新學偽經考》之作，事實上，章太炎曾有「駁議」，只是「未就」而已。

〈瑞安孫先生傷辭〉稱：「會南海康有為作《新學偽經考》詆古文為劉歆偽書。炳麟素治《左氏春秋》，聞先生治《周官》，皆劉氏學，駁《偽經考》數十事未就，請於先生，先生曰：是當嘩世三數年。荀卿有言：狂生當不胥時而落，安用辨難，其以自熏勞也」㉓。章太炎對康有為崇今文、神化孔子是反對的，但他在維新運動時期卻對康、梁的政治改革主張表示同情，《駁議》「未就」、「未刊」，也是為此。然而，他的贊助康、梁也只是由於時代的特點，而不意味學術思想上的「混一」。自稱「論及學派，輒如冰炭」，古今文經說，「余始終不能與彼合也」㉔。也正是由於章太炎和康有為學術上不能相合，從而張之洞囑他「為書駁難」，並將所撰〈勸學篇〉出示，終因章太炎不為張用，《正學報》未曾正式出版。

附帶要說的是，和章太炎一起「籌議」《正學報》的梁鼎芬、王仁俊等以「正學」自任，實際所「學」不「正」，梁鼎芬對《時務報》言論即一直干涉，王仁俊在《實學報》上公開發表〈民主駁義〉、〈改制辟議〉，章太炎在武昌和他們「籌議」時感到意見不合，也是他不想主辦《正學報》的原因之一。政變後，章太炎提及此事，說：

「曩客鄂中時，番禺梁鼎芬、吳王仁俊、秀水朱克柔皆在幕府，人謂其與余同術，亦未甚分涇渭也。既數子者，或談許、鄭，或述關、洛，正經興庶，舉以自任。聆其言論，洋洋滿耳，及叩其指歸，繼卷逡巡，卒成鄉愿，則始欲割席矣。嗣數子以康氏異同就余評騭，並其大義，亦加詆毀，余則抗唇力爭，聲震廊廡，舉室瞬眙，謂余變故，而余故未嘗變也。及

> 革政難起，而前此自任正學之數公者，乃皆垂頭闒翼，喪其所守，非直不能建明高義，並其夙所誦習，若云陽尊陰卑，子當制母者，亦若瞠焉忘之。嗚呼！張茂先有言，變音聲以順旨，思摧翮而爲庸，今之自任正學，而終於脂韋突梯者，余見其若是矣。由是觀之，學無所謂異同，徒有邪正枉直焉耳。持正爲工部，余何暇與論師法之異同乎」[25]？

辨《正學報》的人自任「正學」，實際「邪正枉直」，不容混淆。這也是章太炎與之「割席」，《正學報》未能刊行之故。

儘管如此，《正學報》已擬訂〈緣起〉、〈例言〉，研究章太炎者固不可不知，即研究中國近代思想史者亦不能不知。

* * *

辦報刊，設學會，是康、梁進行變法活動時的主要任務之一，章太炎同樣在甲午戰後步入社會，辦報設會；從挽救民族危機，進行「革政」來說，他們也是一致的。儘管他們在學術思想上信尚不同，治學方法不同，但為了「救亡圖存」「論學雖殊，而行誼政術自合」。然而，在這激烈動盪的時代也有一些人貌似維新，實際上不滿「改制」，不願改變舊制，章太炎也曾和這些人共事過，大體上他還是主張革政。從甲午戰後的辦報設會中，也可看到他的基本立場。但是，他畢竟和康、梁所學不同，他的文字既不如梁啟超那樣清新動人[26]，康、梁的「改制」學說，論及學派，又「輒如冰炭」。章太炎和康、梁之間也就必然存有「分合」。

三 和康、梁的分合

章太炎和康有為等畢竟不是同隸一個學派，他的贊助康、梁，也只是由於時代的特點，而不意味學術思想上的「混一」。學術上的論爭，又必然涉及維新變法理論根據的商榷。章太炎同意康梁的改革主張，並不能證明他們政治上的完全一致，而學術研究中產生的理論差異，又每易導致他們政治上的某種分野。今文經學的「詭誕」、「恣肆」，畢竟與「樸學」殊科；「論及學派，輒如冰炭」，「古今文經說，余始終不能與彼合也」㉗。這樣，便不可避免地與之有所爭論。

當章太炎與康門弟子共事時，「康黨諸大賢，以長素為教主，又目為南海聖人，謂不及十年，當有符命」；而章太炎卻以為「造言不經」，康黨竟至「攘臂大鬨」㉘，章又撰過「駁議數十條」，駁難康有為的《新學偽經考》，對其理論根據發生懷疑。那麼，章太炎雖贊助康有為等維新派進行變法，而對其變法理論卻有懷疑；他和康門共事，而共事中並非沒有爭論，這些爭論，又每每基於學術領域上的理論爭論；康有為雖在自己的論著中一度援用今文經說，也只是為了變法的需要，而未放棄他古文學派的基本立場。

然而，這時的章太炎，儘管和康門爭論，對康書「駁議」，卻未公開決裂，「駁議」也迄未公開露布；對解決社會實際問題的變法主張，又多贊同，並且延伸到政變以後一段時間，對康有為仍表同情。這是甚麼原因？還是主要從政治上著眼，章太炎懷疑的是「改制」的夸誕外衣，而贊同的則是「改制」以解決社會實際問題。基於後者，他和康、梁暫時未告分裂；基於前者，跟隨社會歷史的發展，他和康、梁終告分裂。

*　　*　　*

一八九八年九月，戊戌政變發生，清政府下「鈎黨令」，章太炎乃避地臺灣。於當年十二月四日（十月二十一日）抵臺北，次年六月十日（五月初三日），始由基隆赴日本，時達半年，這是章太炎政治生涯中的一個重要環節。

章太炎初抵臺北，即到《臺灣日日新報》任職㉙。一八九八年十二月七日該報「社員添聘」稱：「此次本社添聘浙江文人章炳麟，字枚叔，經於一昨日從上海買棹安抵臺灣，現已入社整頓寓廬矣」。自此至一八九九年六月，章太炎在臺灣寫了大量詩文，絕大多數發表在《臺灣日日新報》，此報原是當時臺灣總督兒玉源太郎、民政長官後藤新平為控制臺灣輿論而設，章太炎詩文，大都有政治內容。今先將篇目表列於下：

年份	月日（公元）	篇名	署名	備註
一八九八年（明治三十一年）	十二月十一日	祭維新六賢文	章炳麟	又見《清議報》第七期
	十二月十六日	清廷偵獲逋臣論 籾山衣洲詩後批語	菿漢閣主	
	十二月十八日	臺灣設書藏議 論清旗田 諄勸垂綸 籾山衣洲詩後批語	章炳麟 菿漢閣主 菿漢閣主	
	十二月廿四日	籾山衣洲詩後批語		
	十二月廿五日	書清慈禧太后事	菿漢閣主	
	十二月廿七日	寄梁啟超（詩）		即《泰風一首寄卓如》，又見《清議報》第八期
	十二月廿八日	俳諧錄	菿漢閣主	
	十二月卅一日	餞歲（詩）		
一八九九年（明治三十二年）	一月一日	正疆論	菿漢閣主	
	一月五日	水尾晚翠詩後批語		

年份	月日（公元）	篇名	署名	備註
一八九九年（明治三十二年）	一月七日	正月朏日即事		
	一月八日	平礦論 視天論 籾山衣洲詩後批語	葑漢閣主 葑漢閣主	亦見《清議報》所載《儒術真論》中
	一月十一日	刻包氏《齊民四術》第二十五卷序	葑漢閣主	
	一月十三日	康氏復書	支那章炳麟	
	一月十四日	殷守黑送枚叔東渡詩後記	支那章炳麟	
	一月廿二日	答學究	章炳麟	又見《清議報》第十四冊
	一月廿四日	人定論	章炳麟	
	一月廿九日	論亞洲三十年史之形勢 黨碑誤鑿 兒玉爵師以帝國名勝圖見贈呈一首	章炳麟 葑漢閣主 章炳麟	
	二月三日	論學校不宜專校語言文字	支那章炳麟	

二月五日	答梁卓如書	支那章炳麟	
二月七日	絕頌	支那章炳麟	
二月十日	書原君篇後	支那章炳麟	
二月十四日	籾山衣洲詩後批語		
二月十六日	臺灣祀鄭延平議	章炳麟	
二月十九日	摘楞嚴經不合物理學兩條	章炳麟	
二月廿一日	摘楞嚴經不合物理學兩條	章炳麟	
三月五日	非島屬美利害論	章炳麟	
三月八日	論醫師不宜休息	章炳麟	
三月十二日	客帝論	章炳麟	又見《清議報》第十五冊
三月十九日	三門割屬意國論	章炳麟	
四月二日	究移植論	章炳麟	

年份	月日（公元）	篇名	署名	備註
一八九九年（明治三十二年）	四月五日	失機論	章炳麟	
	四月六日	東方格致	章炳麟	
	四月七日	東方格致	章炳麟	
	四月八日	東方格致	章炳麟	
	四月九日	東方格致	章炳麟	
	四月十一日	東方格致	章炳麟	
	四月十二日	東方格致	章炳麟	
	四月十三日	東方格致	章炳麟	
	四月十四日	東方格致	章炳麟	
	四月十五日	東方格致	章炳麟	
	四月十六日	東方格致	章炳麟	

四月廿日	東方格致	章炳麟
四月廿一日	東方格致	章炳麟
四月廿五日	東方格致	章炳麟
五月卅日	玉山吟社雅集分韻得口次韻	章枚叔
六月十日	將東歸賦此以留別諸同人次韻	章枚叔

附註：《臺灣日日新報》與此有關者，尚有〈臺島踏査實記〉；又，一八九九年五月廿八日載館森鴻：〈送章枚叔序〉及籾山衣洲評，此序收入《拙存園叢稿》。

章太炎留居臺灣期間的詩文，根據目前掌握的史料，除個別篇目，如〈儒術真論〉載《清議報》[30]，《照井氏遺書》[31]、《拙存園叢稿》[32]輯存詩文、附志以及修訂《訄書》[33]外，幾乎都發表在《臺灣日日新報》上。他赴臺即住該報，離臺的當天，報上還登章氏的詩。那麽，研究章太炎在臺灣期間的活動，《臺灣日日新報》是一份極為重要的資料。

章太炎為何在《臺灣日日新報》任事不久，就離職赴日？有人說是為了他在報上「抨擊日本官僚擅作威福，壓制臺人」。該報社長守屋善兵衛受到都督府斥責後，「令工人去喚太炎，太炎不理他，寫一張條子，令該工人送交守屋。書曰：『何不喚守屋來，他不知士前有慕勢，王前為趨士者乎?』守屋忍無可忍，離開太炎處咆哮一場，責他『傲慢無禮』、『不解事理』。並下逐客令曰：『如果您不願在本館操觚，就辭職歸去吧。』太炎於守屋去後，安靜的自語著：『名善兵衛，竟是惡兵衛，禮貌衰，則去之，何用逐?』於是經過數日，有便輪出口赴滬，遂攜夫人回去」㉞。據稱這段見聞得自兩名中文記者，似有所據。至於說「便輪出口赴滬」，則不確，因章太炎是「發自基隆」，首抵神户的㉟。

應該指出的是，從《臺灣日日新報》看來，章太炎的詩文，並未發現如上述「抨擊日本官僚擅作威福」云云，而主要是指斥以慈禧為首的清政府。這時，清政府正電寄李盛鐸在日本緝拿康有為㊱。又向日本政府交涉，不准康有為留日。康有為遂於一八九九年四月三日（二月二十三日）自横濱乘和泉丸渡太平洋。《臺灣日日新報》在五月以後，就不見章太炎的論文，只有幾首和詩，可見章太炎為該報不容，主要是為了他的論文同情康、梁，同情變法，而對慈禧太后為首的清政府則表示不滿。

章太炎到臺灣不久，就致書原《時務報》經理汪康年，告以在臺情況，提到「文士在此者，以法院長水尾晚翠、報館主筆籾山逸、督府小吏館森某為最」㊲，籾山逸，即籾山衣洲，他和水尾晚翠都是玉山吟社社員㊲，章太炎也參加唱和。館森某，即館森鴻（子漸），是日本著名漢學家岡鹿門和重野成齋的私塾弟子，著有《拙存園叢稿》，館森鴻表彰日本明治維新人物，對清代漢學家也多稱譽，和章太炎「以文字訂交」㊳。他們來往甚密，詩文酬酢，彼此相善。

臺灣在甲午戰後，淪為日本帝國主義的殖民地，章太炎對臺灣人民的生活和遭遇甚為關注。他認為臺灣本來是「閩南之大嶼」，是「東南富饒之地」，「天下稱其膏腴，惜乎瀕於仆遬之野」㊴。「各物踴貴，幾倍滬上」，以為「臺人呰窳耕漁梓匠，一切厭為」㊵。提出學習西文講求農學之書，講求農事，刻印農書。又以為「出郭即淡水港，何患無魚」，應「自開池沼」㊶「垂綸漁釣」㊷，「稍忍勞苦」，改善生活。又贊助在臺灣設立藏書樓，「取於和漢者各半」。這樣，「視乎土宜，因乎民俗」，可以「操劑量而致之中和」㊸。他又認為臺灣學校中均習日文，認為不能專教語言文字，不能「徒從事於口耳觚牘之間而勿覃思」，不能只習其「文」，而不能「譯其義」㊹。他居臺不久，但考察臺灣風土人情，關懷民生疾苦，希望「臺民之孟晉逮羣，異時必有超軼乎大陸者」㊺。

值得注意的是，章太炎旅臺期間，從發表在《臺灣日日新報》的論文中，可以清楚看出他對戊戌變法失敗的惋惜，對康、梁流亡的同情，對慈禧為首的后黨的仇恨。他的思想並未超越維新改革的範疇。然而，卻比戊戌變法前進了一步。也有和康、梁不一致之處。

這裡，就章太炎對慈禧為首的清政府，對康、梁資產階級改良派，以至對滿洲貴族統治，對正將掀起的革命潮流等問題的態度試作分析：

第一，認為慈禧太后不是「晚節之墮」，而是「天性」殘害；對破壞維新運動的清朝官吏，也予憤怒指斥。

章太炎專門寫了〈書清慈禧太后事〉說：「革政之獄，世或以斬斷果賊，聘貼於慈禧太后，謂其始仁恕而終陰騺，豈晚節之墮耶？」認為「女戎召禍，殘害不辜，自古以然，而慈禧太后之惡直丑正，尤其天性然也。」他列舉咸豐末年的「肅順之誅」，以至戊戌六君子的「同日伏屍市曹」，「康有為雖脫，亦幾幾不能自免」。「豈女主任事，則其禍必至於是耶？抑慈禧太后之志，則可謂始終不渝，而非其墮於晚節也已」㊻。至於「偵獲逋臣」，更是「穿窬草竊之行」，「以清室之文母，為異國之荊卿，事果可成，受盜賊之名何害。吾特恐紀綱整飭之國，徼巡警柝，皆不若中國之疏，狙擊未成，而身先受盜賊之戮，辭所連染，則且長信詹事為渠魁，其為鄰國觀笑，豈有既哉。……如有為者，其亦慎所進止，以保萬民倚賴之身哉！」㊼盡情諷刺，指責慈禧。

對插足改良派，轉而出賣改良派的袁世凱，他寫了一則〈俳諧錄〉，以鴕鳥為喻，加以挖苦。說是非洲沙漠有大鳥曰鴕鳥，「栖之以叢囿，豢之以珍餌，清泉浴之，淒風播之，則馴狎依人，不施銜轡，而可以服乘，雖駕鹽車載，囊橐惟所命」。鴂鶪笑之曰：「吾巢於榛棘之間，……以意進止，不受人役」，而「以子之高材高足」卻「甘為人服乘、載重而不怒，出跨下而不恥，伈伈睍睍，惟鞭箠是懼者何也？」鴕鳥應之曰，是效橐駝之所為，「既得其餌而又竊其重」，「一受服乘而利吾身」，因此，「雖長策在前，利輟在後，奚惡矣」。鴕鳥終感愧忸，「不可以見亞非利加之凡鳥矣」，於是「振翮而去，至乎支那，化形於河洛之間，為漢冀州牧本初之裔，果得大將」。「冀州牧本初（袁紹）之裔」就是隱指袁世凱。

對「贊助」強學會，遙控《時務報》的張之洞也予批評。這時，日本報紙說是「支那改革」，推劉坤一、張之洞為領導。章太炎認為這是「黨碑誤鑿」。張之洞是「外托維新」，而其志不過養交持寵。政變發生，張之洞「反倒戈新黨，凡七發密電至京，諂諛長信，無所不至」。寫了《勸學篇》，以「欺世盜名」。認為「其學術高則為翰苑清流，下則為應試好手而已。乃既盜文學之稱，遂抗顏以經濟自詡，而所成卒至如是」[48]。

第二，對康、梁等改良派的遭遇表示同情，寓書慰藉，懷念「夙好」。

政變發生，章太炎即寫〈祭維新六賢文〉。文稱「上相秉威，狼弧枉矢。以翼文母，機深結閉」，表明對慈禧為首的頑固派的專制橫暴極為仇恨。「王母虎尾，孰云敢履？惟我六賢，直言以抵」，表達了對「六君子」被殺的無比憤慨。他本想「設奠黃浦」，但「遍訪船步及湖南會館」，都不知譚嗣同靈柩所在，「斯舉不果」[49]。到達臺灣後，寄書康有為，賦詩抒懷：「老淚長門擲，深情故劍知」。「有行黔墨突，無涕吊湘累」[50]，兩地相思，眷念「逋客」。一月中旬，康有為對章氏的「拳拳持正義，又辱書教之」，認為是「識之絕出異常而愛之深」，並「切望捧手得盡懷抱，馳騁歐美」，「相與扶之」，「救此淪胥」[51]。章太炎接到「工部報書」，「不啻百金良藥」，特將原信登在《臺灣日日新報》，並加說明。

章太炎和梁啟超也是書信不斷。梁啟超在日本創辦《清議報》，章太炎表示支持，並把新撰詩文寄去發表。梁啟超認為應以「譯述政書為第一義」，章太炎以為「哲學家言高，語進步退化之義」，也「未始不急」[52]。又錄〈艾如張〉詩以贈，題為〈泰風一首寄贈卓如〉，可見他對康、梁無比依戀，不勝繾綣。

政變後，康有為把光緒皇帝的「密詔」露布，引起封建官僚的不滿，和一些地主階級出身的知識分子的震驚，章太炎撰〈答學究〉以駁，說是「今禍患之端，始於宮鄰，卒於金虎掖庭之上，而罪人在焉，討之猶可，況數其罪乎？」「數其忮惡，斥其淫昏，人臣之分也，雖鄰國聞之，亦以為人臣之分也，夫何經常之論之可執乎？」認為康有為「內不容於讒構，奉身而出，語稍卓詭，而見詆於俗儒鄉愿」，是「志節才行之士」，對康有為等維新志士深表同情。

抨擊慈禧，同情康、梁，對清政府究竟採取什麼態度？「革命」還是「革政」？顯然章太炎這時還沒有越出「革政的範疇」。

本來，政變前，章太炎就提出「以革政挽革命」。如前所述，他心目中的革命是「變郊號，柴社稷」；而「革政」則是「禮秀民，聚俊才」。流亡日本，儘管抨擊慈禧，但主要是針對慈禧等頑固派摧殘新政，製造黨獄，「偵獲逋臣」，還沒有意識到徹底推翻清朝封建專制統治；儘管對康、梁表示同情，但他的民族主義思想孕育較長，經歷維新新政的破滅後，他的「革政」思想較政變前又有發展。

首先，章太炎是在民族危機嚴重的情況下主張「革政」的。他認為外患日急，國勢日蹙，主要危險是帝俄，而慈禧太后為首的清政府卻是親俄的。帝俄強占旅順、大連，侵犯滿洲貴族的「故土」，又包藏禍心，鯨吞蠶食，他說：「觀於旅順、膠州之舉，措黃海以北，其趨於俄、德也明矣。……支那自宮禁之變，賢才坑屠，王化陵遲，守內魚爛，將使薊丘之上，滿人不亡，而夏子之冑亡矣」㊼。滿洲貴族統治腐敗衰朽，不能不「革政」。

其次，章太炎在《臺灣日日新報》的論文，也不乏反滿詞句，自稱：「余年十六、七，則誦古文歷史，慕辛棄疾為人」，「今年已三十一矣，會遭黨錮，日竄臺北，其志則以訪延平鄭氏之遺迹」。示與滿洲貴族「不共戴天，不共履后土」。然而，對光緒的「變法失志見囚」，「猶為之憤痛者」，因為光緒「固滿洲之令主」，而「其志亦為齊州，而未嘗有私於北虜」，所以「痛其幽禁，而為之感慨不平」㊽。由於光緒支持康、梁變法，所以可稱之為「共主」。他的同情光緒，是為了他贊助維新。不過，他不稱光緒，而稱之為「愛新覺羅第十一」，滿漢之間，仍有鴻溝。

在他的論文中，對滿洲貴族的政治腐朽、經濟榨取也多所揭露。他說：滿洲「入關以來，以近京五百里民地圈給八旗，而田之者皆漢人，秋冬輸租，以莊頭主其事，而此數十萬不士不農不工不商之游民，乃安坐而有之」。「乃昔索淪東海諸部蠶食於俄羅斯，為八旗子弟者，宜以屯田兼兵事為漢人紓生計，為國家效死力」。對「虛郡國倉廩」以養「八旗之民」㊾，游惰啖食，不勞而獲，極為憤慨。甚至以為曾國藩等漢族官僚，當太平天國失敗以後，「不以此時建號金陵，而俯首下心，以事辮髮之孱胡」，是「昧於大義，而為中國遺無窮之患」，指斥曾國藩、左宗棠等是「甘以通侯宰相臣僕異類」，連曾靜都不如。這些漢族官僚，「上者宗君之念重，而愛國之情輕」，「下者保寵之願深，而立名之志滅」，對漢族地主階級的「俯首下心」，以事滿洲貴族，又加鄙視㊻。

如果說，章太炎反對「臣僕異類」，有著反對滿洲貴族的民族意識，那麼，他在旅居臺灣期間是否已經由「革政」轉向「革命」了呢？還是沒有。除上面談到章太炎當時的政治態度沒有越出改良範疇外，還可從他對孫中山、康有為的態度來看。

甲午戰時，孫中山組織興中會，醞釀起義。一八九七年，章太炎任職《時務報》，在報紙上看到孫中山在英國被捕，曾問梁啟超：「孫逸仙何如人？」梁曰：「此人蓄志傾覆滿洲政府」，章太炎即「心甚壯之」㊼，「竊幸吾道不孤」㊽。政變後，清政府通緝康、梁，章太炎以孫中山倫敦蒙難為喻，說：「往者龔照瑗之於孫文，嘗有是舉矣，而卒為英人所迫脅，索之生還。夫孫文以醫藥小技，鼓動黔、粵之民，一旦果能揭竿而起，其有益於中國與否尚未可知，而英人已護之如是。今有為柄用，百日之政，粲然見於記載，中外賢哲，莫不喁喁相望風采，其與夫孫文者，豈輿薪秋毫之比哉！」㊾把康、梁視為「國士」，而對孫中山發動的起義行動，還存懷疑。他在寫給汪康年的信中更說：「東人言及公名，肅然起敬，而謬者或以逸仙並稱，則妄矣」㊿，還以孫中山與汪康年並稱為「謬」。只是等到由臺赴日，與孫中山相晤，「聆其議論，謂不瓜分不足以恢復，斯言即浴血之意」，才認為「卓識」。「相與談排滿方略，極為相得」⑥¹。可見，旅臺期間，章太炎的思想尚未由「革政」轉向「革命」。

章太炎和康有為，一個治古文經學，一個借今文議政。學術淵源不同，治學方法不同。章太炎在時務報館與康門弟子共事期間，就發生過爭論。他自己也感到「論及學派，輒如冰炭」，視「康黨諸大賢」宣傳康有為學說，是「病狂語，不值一欶」⑥²。又怎會政變失敗，同情康、梁，和「紀孔」者遊呢？

如前所述，章太炎對康、梁的同情，主要是對康、梁改良派政治主張的贊成。是在甲午戰後，外患日急，內政孔憂的情況下，步入社會，「贈幣」強學會，助編《時務報》，在實際行動中進行維新宣傳，甚至在自己的論著中還滲附了某些今文學說的。

如章太炎自稱：「余治經專尚古文，非獨不主齊、魯，雖景伯（賈逵）、康成（鄭玄）亦不能阿好也」。「余以為經即古文，孔子即史家宗主」⑥³。但當他任職《時務報》前，曾闡述辨報宗旨是「馳騁百家」，「引古鑑今」，「引古」以「鑑今」。並且舉了西漢王式以《詩經》三百五篇諫昌邑王的故事。只要有助於當時政治改革的說解，即今文經師的援經論政，也可用以「證今」。任職《時務報》後，在〈論學會有大益於黃人亟宜保護〉中，更提到《春秋》公羊學家所鼓吹的

「大一統」、「通三統」以及喜以陰陽災異議論時政的《齊詩》，他治的是古文經學，但在自己的文章中，也運用了今文觀點。他治的是古文經學，但在這個時候，對有助於變法宣傳的今文經說也不排斥。他所以沒有嚴守「師法」，主要是為了解決當時的社會實際問題。而依附今文的康有為等，卻在這時展開變法維新活動。從挽救民族危機、進行變法圖強來說，他對康、梁的政治主張表示贊同。

但是，章太炎和康有為等畢竟不是同隸一個學派，他的贊助康、梁，也只是由於時代的特點，而不意味學術思想上的「混一」。學術上的爭論，又必然涉及維新變法理論根據的探討。章太炎同意康、梁的改革主張，並不能證明他們之間政治上的完全一致；而學術對立中產生的理論差異，又每易導使他們政治立場的某種分野。今文經說的「詭誕」、「恣肆」，畢竟與「樸學」殊科，「古今文經說，余始終不能與彼合也」㊿。這樣，便不可避免地與之有所爭論。在《時務報》共事時，對「康黨諸大賢，以長素為教皇，又目為南海聖人，謂不及十年，當有符命」，即以為「造言不經」。那麼，章太炎雖贊助康有為等進行變法，而對其變法理論卻有保留；他和康門共事，而共事中並非沒有爭論。這些爭論，又每每基於學術領域上的理論爭論；章太炎雖在自己的論著中，一度援用今文經說，也只是為了變法的需要，而未放棄他古文學派的根本立場。

戊戌變法前，章太炎儘管和康門爭論，卻未公開決裂，對解決社會實際問題的變法主張又是贊同，並且延伸到政變以後一段時間，對康、梁仍表同情，寓書慰藉，賦詩示意。章太炎留居臺灣時期，正是對康、梁政治上仍表同情之際。

章太炎對學派不同的康、梁同情，當時已有人提出異議，他自己有一個很好的說明。這個說明就登在一八九九年一月十三日的《臺灣日日新報》上。由於這是論述章太炎早期思想極為重要的素材，過去未曾為人注意，因將原文引列如下：

「或曰：子與工部學問途徑，既有不同，往者平議經術，不異升、元，今何相昵之深也。余曰：子不見夫水心、晦庵之事乎？彼其陳說經義，判若冰炭，乃人以僞學朋黨攻晦庵，時水心在朝，乃痛言小人誣罔，以斥其謬。何者，論學雖殊，而行誼政術自合也。余於工部，亦若是已矣。

「近世與工部爭學派者有朱給諫一新，然給諫嘗以劾李連英罷官，使其今日猶在朝列，則移官之役，有不與工部同謀耶？余自顧學術尚未若給諫之墨守，所與工部論辯者，特《左氏》、《公羊》門戶師法之間耳。至於黜周王魯，改制革命，則亦未嘗少異也。（自注：余紬繹周秦、西漢諸書，即《左氏》大義與此數語吻合。）況旋乾轉坤，以成既濟之業乎？若夫拘儒鄙生，餔餟糟魄，其黠者則且以迂言自蓋，而詩禮發冢，無所不至，如孔光、胡廣者，余何暇引爲同學也哉！

「曩客鄂中時，番禺梁鼎芬、吳王仁俊、秀水朱克柔皆在幕府，人謂其與余同術，亦未甚分涇渭也。既數子者，或談許、鄭，或述關、洛，正經興庶，舉以自任。聆其言論，洋洋滿耳，乃叩其指歸，𧨳卷逡巡，卒成鄉愿，則始欲割席矣。嗣數子以康氏異同就余評隲，並其大義，亦加詆毀，余則抗唇力爭，聲震廊廡，舉室瞠眙，謂余變故，而余故未嘗變也。及革政難起，而前此自任正學之數公者，乃皆垂頭闒翼，喪其所守，非直不能建明高義，並其夙所誦習，若云陽尊陰卑，子當制母者，亦若瞠焉忘之。嗚呼！張茂先有言，變音聲以順旨，思摧翮而爲庸，今之自任正學，而終於脂韋突梯者，吾見其若是矣。由是觀之，學無所謂異同，徒有邪正枉直焉耳。持正如工部，余何暇與論師法之異同乎？」

這裡，章太炎回答了這樣幾個問題：

第一，自述「論學雖殊，而行誼政術自合」。「論學」，指古、今文學說不同；「行誼政術」，指維新改革、變法圖強，還引朱熹、葉適為例，說明學術上雖如「冰炭」，但政治上卻不含糊。所以自己雖如東漢時范升、陳元之爭《左傳》，至今仍舊「相昵」。

第二，自述和康、梁「論學」之殊，「所與論辯」的，在於《左氏》、《公羊》門戶師法之間，亦即囿於學術上今古學的異同，師法淵源的殊別；至於「黜周王魯，改制革命」，亦即政治方面，卻「未嘗少異」。

第三、自述一八九八年春在武昌和張之洞幕僚的爭議，據《自定年譜》，張之洞「不憙公羊學，有以余語告者，之洞屬余為書駁難」，因而赴鄂。當梁鼎芬等以康氏異同就章「評隲」，並對康氏詆毀時，章太炎即「抗唇力爭」，在〈艾如張董逃歌序〉中也說：「張之洞始為〈勸學篇〉，以激忠愛，摧橫議，就余咨度」。章太炎即言「忠愛則易耳，其俟諸革命以後」，而使「聞者皆怒」㊅。

第四，自述政變以後仍與康有為等「相昵」，而對梁鼎芬之流的「喪其所守」則加諷刺。從而指出「學無所謂異同，徒有邪正枉直」，還是主要從政治上著眼的。

照此說來，章太炎在旅臺期間，自述「行誼政術」與康有為等相同，他對康有為等是同情的。過去，他和康門在學派問題上有過爭論，當時他懷疑的是「改制」的夸誕外衣，而贊同的則是「改制」以解決社會實際問題；現在，康、梁遭「偵捕」，自己也出亡，在今文、古文的傳授得失，治學途徑上「始終不能與彼合」，全於政治上還是同情康、梁的㊅。

章太炎對康、梁的同情，是政治上的同情，是對康、梁變法維新事業的肯定。他在戊戌前後，思想上還滯在「革政」階段。他自己還沒有劃清革命和改良的界線，當然不可能「忠告康、梁，勸其脫離清室」。

當然，章太炎的民族主義思想是孕育較早的。等到一九〇〇年義和團運動發生，清政府「量中華之物力，結與國之歡心」的面目日露，跟隨社會歷史的發展。章太炎終由改良走向革命，和康、梁也終告決裂了。

四 〈客帝〉、〈分鎮〉和〈今古文辨義〉

章太炎在旅居臺灣期間，曾將已刊、新撰各文，滙成《訄書》，共五十篇，〈客帝〉、〈分鎮〉，是其中的兩篇。

《訄書》是章太炎最早的論政、論學結集，此後，他曾多次修訂（詳後）。章太炎最早編訂的《訄書》，今存手稿，潘景鄭先生珍藏，上海古籍出版社曾予影行，即《〈訄書〉原刻本手寫底本》㊲。目錄後有章太炎自識：

「幼慕獨行，壯丁患難，吾行卻曲，廢不中權。逑鞠迫言，庶自完於皇漢。」

說是「逑鞠迫言」而撰此書的。《訄書》原刻本曾將甲午戰後他的論政論學論文在報刊上發表過的輯入，如《實學報》上發表的〈儒墨〉、〈儒道〉、〈儒法〉、〈儒學〉、〈儒兵〉，《譯書公會報》上發表的〈民數〉，《經世報》上發表的〈平等難〉、〈喻侈靡〉、〈東方盛衰〉，《昌言報》上發表的〈蒙古盛衰〉，也有在臺灣時撰寫再由日本《清議報》發表的，如〈客帝〉。在這五十篇結集中，第一篇是〈尊荀〉，強調法後王，以為「荀子所謂後王者，則素王是；所謂法後王者，則法《春秋》是」。「古也者，近古也，可因者也。……或益而宜，或損而宜，損益曰變，因之曰不變，仲尼、荀卿之於周法視此矣」。講的是損益因革，講的是變與不變，也就是說，講的是在舊有基礎，「或益而宜，或損而宜」。可知他這時還沒有擺脱改革的思想影響。他以〈尊荀〉為首篇，是希望「損益口變」的。

章太炎旅居臺灣時，曾將《訄書》稿本給日本朋友館森鴻看，館森鴻十分「推服」，認為「議論驅邁，骨采雄麗，其論時務，最精最警，而往往證我維新事例，以譏切時政」。「即以文字論，亦卓爾不羣」[68]。説是章太炎雖避居臺灣，但他「倡天下之大義，風勵一世，以圖國家維新，事雖不成，兆朕已啟。則今日所謂不幸不遇者，安知非他日潤澤天下之資哉」[69]。館森鴻的閱後「推服」，可知章太炎在旅臺時改訂《訄書》[70]，並交請友人閱讀。

章太炎由臺灣轉往日本後，仍將《訄書》修訂，由日本返滬後始行付梓。查章太炎於光緒二十五年七月，由日本回國，不久，由滬轉浙，旋

孔子二千四百四十九年
光緒二十四年歲次戊戌 十一月十一日
清議報
第一冊
THE CHINA DISCUSSION
ISSUED THREE TIMES PER MONTH.

清議報

昌言報

昌言報

又由杭來滬，在《亞東時報》撰稿，據張仲仁回憶：「祝君（心淵）寓昌言報館，與太炎朝夕晤。一日，祝君持《訄書》稿示余，余將抄錄一通，未及半而君自滬至，……是為余與君相識之始。《訄書》由祝君倩毛上珍刊印出版」⑪。《昌言報》創刊於光緒二十四年七月，張仲仁所說，則為光緒二十五年之事。章太炎「寓昌言報」，還可在當時人的日記中取得旁證。孫寶瑄《日益齋日記》光緒二十五年十二月記：「詣昌言報館，枚叔、浩吾咸在。」又記：「有人劾余為康黨，枚叔等聞皆大笑曰：『奇事，康以六品官而宰相為之黨，未之前聞。』余曰：『合肥在朝，逢人輒語云：『康有為，吾不如也』」⑫。張仲仁、孫寶瑄都說在昌言報館晤見章太炎。知二十五年十二月，章太炎在滬，《訄書》付梓，應在此時。

《訄書》原刻本除首列〈尊荀〉外，尚有下列幾點，值得注意：

一，它揭露了清朝封建統治的殘酷剝削，腐朽衰敗，但它只是主張在不根本動搖封建制度的基礎上進行改革，而不是推翻清朝政府。在《訄書》中，指責了清政府「銜不加賦以示恩」，而「舉歲藉以餉羣胡」；少數滿洲貴族「蝕蠹」重斂，而「不能折衝以庇黔首」⑬。還用「大酋」等貶詞來譏諷清朝貴族。他說：「今之合羣明分者，莫亟於學士，是何也？將以變法為辟公，必使天下之聰明耳目，相為視聽，股肱畢強，相為動宰，則始可以禦內侮，是故合羣尚已」⑭。這和康有為「合大羣而後力厚」，從而組織學會、刊行報紙，團結知識分子進行議政是一致的。

章太炎對西方國家的政治制度也曾嚮往，認為「西方之言治者，三分其立法、行政、司法而各守以有司，惟刑官獨與政府抗衡」[75]。而在當時應「通封事」，「法定」之後「則置議院」。他說：「上書則新舊雜糅，而持新者制之；羣議則新舊雜糅，而持舊者制之。故據亂則通封事，亂已定則置議院」。「議院者，定法之後之所尚，而非所取於法之始變也」[76]。康有為等改良派呼籲設立議院，實行君主立憲。章太炎則以為要議員，就要有「議官」；而「議官」之設，「其職則置於定法之後」。先俟「定法」而設議院，和康有為等的要求在中國實現君主立憲的資本主義國家仍歸一途。

二，《訄書》原刻本斥責了帝國主義的瘋狂侵略，但它還缺少徹底反帝的勇氣。章太炎鑑於甲午戰後的民族危機，看到「瓜分固已亟矣」的急迫形勢[77]，看到「通商之岸，戎夏相捽，一有賊殺，則華人必論死，而歐美多生」的不平等現象[78]；也看到清朝統治者媚外辱國，「磬折徒跣以承白人之頩怒」[79]的投降醜態；以及帝國主義分子奪我「寶藏」等侵略行徑。但又以為日本明治維新以後，變法「自強」，「西鄰不敢侮」[80]。說什麼：「發憤為天下雄，則百稔而不仆；怠惰苟安，則不及五稔而亦仆。吾所議者；為發憤之客帝言也，非為怠惰苟安者言也」[81]。幻想「客帝」「發憤」「自強」。

正由於這樣，章太炎在經濟上雖有發展資本主義的要求，「中國與一切械器軌道之必藉於煉剛精鐵」[82]，也只是微弱地提出了「神州之商，潼滃蔚薈，相集相錯，以成大羣，而後可與西商格拒」[83]，不敢逕率反帝。政治上也只是在舊的封建基礎上進行點滴「自強」性的改革，而不敢推翻封建制度。例如，他看到清朝法律的「紾戾」，看到「通商口岸」帝國主義的侵我主權，提出的是「減死以去苛，授正長之權以肅吏，定通商之律以平怨」的改良措施㉞。看到「谷出于力耕，力耕出於重農」，清朝農業凋弊，「中國金幣之泄於異域」。又「以為農官不設，農事不能以大舉」，並舉「天山之水泉，若古勿導，導之自林則徐」為例，建議設立農官以「興農」㉟。看到「烟草之為害烈也」，又「以為烟草之禁，政在守令，而司以耆老鄉先生，吏無得與」㊱。把希望寄托在「耆老鄉先生」身上，也就是一些地方豪紳身上，對封建勢力仍示妥協。

對帝國主義、封建勢力不滿，但還不敢決裂，還是主張以設學會、辦報刊的方法來「團結士羣」。他希望的也只是在不根本動搖封建政治的基礎上進行從上而下的改革，從而變法「自強」，挽救危亡，幻想能有「發憤之客帝」，「登薦賢輔，變革故法，使卒越勁，使民果毅，使吏精廉強力，以禦白人之侮」㊲。那麼，《訄書》原刻本的主要傾向還是改良。

這裡，不可能對《訄書》原刻本作逐篇的分析，只以其中兩篇影響很大、可以看出章太炎思想演變迹的〈客帝〉、〈分鎮〉兩篇作一探尋。

〈客帝〉署「章炳麟」，最早發表在《臺灣日日新報》一八九九年三月十二日；旋又發表在日本《清議報》（光緒二十五年四月出版），署「臺灣旅客來稿」。說明此文撰布，章太炎還避居臺灣。〈客帝論〉收入《訄書》原刻本時，增改頗大，如「自古以用異國之材為客卿，而今始有客帝。客帝者何也？曰：如滿洲之主震旦是也」。《訄書》原刻本作「客帝者何也？曰：蒙古之主支那是也」。

也」。改「蒙古」為「滿洲」，易「支那」為「震旦」。並在「而支那曠數百年無君也，如之何其可也」下，增益了一千五百餘字，續予發揮，它揭發了清政府「奉表以臣敵國」的媚外醜態，指斥清朝統治者對各族人民的殘酷剝削，提出「逐加於滿人，而地割於白人，以是為神州大詬」。開始提出「逐滿」的課題。

〈客帝〉認為，滿洲貴族入主中國，是「客帝」。中國的「共主」，應是「仲尼之世胄」。說是只要清朝皇帝承認過去民族壓迫的錯誤，擁護孔子後裔做中國的「虛君」，自己退居為齊桓、晉文般的霸主，發憤自強，那麼反滿情緒可以平息，可以防止「逐加於滿人，而地割於白人」。他在文章中，不但也談「素王」，還引《中侯》和《春秋繁露》，說明他還未擺脫康、梁的思想影響。這種「客帝」論調，也是章太炎後來所說「紀孔保皇」的表露。這點，他自己也不否認，說：「自戊、己違難，與尊清者遊，而作客帝，飾苟且之心，棄本崇教，其違於形勢遠矣」[88]。

〈分鎮〉也是章太炎在民族危機嚴重、清政府腐敗無能的情況下提出的一種改良設想。認為藩鎮「政不己操，而位不久假」，所以「勿能跋扈」。政變危急之際，「猶賴有數鎮稍自奮厲，是以扶危而定傾」。因此，不能削弱藩鎮，而「甘心於白種之陵藉」。中國如果「無文武自將之主，而澌滅幾至於盡」，所以削藩鎮，是「天下之至私」，它只能「行媚白人」。同時，重藩鎮和立憲政並不矛盾，「板蕩之世，非得藩鎮以尊攘，則憲政不立」，並舉明治維新以為例，「若皇德貞觀，廓夷舊章，示民版法，陶冶天下，而歸之一憲，藩鎮將奔走趨令，如日本之薩、長二藩，始於建功，而終於納土，何患自擅」[89]。此後，進而指出：「瓜分而授之外人，孰與瓜分而授之方鎮？」[90]可知章太炎是在民族危機嚴重的情況下擬議「分鎮」的。他反對滿洲貴族的昏庸衰朽、喪權辱國，但對漢族地主階級還有幻想。還想漢族地主階級「扶危而定傾」，像日本明治維新一樣，完成「尊攘」大業。那麼，他嚮往的還是「明治維新」式的「革政」。只是到了義和團運動以後，才「鑑言之莠」，進行「匡謬」[91]。

然而，章太炎提出「客帝」，又緬懷「彼瀛國之既俘，永曆魯監國之既墜，而支那曠數百年而無君也，如之何其可也」。反滿的民族意識，卻與康、梁的「忠君保皇」有別。提出「分鎮」，而「借權」的還是漢族地方督撫[92]，又以曾國藩「俯首下心，以事辮髮之孱胡」為「失機」。滿、漢之間，還有界線。這樣，在此後全國革命形勢迅速高漲的形勢下，促使他和「尊清者」劃清界限，走上革命的道路。

章太炎「逑鞠迫言」，撰述《訄書》，〈客帝〉、〈分鎮〉諸文也有受康、梁影響的迹象。如今康、梁遭「偵捕」，自己也出亡，在今文、古文的傳授得失、治學途徑上「始終不能與彼合」，至於政治上還是同情康、梁的。

正是這樣的思想指導下，章太炎在稍後發表的〈今古文辨義〉[93]，既對今文經說提出異議，又反對藉攻擊今文「以攻擊政黨」，對康、梁仍有回護。

《今古文辨義》主要就廖平所撰《羣經凡例》、《經話》、《古學考》等書的「偏戾激詭」之處，加以辯詰。歸納起來，有下列幾點：

第一，廖平以為「經皆完書無缺，以為有缺者劉歆也」。實際是尊奉西漢今文博士所傳經籍為可信，而「擯古文於經義之外」。章太炎認為，古文經傳雖非西漢博士所傳，但不能抹殺擯除，甚至以為出自劉歆之所偽造，旨在闡明古文經傳之可信，提高古文經學的地位。

第二，廖平以為六經皆孔子所作，欲「極崇孔子」，而「擯堯、舜、周公不得為上聖」。章太炎認為，孔子之所以「賢於堯、舜」，在於「性分」而不「專在制作」。即就羣經「制作」而言，「孔子自有獨至，不專在六經；六經自有高於前聖制作，而不得謂其中無前聖之成書」。這是因為古文經學家以為經書係前代史料，孔子是古代文化的保存者，其功在於將前代史乘的整理；而今文經學家則以為經書中的前代史料，只是孔子「托古改制」的手段，不能僅重其事與文，而須注重其「微言大義」之所在。今文、古文同樣「尊孔」，而所尊自有不同；一個以孔子為「受命之素王」，一個以孔子為「史家宗主」；一個視孔子為哲學家、政治家，一個視孔子為史學家。

第三，廖平以為今文在西漢時立於學官，有其「師承」；而古文則「推重訓詁」，「可以自己衍解」。章太炎以為今文也有歧說，如《齊詩》、《魯詩》就有異義。古文的「求其字句之通」，則可「參稽以求通其所不可通」，故文字訓詁之學應該「見重」。強調古文學派治學方法之可貴。

那麼，〈今古文辨義〉，主要剖析今文、古文的源由，分析孔子與經籍的關係，闡明古文經傳之可信，強調古文學派治學方法之可貴，藉以提高古文經學的地位。他和廖平的爭論，還是今文、古文的傳授得失、治學途徑的爭論。也就是說，它主要是今文、古文的一場學術爭論。〈今古文辨義〉明確地指出是與廖平辨難，文中沒有隻字提到康有為。廖平是今文「經師」，重在分析今文、古文得失，計較孔子真傳所在。儘管康有為受到廖平的啟示，進而「援經論政」，但他的「通經致用」，自非廖平所能企及；他的經學思想中的變法內容，更非廖平所可比擬。廖平是今文經學中的「經師」，拘泥於「師法」；康有為則援今文以議政，「六經皆我注腳」。章太炎辯難的對象，是今文經學中的「經師」，所以重在學術方面的爭論，儘管文中在「尊孔」問題上對廖平持有異議，但對康、梁的變法主張卻未涉及。文中雖宗古文，排今文，態度也遠不如後來的激烈；他還「甚願廖氏之大變也」。

非但如此，章太炎在文末還特別提出：「若夫經術文奸之士，藉攻擊廖氏以攻擊政黨者，則坎井之元黿，吾弗能知焉。」不僅不是「藉攻擊廖氏以攻擊政黨」，且對「康黨」寓有保全之意。可知他的辯析今、古，和封建頑固派王先謙、葉德輝、蘇輿之流的「藉攻擊廖氏以攻擊政黨」，是有根本區別的；和《翼教叢編》等的「首駁『偽學』，次揭邪謀，由是而正學臣邪遁之詞，息謬士囂陵之氣」[94]，也是有根本區別的。章太炎對廖平的批駁，主要囿於學術方面的討論；而封建頑固派則對維新變法視為「洪水猛獸」，務欲扼殺而後快。

這裡，還可舉這樣一個事例，當《翼教叢編》誹謗維新運動，大量印行時，章太炎還特地寫了《翼教叢編書後》，中云：

「是書駁康氏經說，未嘗不中窾要，而必牽涉政變以爲言，則自成其瘢宥而已。且中國學者之疑經，亦不始康氏也；非直不始康氏，亦不始東壁、申受、默深、于庭也。王充之《問孔》、劉知幾之《惑經》、程氏之顛倒《大學》、元晦之不信《孝經》、王柏之删《毛詩》、蔡沈之削《書序》，是皆漢、唐所奉爲正經者，而捍然拉雜刊除之。其在後世，亦不饜人心。夫二王、劉、蔡無論矣，程、朱則以理學爲闔捭者，方俯首鞠躬之不暇，不罪程、朱，而獨罪康氏，其偏枯不已甚乎？

「苟曰生心害政耶？以去歲變法諸條，使湘人平心處之，其果以爲變亂舊章，冒天下之不韙乎？抑不過盱衡厲色而詆之乎？且說經之是非，與其行事，固不必同。昔歐陽永叔痛諆河洛，韓魏公見之，未嘗與言《周易》。使魏公如湘中老儒之見，以說經行事同類而並譏之，則當早屏永叔於兩觀矣。雖然，詆其說經而並及其行事，……則吾所不解也。……苟執是非以相爭，亦奚不可，而必借權奸之僞嗣以爲柄，則何異逆閹之陷東林乎？……

「是書又引義烏朱侍御與康氏辯論經義諸札，侍御故金華學派，亦上窺兩漢古文，其說經誠與康氏絕異，乃其請誅嬖宦以罷官，則行事又未嘗不合也。（元晦與水心平時論學則相攻，及讒臣以道學之名傾軋元晦，則水心又力救焉。）使侍御在今日見康氏之遇禍，方流涕邑僾而道之，豈以其力庇賈、馬之見，特用之以力庇權奸哉！

「今之言君權者，則痛詆康氏之張民權；言婦道無成者，則痛詆康氏之主男女平等。清談坐論，自以孟、荀不能絕也。及朝局一變，則幡然獻符命、舐癰痔惟恐不亟，並其所謂君權婦道者而亦忘之矣。夫康氏平日之言民權與男女平等，汲汲焉如鳴建鼓，以求亡子，至行事則惟崇乾斷，肅宮闈，雖不能自持其義，猶不失爲忠於所事。彼與康氏反唇者，其處心果何如耶？噫！使侍御有知，其必當以朱絲縈社而攻之也」㊉。

此文發表在《今古文辨義》刊出兩個月以前，而旨意則同。可以看出章太炎在《翼教叢編》刊行後的憤懣，從而既撰〈書後〉，又刊〈辨義〉。

在〈書後〉中，章太炎強調「説經之是非，與其行事，固不必同」。過去學者早有疑經，不能「獨罪康氏」。康有為主張變法，「行事則惟崇乾斷，肅宮闈」，「不失為忠於所事」，不能以「説經行事同類而並譏之」。封建頑固派「詆其説經而並及其行事」，是別有用心的。

在〈書後〉中，章太炎還對蘇輿等的詆擊維新運動嚴加批判，指出康有為不是「生心害政」，不能「以垂簾逐捕之詔以泄私憤」。在變法時期，湖南新舊鬥爭是異常激烈的，蘇輿站在王先謙、葉德輝一邊，環伺新學，刻意謾罵，政變起，又輯「專以明教正學為義」的《翼教叢編》，説什麼「偽六籍以滅聖經也，托改制亂成憲也，倡平等墮綱常也，便民權無君上也，孔子紀年欲人不知有本朝焉」⑯。這種謬論，「何異逆閹之陷東林」？

〈書後〉和〈今古文辨義〉，一個正面駁斥封建頑固派的藉「經術」攻「行事」；一個辨析今古，點出不能「藉攻擊廖氏以攻擊政黨」。兩文可稱為姊妹篇，表明他自己和康有為「經術」雖殊，而「革政」則是相同的。

那麼，章太炎這時雖已專文剖析今、古，但還只是在學術上和今文經師廖平展開討論；對康、梁的援用今文，議論政事，尚未深詆。對「湘中腐儒」藉「經術」以攻康氏，還予駁斥。因為這時他在政治上還同情康、梁，在思想上尚未劃清改良與革命的界線。

章太炎對康、梁的同情，是政治上的同情，是對康、梁變法維新事業的肯定。他在戊戌前後，思想上還停留在「革政」階段，當然不可能「忠告康、梁，勸其脫離清室」。

當然，章太炎的民族主義思想是孕育較早的。等到一九〇〇年義和團運動發生，清政府「量中華之物力，結與國之歡心」的面目日露，跟隨社會歷史的發展，章太炎終由改良走向革命，和康、梁也終告決裂了。

---

① 查《強學報》第一號〈上海強學會章程〉後面，所列發起人名單，以及蔡爾康〈上海強學會序〉後「按語」，均無章太炎之名，想見上海強學會發起成立後，「徵求會友」，納費入會的。《太炎先生自定年譜》「光緒二十二年，二十九歲」記：「康有為設強學會，募人贊助，余亦贈幣焉」。章

太炎《口授少年事迹》：「康有為設強學會，……寄會費銀十六圓入會」。
② 章太炎於光緒二十年，曾撰〈獨居記〉，記「錢塘汪翁」，指汪曾唯，即汪康年之叔，此文曾見抄稿，後改名〈明獨〉，收入《訄書》。
③ 章太炎：〈致汪康年書〉手跡，上海圖書館藏，收入拙編《章太炎政論選集》第三—四頁，中華書局一九七七年版。
④ 章太炎：〈與劉師培書〉，見《國粹學報》。
⑤ 章太炎：〈論學會大有益於黃人亟宜保護〉，見《時務報》第十九册，光緒二十三年二月初一日出版，收入《章太炎政論選集》第八—一三頁。
⑥ 見《實學報》第四册，光緒二十三年九月初一日出版。
⑦ 章太炎：〈論亞洲宜自為脣齒〉，見《時務報》第十八册，光緒二十三年正月二十一日出版。
⑧ 《經世報》僅署「七月上」，查為「七月初五日」，當一八九七年八月二日。
⑨ 章太炎：〈上李鴻章書〉，一八九八年二月，手札，上海圖書館藏，見《章太炎政論選集》第五三頁。
⑩ 梁啟超：《清代學術概論》。
⑪ 〈民主駁義〉，見《實學報》第三、五、十三、十四册；〈改制辟謬〉見《實學報》第十册。
⑫ 張元濟：光緒二十三年十月二十一日〈致梁啟超書〉，見《汪穰卿先生師友手札》，上海圖書館藏。
⑬ 章太炎：〈讀日本國志〉一、二，見《譯書公會報》第四、十册，光緒二十三年十月二十一日、十二月初四日出版。
⑭ 章太炎：〈譯書公會敍〉，《譯書公會報》第二期，光緒二十三年十月初七日。

⑮〈興浙會敍〉，《經世報》第二、三冊，光緒二十三年七月中、七月下出版。
⑯見《經世報》第五、六冊，光緒二十三年八月十五日、二十五日出版；《經世報》第五冊又有〈興浙學會續題名〉，「上虞許默齋家惺（附生）」。
⑰按據《公車上書記》，共十六省六〇二人，連同領銜人康有為，計六〇三人，無浙江省。
⑱汪太沖：《章太炎外紀》，北京文史出版社一九一八年十一月版。
⑲劉禺生：〈章太炎被杖〉，見《世載堂雜憶》第一二五—一二七頁，中華書局一九八〇年十二月版。
⑳見拙編《章太炎政論選集》上冊第五八—六三頁。
㉑見《太炎文錄》卷二。
㉒見〈抱冰室弟子記〉，為張之洞自撰，見《張文襄公全集》卷二二八。
㉓《太炎文錄初編》卷二。
㉔《太炎先生自定年譜》「光緒二十二年」。
㉕〈康氏復書〉，見《臺灣日日新報》一八九九年一月十三日。
㉖章太炎在《時務報》發表論文時，黃遵憲即認為這是「文集之文」，不夠清新動人。
㉗《太炎先生自定年譜》「光緒二十二年」。
㉘章太炎：〈致譚獻書〉，見《復堂日記續錄·跋記》。
㉙章太炎旅居臺灣，過去僅從《太炎先生自定年譜》和〈口授少年事迹〉有簡單敍述。一九八〇年日本阿川修三先生發現《臺灣日日新報》，近藤邦康教授複印見贈，對章太炎旅臺情況，始有較深理解。一九八三年，我在東京，又親自查閱該報，另有一些章太炎旅臺詩文，則蒙日本島田虔次教授和滝沢誠先生提供，書此誌感。

㉚《清議報》所載章太炎詩文，大都在《臺灣日日新報》登過，如〈祭維新六賢文〉、〈臺灣旅館書懷寄呈南海先生〉、〈答學究〉、〈客帝論〉，見上表。另有〈儒冠〉（第二十冊）、〈安昌謠〉（第二十六冊）、〈梁園客〉（同上）、〈雜感〉（第二十八冊）、〈西歸留別中東諸君子〉（同上），其中〈視天論〉也在《臺灣日日新報》刊出。

㉛章太炎：〈照井氏遺書序〉，見關儀一郎編《日中儒林叢書》第六卷所收照井一宅《莊子解》卷首，昭和四年本。

㉜《拙存園叢稿》八卷三册，大正八年（己未八月）鉛字排印線裝本，館森鴻撰，中有章氏序文和在館森鴻文章後的一些跋語。

㉝章氏在臺曾將《訄書》交給館森鴻看過，〈儒術真論序〉謂章將文稿五十篇見示，查《訄書》初定，即為五十篇，當指此。又館森鴻〈送章枚叔序〉更稱，讀其《訄書》，認為「議論驅邁，骨采雄麗，其説時務，最精最警，而往往證我維新事例以譏切時政」，對之十分推服，見《拙存園叢稿》卷一第十頁。

㉞文瀾：〈章太炎離臺軼事〉，臺北《中央日報》一九五二年七月二十九日。

㉟章太炎：〈遊西京記〉，《亞東時報》第十七册，光緒二十五年十月十八日出版，署名「菿漢閣主」。

㊱《德宗景皇帝實錄》卷四三二第十葉。

㊲章太炎：〈致汪康年書〉三，光緒二十四年十一月二十三日，見《汪穰卿師友手札》，上海圖書館藏，下同。

㊳見拙撰《章太炎與館森鴻》，見《歷史論叢》第三輯，齊魯書社一九八三年版。

㊴章太炎：〈刻包氏齊民四術第二十五卷序〉，《臺灣日日新報》，見上表引，下同。
㊵章太炎：〈致汪康年書〉三。
㊶章太炎：〈致汪康年書〉三。
㊷章太炎：〈諄勸垂綸〉。
㊸章太炎：〈臺灣設書藏議〉。
㊹章太炎：〈論學校不能專校語言文字〉。
㊺同註㊸。
㊻章太炎：〈書清慈禧太后事〉。
㊼章太炎：〈清廷偵獲逋臣論〉。
㊽章太炎：〈黨政誤鑿〉。
㊾章太炎：〈答梁卓如書〉。
㊿章太炎：〈臺北旅館書懷寄呈南海先生〉，《清議報》第八冊，光緒二十五年二月初一日出版。
51 章太炎：〈康氏復書〉。
52 章太炎：〈答梁卓如書〉。
53 章太炎：〈論亞洲三十年之形勢〉。
54 章太炎：〈正疆論〉。
55 章太炎：〈論清旗田〉。
56 章太炎：〈失機論〉。
57 朱希祖：〈本師章太炎先生口授少年事迹筆記〉，見《制言》第二十五期《太炎先生紀念專號》。

58 章太炎：〈致陶亞魂柳亞盧書〉，《復報》第五號。
59 章太炎：〈致汪康年書〉四，光緒二十五年正月初七日。
60 章太炎：〈致汪康年書〉五，光緒二十五年六月初十日。
61 馮自由：《中華民國開國前革命史》第十四章〈壬寅支那亡國紀念會〉。
62 章太炎：〈致譚獻書〉，光緒二十三年三月十九日，《復堂日記續錄》錢基博跋語。
63 章太炎：《自述學術次第》，稿本。
64 《太炎先生自定年譜》「光緒二十三年」。
65 見《太炎文集》卷二。
66 章氏後來又撰〈今古文辨義〉，對康、梁仍寓保全，另有〈翼教叢書書後〉謂「說經之是非，與其行事，固不必同」，以為康在變法時，「不失為忠於所事」，詳後。
67 上海古籍出版社一九八五年七月影行。
68 館森鴻：〈送章枚叔序〉，《拙存園叢稿》卷一，日本大正八年己未八月鉛字排印本。
69 同上。
70 館森鴻看到《訄書》五十篇，即原刻本篇數，此書付印時，另增兩篇；即〈辨氏〉、〈學隱〉兩篇，經查《手書底本》，稿紙與五十篇不同，知為後來補入。
71 見《制言》第二十五期。
72 《日益齋日記》稿本，上海圖書館藏。
73 《訄書》原刻本〈不加賦論〉第三十三。
74 《訄書》原刻本〈明羣〉第二十三。

(75)《訄書》原刻本〈刑官〉第三十七。
(76)《訄書》原刻本〈明羣〉第二十三。
(77)《訄書》原刻本〈分鎮〉第三十一。
(78)《訄書》原刻本〈定律〉第三十八。
(79)《訄書》原刻本〈不加賦論〉第三十三。
(80)《訄書》原刻本〈東鑑〉第二十八。
(81)《訄書》原刻本〈客帝〉第二十九。
(82)《訄書》原刻本〈喻侈靡〉第二十一。
(83)《訄書》原刻本〈制幣〉第四十五。
(84)《訄書》原刻本〈定律〉第三十八。
(85)《訄書》原刻本〈明農〉第四十四。
(86)《訄書》原刻本〈禁烟草〉第四十六。
(87)《訄書》原刻本〈客帝〉第二十九。
(88)章太炎：〈客帝匡謬〉，《訄書》重印本「前錄」。
(89)章太炎：〈藩鎮論〉，《五洲時事匯報》第四冊，光緒二十五年十月初一日出版，見《章太炎政論選集》。
(90)章太炎：《訄書》原刻本〈分鎮〉第三十一。
(91)章太炎：〈分鎮匡謬〉，《訄書》重印本「前錄」。
(92)章太炎在一八九八年有〈上李鴻章書〉，企圖他能「轉旋逆流」，手札，上海圖書館藏，見《章太炎政論選集》第五三—五七頁，他還到武昌見張之洞，見前。

93 章太炎：〈今古文辨義〉，《亞東時報》第十八號，光緒二十五年十一月二十三日出版，見《章太炎政論選集》第一〇八—一一五頁。

94 黃協塤：〈石印翼教叢編序〉。

95 章太炎：〈翼教叢編書後〉，《五洲時事滙編》第三冊，光緒二十五年九月初十日。

96 蘇輿：〈翼教叢編序〉。

第三章 「割辮與絕」

一 正氣會的宗旨模糊

章太炎是在一九〇〇年義和團運動後由「革政」走向「革命」的，是在唐才常組織自立軍起義時「割辮與絕」的。

一八九九年八月下旬，章太炎由日本返滬和唐才常認識，《太炎先生自定年譜》是年記：「識康氏弟子唐才常，才常方廣糾氣類，期有大功，士人多和之者。」這時，唐才常由日本返國不久，任《亞東時報》主編①，章太炎也將撰文交《亞東時報》刊佈②。

一八九九年冬，唐才常在上海組織自立軍的前身——正氣會，在〈序文〉中說：

「四郊多壘，卿士之羞；天下興亡，匹夫有責。憂宗周之隕，爲將及焉；與四方之瞻，蹙靡騁矣。昔者魯連下士，蹈海而擯强秦；包胥虆臣，哭庭而存弱楚。蕞爾小國，尚挺英豪，詎以諸夏之大，人民之衆，神明之胄，禮樂之邦，文酣武嬉，蚩蚩無睹。方領矩步，奄奄欲絕，低首腥膻，自甘奴隸，至於此極！將非江表王氣，終於三百年乎？夫日月所照，莫不尊親，君臣之義，如何能廢？盤根所由別利器，板蕩始以識忠臣，是以甘陵黨部，范孟博志在澄清；宋室遺民，謝皋羽常聞痛哭。……所願咸捐故態，同登正覺，卓犖爲傑，發憤爲雄，一鼓作氣，喁然嚮風。上切不共戴天之仇，下存何以爲家之思。庶竭一手一足之能，冀收羣策羣力之效。國有天地，必有與立。非我種類，其心必異。毋誘於勢利，毋溺於奇袤，共圖實際，勿盜虛聲，俾中外繫其安危，朝野倚爲輕重。勿使新亭名士，寄感慨於山河，故宮舊臣，睠哀思於禾黍。幸甚幸甚」③。

序文中既說「憂宗周之隕」，不能「低首腥膻，自甘奴隸」，以及「上切不共戴天之仇，下存何以為家之思」，又說：「日月所照，莫不尊親，君臣之義，如何能廢」。宗旨模糊。

次年七月，唐才常以「保國保種」為辭，邀集滬上「名流」在上海召開「國會」（又名「中國議會」），就「國會」宣布的主要宗旨來說：一，「保全中國自立之權，創造新自立國」；二，「決定不認滿清政府有統治中國之權」；三，「請光緒皇帝復辟」。否認清朝政府，就不應保存清國和光緒皇帝；保存清國和光緒皇帝，就不能創造新自立國。還是宗旨模糊。就在「國會」會議時，章太炎反對這種模糊宗旨，「割辮與絕」④。

從「正氣會」到「自立會」，以致組織自立軍起義時，為何「宗旨」如此模糊，唐才常為什麼把「宗旨」提得如此模糊？這就要把唐才常的思想傾向和當時的國內形勢作一剖析。

一八九八年戊戌變法失敗後，康有為、梁啟超先後逃亡日本，宣傳「尊皇」，康有為拒絕了以孫中山為首的革命派的「商討合作」，梁啟超則倡辦《清議報》，欲以之「為國民之耳目，作維新之喉舌」，說是「中國之能立與否，全繫乎改革不改革」；「能改革與否，又全繫乎皇上之有權無權」⑤。「但使皇上有復仇之一日，按次第以變法令行禁止，一二年間，積弊可以盡去，一切美政可以盡行」。還幻想「借友邦之力以抵禦之」⑥，集矢攻擊以慈禧太后為首的封建頑固派。

一八九八年三月，康有為離開日本去加拿大。不久，渡大西洋赴英國，企圖通過前海軍大臣柏麗斯輝子爵的關係，運動英國政府干涉中國內政，扶助光緒皇帝重掌政權，未能實現。又重回加拿大，於七月二十日（六月十三日），與李福基等創設保皇會，也稱中國維新會（Chinese Empire Reform Association），在〈會例〉中指出：「專以救皇上，以變法救中國救黃種為主」，「凡我四萬萬同胞，有忠君愛國救種之心者，皆為會中同志」。

以孫中山為首的革命派對康有為等是想爭取的，是想「聯絡各黨」的。唐才常沒有完全擺脫康、梁的思想束縛，但他的態度和康有為卻不盡相同，「除與多方謀取聯繫以外，又與南海再度會晤，陳說當時的內憂外患極端緊迫，孫、康兩派亟宜犧牲小異，同力合作，如保皇和排滿各詞，皆可摒棄」⑦。

本來，唐才常在政變以後，「對於滿清已有十分之絕望，恨不即時擾亂滿清之全局，組織新政府以代之」⑧，決心「樹大節，倡大難，行大改革」⑨，也知道單靠幾個知識分子宣傳鼓吹是不夠的，還得聯合其他力量，從而考慮到活躍在長江流域的會黨。畢永年原和哥老會首領楊鴻鈞、李雲彪等相識，「且投身會中」。這時，又向孫中山陳述長江流域的會黨情況。孫中山遂於一八九九年春、夏間派畢永年偕日本人平山周等赴湘、鄂各地聯絡哥老會，提出興中會和哥老會聯合反清的建議。他們在湘、鄂地區活動一個多月後回到日本，平山周報告孫中山，「所見哥老會各龍頭多沉毅可用，永年所報告都符事實」⑩。從此，孫中山有了湘、鄂、粵三省同時大舉的方案。他再派畢永年內渡，邀約哥老會各龍頭赴香港與陳少白等商談合作辦法，等到工作就緒，興中會邀哥老會、三合會各首領集會於香港，與會者有楊衢雲、陳少白、鄭士良、畢永年、楊鴻鈞、李雲彪、張堯卿、宮崎寅藏、平山周等十餘人，議定三會組成興漢會，公推孫中山為統領。由此可知，孫中山是主張聯合各方面力量，從事革命事業的，他對自立軍注目哥老會的舉措是支持的⑪。

當初，孫中山和康、梁「合作」未成時，對改良派和革命派的分歧是清楚的，並分清「他的黨派」和「我們黨派」。他曾說過：「清政府在康有為公開致力種種運動或採取恐嚇政府的手段之際，對他的黨派抱有嚴重警惕。並因而對我們黨派的注意逐漸放鬆，這在某種程度上還是我黨的幸事」⑫。但由於過去曾有聯合會黨的舉措，而唐才常與康有為也有不同的思想傾向，所以對唐才常活動表示支持。當唐才常回國時，孫中山還出席宴會。日本留學生歸國協助其活動的有林圭、秦力山、吳祿貞、戢元丞、沈翔雲、黎科、傅慈祥、蔡鍾浩、田邦濬等二十餘人，他們大都是興中會會員，「醉心革命真理」，對孫中山尤其「傾倒備至」⑬。孫中山還指示漢口的興中會會員容閎之侄容星橋協助他們舉事。

一九〇〇年，義和團運動發生，孫中山湘、鄂、粵三省起義的部署也積極進行。七月十六日，孫中山由西貢乘輪抵香港海面，在船上開緊急會議，根據孫中山的建議，把惠州起義的指揮權交給鄭士良；畢永年則再赴長江流域聯絡會黨。「有南方暴動之機，主持西江者為孫文，主持長江者為唐才常」⑭，實際上，這正是孫中山湘、鄂、粵三省起義的策略。所以當自立軍組織擬分中、前、後、左、右各軍，以湖北為中軍，安徽為前軍，湖南為後軍，河南為左軍，江西為右軍，以唐才常總持各軍事宜，林圭副之，以及各地設立「公館」機關時，「與廣東鄭士良密約，鄭在廣東惠州同時起義，互相應援」⑮，那麼，自立軍起義也可說是與惠州起義相呼應，它是香港興漢會組設後的一次「聯合行動」。

孫中山對惠州起義和自立軍是很重視的。他在七月間曾函陳少白：「鄭士良努力把握局勢，千萬不可灰心」。日本人還認為「孫先生更有絕望於南方，另向華中活動的觀念」⑯。七月二十四日，即上海「國會」召開的前兩天，孫中山和陳少白、楊衢雲、鄭士良、史堅如等興中會骨幹聯合致書港督卜力，請求英國「助力」，以「改造中國」，並提出〈平治章程六則〉。

為了集結反清力量，醞釀起義，孫中山不顧日本人頭山滿、平岡浩太郎等勸阻，於八月二十二日由橫濱秘密乘輪赴上海，他計畫先由江蘇、廣西等南方六省宣布獨立，全國各省響應，建立共和國。和他登輪同渡的內田良平曾透露這一計畫：「孫逸仙及其徒衆，計畫目的江蘇、廣東、廣西等南清六省作根據獨立共和體，漸次（向）北清伸揚，愛新覺羅士崩瓦解，支那十八省從之，東洋大共和創立」⑰。八月二十八日，孫中山抵達上海，自立軍起義已失敗，唐才常等已就義，孫中山在滬難以活動，只得重返日本。

一個多月後，鄭士良以會黨為主力，在惠州三洲田起義，終因糧械告絕，清軍圍攻，鄭士良只得將起義隊伍解散，自率少數精銳退往香港。策應惠州起義的史堅如，在十月二十九日謀炸兩廣總督德壽未遂⑱，湖北的自立軍、廣東的惠州起義都遭失敗。

由上可知，唐才常在流亡時期，和孫中山相晤，受其影響，介紹唐才常和孫中山相識的畢永年又在孫中山的指示下，多次到湘、鄂聯結會黨，進而在香港組設興漢會。唐才常離日返滬組設自立會的前身正氣會時，孫中山既往餞行，興中會會員也多參加。自立軍醞釀在長江一帶起事，又和孫中山湘、鄂、粵三省大舉相合拍，和惠州起義相呼應。可知孫中山對唐才常是關懷、支持的，是想「共同大舉」的。唐才常旅日時受到孫中山的影響，自立軍又和孫中山湘、鄂、粵三省大舉合拍，說明他受到革命派的影響且與之有所聯繫；他又想依靠康有為的海外捐款和不能擺脱改良派的束縛，由於他本身的複雜性，從而表現在「宣言」和「規約」中的宗旨蒙昧，主張混沌。

自立會的宗旨模糊，徘徊於革命、改良之間，是與當時的國內外形勢有關的。

一八九八年九月，政變發生，贊助變法的光緒被幽禁，推動維新的志士被株連，而執政的則是慈禧、榮祿、剛毅一夥。從國內到海外，對維新派的遭遇、光緒皇帝的禁厄，表示同情的大有人在。「維新新政」雖然只有一百零三天，但在當時的歷史條件下卻有進步意義。扶植光緒重新上臺，排阻腐朽頑固勢力，有這種思想的也不乏其人。康有為流亡海外，由香港而日本，由日本而加拿大，由加拿大而英國，以至組織保皇會，為的是救光緒，認為光緒復位，才能「救中國」，「救聖主」也就是「救中國」。一八九九年印布的〈保救大清皇帝公司序例〉說：要保國保種非變法不可，要變法「非仁聖為皇上不可」，凡是有「忠君愛國救種之心」的，都是會中同志。他把「忠君」和「救國」聯繫起來，把光緒和變法聯繫起來，「救聖主而救中國」⑲，頗有號召力。而在這時，革命派雖已醞釀起義，但革命的聲勢還不大，輿論宣傳也不如保皇會。在這種情況下，揭露清政積弱，控訴慈禧「訓政」，擁護改革變法的皇帝，反對頑固守舊的太后，在當時還起過積極的作用。

康有為組織的保皇會，既以「保救大清皇帝」為宗旨，康、梁也一直以「勤王求救」相號召，只要看梁啟超寫給康有為、唐才常等密信中，就可以看出他們「保救皇上」是何等迫切，如說：

「我輩所以如此千辛萬苦者，爲救皇上也，從南方起事，去救皇上之實際尚極遠」⑳。

「正先生之名，重之以衣帶之詔，則足以感豪傑之心，而寒奸賊之膽，先聲奪人，氣焰數倍，此其利也」㉑。

「旗號之事，雖似瑣小，然亦不可不計及。既以勤王爲主義，改舊龍章必不可棄，而又不能與敵軍同用一式，或改其式色，或加添別種事物，皆無不可，但必當通知各處一律」㉒。

信中說是「千辛萬苦」「為救皇上」，事實也是如此，康有為「蹈日本而哭庭，走英倫而求救」㉓說是奉有光緒皇帝「衣帶之詔」，呼籲勤王。梁啟超也在日本上謁朝貴，下訪名流，展開活動。他們以「勤王為主義」，也考慮「旗號之事」，既不能與清軍「同用一式」，又反對慈禧為首的清政府，考慮「改其式色，或加添別事號」。這種既反對清政府又扶助光緒的曖昧情態，正和正氣會以至自立會的態度曖昧一致。

梁啟超還在革命派和改良派「合作」未成之際，寫給孫中山一封信，中云：

「自去年歲杪，廢立事起，全國人心悚動奮發，熱力驟增數倍，望勤王之師，如大旱之望雨，今若乘此機會，用此名號，真乃事半功倍，此實我二人相別以來，事勢一大變遷也。弟之意常覺得通國辦事之人，只可咁多，必當合而不當分，既欲合，則必多捨其私見，同折衷於公義，商度於時勢，然後可以望合。夫倒滿洲以興民政，公義也，而藉勤王以興民政，則今日之時勢最相宜者，……弟以爲宜稍變通矣。草創既定，舉皇上爲總統，兩者兼全，成事正易，豈不甚善？何必故畫鴻溝，使彼此永遠不相合哉！」㉔。

說是要「捨其私見，同折衷於公義」，而他們「勤王」的「私見」卻不肯放棄。再是說「倒滿洲以興民政」是「公義」，卻以「藉勤王以興民政」為「今日之時勢最相宜者」。要舉光緒為總統，扶植光緒重新上臺，即「勤王」的宗旨未嘗稍變。這些，不能不予唐才常和自立軍以影響。

直到自立會會名已定，上海愚園「國會」召開前一個多月，梁啟超又致書自立會成員：

「我輩宗旨既專在救國，會名既已定，改爲自立甚好。其票間宗旨下，原只滅洋二字者，可易以自立或救國二字，至其四字、八字者，則於救國自立等字外，加用作新保種等字均可」㉕。

那麼，自立會的取名，也是考慮到革命派、改良派都能接受而後定名的。這時，義和團起事，八國聯軍入侵，帝國主義的瘋狂侵略激起了全國人民的憤慨，「聯絡各黨」力量進行反抗，自屬當務之急。革命派要推翻清朝，改良派要「勤王求救」，反抗的方式不同，但主要矛頭都是指向以慈禧為首的清政府。孫中山表示：「我想要會見康有為，就當前中國的問題徵詢他的意見，並向他提出我的勸告」㉖。康有為也說：「今日即孫文議論，亦不過攻滿洲，而未嘗攻皇上，蓋皇上維新盛德，實已濆服中外也」㉗，他們的宗旨和鬥爭方式是不同的，對清政府的不滿卻又是一致的。唐才常的思想本來就不像康有為那樣保守，旅日後又受到孫中山的薰陶。當促成孫、康兩派聯合反清没有成效後，還想「與孫中山訂殊途同歸之約」。自立軍的起兵計劃既與孫中山作了「甚為周詳的商議」㉘，孫中山對他也予支持，希望「湘、鄂、粵三省大舉」，使之與惠州起義相策應，興中會員還多人返國，參加自立軍。

上述情況表明，唐才常既受到孫中山等革命派的影響，又不能擺脱康、梁的束縛；他既要考慮到當時海內外人士對光緒還有幻想，康、梁堅持「勤王求救」，又要照顧到革命形勢逐漸發展，湘、鄂、粵「大舉」計劃的推行；他既需要依靠康、梁的餉糈和影響，其活動又需要革命派的參加。因而在〈正氣會章程〉以至後來的〈規約〉中，既有著「勤王」的話語，又有著「排滿」的詞句，形成「排滿」又「借尊皇權」，「勤王」又「不認滿清統治」的複雜局面，使人感到既反滿、又勤王，含混其詞，撲朔迷離。

對此，參加自立軍起義犧牲的傅慈祥的兒子傅光培有一段回憶：

「與保皇黨關係密切的唐才常，是戊戌死難者譚嗣同的摯友和兒女親家，他宣稱要舉大事爲死友復仇。譚是西太后那拉氏殺的，自然與康有爲擁光緒復辟合拍，政治上、經濟上唐都要以康爲泰山之靠，但起事的實行人物，保皇黨是拿不出來的，這就不能不賴於革命派。唐在日本，經畢永年的介紹加入了興中會，但没有也不可能同保皇黨劃清界限。自立軍表面上自立於清廷之外，也不在革命之中，有意混淆保皇黨與革命的本質區別。唐回國時，革命派和保皇黨人均參加祖餞，正好說明了這一點」㉙。

這種說法是有一定道理的，特別說他「自立於清廷之外，也不在革命之中」，以之窺測自立會之所以標名「自立」，也有參考價值。

也應看到，這時，革命、改良的界限還沒有明確劃分，即使是革命派，也有的對清朝官僚存在幻想。一九〇〇年六月，由香港總督卜力出面，通過何啟拉攏興中會擁護李鴻章在兩廣獨立時，興中會也一度為其利用。即在上海「國會」第二次會議後，「割辮與絕」的章太炎，在此以前，也曾上書李鴻章，以為「事機既迫，鈞石之重，集於一人」，要他「明絕偽詔，更建政府，養賢致民，以全半壁」㉚。可見，這種情況並不是個別的，應該根據當時的歷史條件，予以實事求是的估價。

二　「割辮」和〈解辮髮〉

章太炎是在上海「國會」召開時，「割辮與絕」，並進而撰〈解辮髮〉以自表的。

唐才常在康有為的指示下，於一九〇〇年七月二十六日（七月初一日）、二十九日（七月初四日）在上海愚園召開「國會」㉛（又名「中國議會」），創設自立會，組織自立軍。章太炎參加了會議。

「國會」到有容閎、嚴復、章太炎、畢永年等，推舉容閎為會長，嚴復為副會長，唐自任總幹事。「國會」宣布的主要宗旨是：一，「保全中國自主之權，創造新自立國」；二，「決定不認滿清政府有統治中國之權」；三，「請光緒皇帝復辟」。態度曖昧。章太炎在集會時，當場批判了唐才常「不當一面排滿，一面勤王，既不承認滿清政府，又稱擁護光緒皇帝，實屬大相矛盾，決無成事之理，宣言脫社，割辮與絕」㉜。章太炎自己也說：「因唐才常主張一面排滿，一面勤王，既不承認滿清政府，又稱擁護光緒皇帝，余甚非之，因宣言脫社，割辮與絕，但後唐案通緝書上仍有余名」㉝。

「國會」第二次會議後十天，亦即章太炎「割辮」以後十天，他寫了〈來書〉以及〈請嚴拒滿蒙人入國會狀〉，寄交興中會主辦的《中國旬報》十九期上，於一八九〇年八月九日（光緒二十六年七月十五日）發表。由於這兩篇文章没有收入章氏手訂的《章氏叢書》，也未輯入我編的《章太炎政論選集》和《章太炎年譜長編》，卻是研究章氏早期思想的重要歷史文獻。特將原文引錄如下：

來　書

□□先生閣下：去歲流離，於□□君座中，得望風采，先生天人也。鄙人束髮讀書，始見《東華錄》，即深疾滿洲，誓以犂庭掃閭爲事，自顧藐然一書生，未能爲此，海內又鮮同志。數年以來，聞先生名，乃知海外自有夷吾，廓清華夏，非斯莫屬。去歲幸一識面，稠人廣衆中，不暇深談宗旨，甚悵悵也。

今者，滿政府狂悖恣行，益無人理，聯軍進攻，將及國門，覆亡之兆，不待蓍蔡，南方各省，猶與西人立約通好。鄙人曾上書劉、李二帥，勸其明絕詔書，自建帥府，皆不見聽。東南大局，亦復岌岌。友人乃立中國議會於上海，推□□君爲會長，□君天資伉爽，耄益精明，誠支那有數人物。而同會諸君，賢者則以保皇爲念，不肖者則以保爵位爲念，莫不尊奉滿洲，爲戴師保，九世之仇，相望江湖，嘻亦甚矣。

鄙人先作一狀，請嚴拒滿、蒙人入會，會友皆不謂然，憤激蹈厲，遽斷辮髮以明不臣滿洲之志，亦即移書出會。

方今支那士人，日益闒茸，背棄同族，願爲奴隸，言保皇者十得八九，言復漢者十無二三，鄙人偶抒孤憤，逢彼之怒，固其宜也。茲將〈拒滿、蒙入會狀〉及〈解辮髮說〉篇寄呈左右，所望登之貴報，以示同志，雖詞義鄙淺，儻足以激發意氣乎？□□處知□□有意連衡，初聞喜甚，既知復以猜疑見阻，爲之惘然。然時遭陽九，天下事尚有可爲，惟有四萬萬人珍攝。肅此，敬問起居。章炳麟識。陰曆七月十四日。

請嚴拒滿蒙人入國會狀

章炳麟白，爲請嚴拒滿蒙人入會事：竊以東胡賤種，狼子野心，今之滿洲，明時號野人女真，烝報殘殺，是其天性。自多爾袞入關以後，盜我疆土，戕我人民，揚州之屠，江陰之屠，嘉定之屠，金華之屠，廣州之屠，流血沒脛，積骸成阜，枕戈之恥，銜骨之痛，可遽忘乎？其後任用諂佞，以聖諭愚黔首，以括帖束士夫，租稅則半供駐防，原野則藉爲圈地，斯仇不復，何以自立。今幸宵小在朝，自取覆滅，攻昧侮亡，天道應爾。本會爲拯救支那，不爲拯救達虜；爲振興漢族，不爲振起東胡。爲保全兆民，不爲保全孤僨。是故聯合志士，只取漢人東西諸賢可備顧問，若滿人則必不容闌入也。或謂十室之邑，必有忠信，雖在滿洲，豈無才智逾衆爲壽富、金梁其人者，不知非我族類，其心必異，愈材則忌漢之心愈深，愈智則制漢之術愈狡，口言大同，而心欲食人，陽稱平權，而陰求專制，今所拒絕，正在此輩。豈爲昏庸躁妄之人言耶？且如玄曄（燁）、胤禎等輩，若狂暴失德，專爲淫虐，則不崇朝而殲於漢人矣，豈能制我黔黎至三百年之久哉！

今諸君既具人人自立之志，上念夙仇，下思後患，如有滿人入會，必能嚴加拒絕，蒙古准此。今特具說帖，請與諸君歃血而盟，既盟之後，如有引蒙、滿人入會者，同會共擊之。若模稜兩可，陰有所覬，徒托鬥智鬥力之辭，坐忘畏首畏尾之害，則國非吾國，民非吾民，雖保安全壞，仍與曾、胡之徒同符共軌，則鄙人請先出會，以遂素志，此上同會諸君子鑑。

陰曆七月初四日

〈解辮髮說〉，即《訄書》重印本〈解辮髮〉第六十三，但《訄書》有修改，如「桑門衣」，原作

「浮屠衣」;「共和二千七百四十一年」,原作「庚子」;「戕虐朝士」,原作「戕虐賢駿」;最後一句:「嗚呼!余惟支那四百兆人,而振刷是恥者,億不盈一,欽念哉」下,原有「永曆亡後二百三十九年七月初九日,餘杭章炳麟書」一句。

〈來書〉係參加「中國議會」後所發,〈請嚴拒滿蒙人入國會狀〉中的「國會」,也是指「中國議會」。查「中國議會」開會兩次,第一次為七月二十六日(七月初一日),第二次為七月二十九日(七月初四),章太炎的〈請嚴拒滿蒙人入會書〉末署「陰曆七月初四日」,知為第二次開會時所提。〈解辮髮說〉末署「七月初九日」,知為第二次開會,章太炎「請嚴拒滿蒙人入會」,「會友皆不謂然」後寫,則其「斷髮」應為陰曆七月初九日前,旋又於七月十四日交《中國旬報》。

「割辮」,表示章太炎「不臣滿洲之志」,是他對變法圖強、政治改良的決絕。

「割辮」以前,章太炎是同情康、梁,同情改革的,即便在政變以後一段時間,仍與「尊清者遊」。他的「割辮」,是在動盪的環境中,經過了複雜的鬥爭,始和改良派「割辮與絕」的。

如前所述,政變以後,章太炎對康、梁等維新志士深表同情,寓書慰藉,懷念「夙好」。對外界攻擊康、梁,還力為辯解,當有人議論,以為他和康有為治學途徑不同,他自己也說「論及學派,輒如冰炭」,為何「相昵之深」時,他還引宋代的朱熹、葉適為例,說明「行誼政術自合」。稍後，還對頑固派的淆亂視聽，予以指責，「說經之是非，與其行事，固不必同。」對「藉攻擊廖氏（平）以攻擊政黨者」力為批判。然而，時隔不久，章太炎「割辮與絕」，「絕」的是康、梁，是過去「相昵」的康、梁，是曾經寄予同情並為之辯解的康、梁。他和康、梁的相「絕」，又是以「割辮」為標誌，這就不能不注視這一年多來的變化和「割辮」時思想的飛躍。

「割辮」，又表示章太炎的反對「奉戴光緒」，傾向革命。

章太炎的傾向革命，是在東渡日本、回國以後，「以勤王、光復議論不合，退而毀棄毛髮以自表」的㉞。

章太炎較早孕有民族主義思想，〈來書〉中說：「鄙人束髮讀書，始見《東華錄》，即深疾滿洲，誓以犁庭掃閭為事」。〈請嚴拒滿蒙人入國會狀〉還引「揚州之屠」、「江陰之屠」，以示不忘「枕戈之恥」。但「割辮」前仍和「尊清者遊」。他又是怎樣斷然「割辮」的呢？

一八九九年六月十日，章太炎從臺灣基隆出發。十四日，「步上神户」。十七日，「發大津趨名古屋」㉟。在日本與孫中山相晤，受其啟發，自稱：「自臺灣渡日本，時梁啟超設《清議報》於橫濱，余於梁座中始得見孫中山，由梁介紹也。越二、三月，余回上海」㊱。馮自由也說：「己亥夏間，錢恂任留日學生監督，梁啟超時辦《清議報》，均有書約章赴日，章應其請，先後寄寓橫濱《清議報》及東京錢寓、梁寓，由梁介紹，始識孫中山橫濱旅次，相與談論排滿方略，極為相得」㊲。又說：孫中山與章太炎等談及土地問題，說他「對於歐美之經濟學說，最服膺美人亨利・佐治(Henry, George)之單稅論」，認為「此種方法最適宜於我國社會經濟之改革」㊳。

章太炎在日本初晤孫中山，影響很大。本來，章太炎雖早知孫中山其人，卻未見面。一八九七年，章太炎在上海，「因閱西報，知倫敦使館有逮捕孫逸仙事，因問梁啟超：『孫逸仙何如人？』梁云：『此人蓄志傾覆滿洲政府』。章氏『心甚壯之』」㊴。又說：「是時上海報載廣東人孫文於英國倫敦為中國公使捕獲，英相為之擔保釋放。余因詢於梁氏，梁曰：『孫文主張革命，陳勝、胡廣流也』。余曰：『果主張革命，則不必論其人才之優劣也』」㊵。但當時對孫中山還是了解不深，即使在政變發生，避居臺灣時，還錯誤地認為孫中山不能與汪康年並稱㊶，但甫抵日本，和孫中山相晤，情況就不同了，他們「談論排滿方略，極為相得」。七月十七日（六月初十日），他在寫給汪康年的信中說：「興公亦在橫濱，白署中山樵，嘗一見之，聆其議論，謂不瓜分不足以恢復，斯言即浴血之意，可謂卓識，惜其人閃爍不恆，非有實際，蓋不能為張角、王仙芝者也」㊷，雖尚有微詞，仍譽為「卓識」，可見他這次和孫中山初晤，留下印象。

值得注意的是，〈解辮髮〉最早登在《中國旬報》，登出時，還有章太炎的〈來書〉和〈請嚴拒滿蒙人入會說〉。《中國旬報》又是興中會在香港所辦，由陳少白「承刊」。〈來書〉謂：「去歲流離，於□□君座中，得望風采，先生天人也」。又說：「數年以來，聞先生名，乃知海外自有夷吾，廓清華夏，非斯莫屬」，對之期望甚殷。那麼，〈來書〉是寫給誰的呢？□□是誰？查〈來書〉寄於一九○○年，「去歲流離」，宜指一八九九年「流離」日本。這時，孫中山、陳少白均在日本，陳少白主持《中國旬報》，有人認為〈來書〉寄給陳少白，但我以為還是指孫中山為宜。因為：一，〈來書〉謂「於□□君座中，得望風采」，章太炎是在梁啟超「座中」獲見孫中山的，上揭《口授少年事迹》言其事，□□應指梁啟超；二，〈來書〉謂「數年以來，聞先生名」，章太炎恰恰在一八九七年就聽到孫中山倫敦遇難事；三，〈來書〉對收信人甚為欽佩，譬為「天人」，章太炎當時給汪康年的信也稱孫中山為「卓識」。章太炎一般不輕易諛人，似不會譽陳少白為「天人」。那麼，章的〈來書〉，寫給孫中山，寄交資產階級革命派最早的革命團體興中會主辦的《中國旬報》，就非同一般〈來書〉。

《中國旬報》在刊登〈來書〉和所附兩文後，還附誌說明：「章君炳麟，餘杭人也，蘊結孤憤，發為罪言，霹靂半天，壯者失色。長槍大戟，一往無前。有清以來，士氣之壯，文字之痛，當推此次為第一。隸此野蠻政府之下，迫而思及前明，耿耿寸心，當已屢碎矣。君以此稿封寄前來，求登諸報。世之深於世味者，讀此文，當有短其過激否耶？本館哀君之苦衷，用應其請，刊而揭之，俾此文之是非，得天下讀者之公斷，此則本館之私意已。本館誌。」對章太炎的〈來書〉和附件極為重視，並立即刊登，予以高度評價。

照此說來，章太炎的「割辮與絕」，傾向革命，是受到孫中山為首的革命派的啟發的。「割辮」，在漫長的封建社會、半封建社會中，在儒家思想的長期籠罩下，對受過封建教育的知識分子來說，又是一起了不起的大事。

作為儒家經典十三經之一的《孝經》第一章〈開宗明義〉說：「身體髮膚，受之父母，不敢毀傷，孝之始也」。把「不敢毀傷髮膚」為「孝之始」；如果「毀傷」，那就是不孝。孝和忠又是相聯繫的，在家為不孝，對國為不忠。膚髮的毀傷，在階級社會中極為注視。滿洲貴族入主中國，也從「膚髮」上來開刀，明朝留髮，滿洲結辮，「留髮不留頭，留頭不留髮」，就是入關時的禁令，「江陰之屠」，「嘉定之屠」，又都是圍繞留髮、割髮展開的。因為，留髮就表示留戀明朝衣冠，削髮即表示歸順滿清。二百多年來，結辮已經成風，習俗已久，章太炎獨能「訟言索虜之禍毒敷諸夏」㊸，把「臣清」的標識辮子割掉，當時確使「壯者失色」。他不但自己割辮，還寫了〈解辮髮說〉，連同〈來書〉等寄交興中會主辦的《中國旬報》公開發表，用的是章炳麟的真名，在當時的條件下，這種舉動，真有些「駭俗」。在改良派還具影響，革命派未占優勢之時，章太炎的「割辮」，尤為難能。

因此，章太炎的「割辮」，和〈解辮髮〉，儘管是在「滿洲政府不道」，「橫挑強鄰」，「聯軍進攻，將及國門」的情況下斷然進行的，但他狹隘的大漢族主義思想卻很嚴重，〈請嚴拒滿蒙人入國會狀〉且不允許滿人、蒙人入會。一方面固然由於滿洲貴族腐朽衰敗及其各種特權，引起了人民的長期不滿，另一方面他又把反清革命和「光復舊物」聯繫起來，塗上了一層封建的色彩。這樣，我們在分析章太炎的「割辮」和〈解辮髮〉之時，也就不能不注意到他的局限性。不過，在當時的歷史條件下，章太炎「憤激蹈厲，遽斷辮髮」，畢竟是開風氣之先的。

三　自立軍的失敗和章太炎的「糾謬」

唐才常組織的自立軍，一方面依靠康有為的海外影響和餉糈，另一方面又受到孫中山為首的革命派影響和興中會會員的參加，徘徊於革命、改良之間，宗旨模糊，主張混沌。於此，需將康有為的海外活動及其對自立軍的態度作一簡單説明。

康有為於一八九九年七月二十日，與李福基等在加拿大組織保皇會，十月，自加拿大返香港，經過日本時，被留難。一九〇〇年一月二十六日（十二月二十六日）離港赴新加坡。二月一日（正月初二日）抵新加坡後，正式接受英國政府的保護。他在新加坡，曾住僑商丘菽園寓所，並得到丘氏資助。丘氏在一八九八年五月二十六日創辦《天南新報》，宣揚維新。政變後，仍援助康、梁。一八九九年十月後，丘氏盡力支持康有為和保皇會的「自立」活動，曾捐助巨資㊹，康有為旅居新加坡時，策劃自立軍起義，新加坡成為康有為海外活動的主要支持者。

章太炎曾在唐才常處看到丘菽園的小照，對丘菽園的愛國熱情，深為佩服㊺。曾寫信給丘菽園，中云：

「邇來政府疾視歐、美人，形於辭色，復陰倚義和團匪冀以發難，湘中大吏，且得言曰本爲我世仇，此則舊黨自立之兆，日中必彗，意在斯乎？足下主持清議，冠弁髦傑，其必籌之審矣」㊻。

在新加坡丘菽園家屬那裡，除見有章太炎的函札外，還有不少康、梁信札和密件，從中可以看到康有為當時對自立軍的態度及其對孫中山為首的革命派的防範和矛盾。如康有為寫信給丘菽園說：

「史堅如及區兆甲（惠州），皆孫黨也，而冒僕弟子，致諸報輒轉登之，望貴報辨明，否則同門之見疾於人，而致禍益劇矣。史率攻吾黨四十餘人，可惡甚，致今防戒極嚴，查搜益密，攻擊更甚。羅□□今竟被拿，必死矣，此子勇猛無前，惜哉痛哉！於是翼大爲其鄉人所攻，致其寄頓之械多致發露，輪不能行，械不能運，皆惠事及焚撫署一事所牽致，然此禍恐日益劇烈，與江無異，故惠與撫署一事，皆彼黨欲圖塞責，且以牽累吾黨，遂致吾黨大爲其累。今粤中黨禍，大索麥舍，親家已没，餘皆束縛，不能舉事，恐此與江事無異……。

「自漢事一敗，百凡墜裂，尚有惠事相牽誣，致敗乃公事。嗚呼！汪、孫之罪，真中國蟊賊也。其既決爲之棄粤，純老已首途往英、美、日辦漢事，並與英外部訂明，想公必以爲然也。粤中人心極震，……以惠及撫署事，恐連累益甚。望速登報言：某人保皇，專注意北方，以粤爲僻遠而不欲。且自以生長之邦，尤慮鄉人之蒙禍，決不驚粤，且從彼之士夫，多在各省，與孫之除粵人無所爲不同。今孫自援粵而造謠影射，不知保皇與撲滿相反，望吾鄉人切勿誤信謠言。安居樂業，某人決不驚動故鄉云」。

這封信極重要，末署「明夷，廿九日」。「明夷」，即康有為，他在政變後流亡初期的詩，即收在《明夷閣詩集》，信亦係其親筆，無年月，談鄭士良、史堅如，自應寫於一九〇〇年十月二十八日（光緒二十六年九月初六日）以前，「麥」是麥仲華，康有為婿；「純老」即容閎，「翼」是陳翼亭，「剛」是梁子剛。信中說：「惠與撫署一事，皆彼黨欲圖塞責，且以牽累吾黨，遂致吾黨大為其累」。惠州起義是孫中山領導發動，「撫署一事」，也是史堅如為策應惠州起義而謀炸兩廣總督德壽。康有為以為他們「皆孫黨也」。由於他們的失敗，「查搜益密，攻擊更甚」，以至「累」及「粵事之局」。信中又提到「翼」、「剛」，陳翼亭、梁子剛也曾「主持粵事」。而康有為卻把廣州起兵的失敗，歸之於孫中山為首的革命派。

本來，康有為是想訓練團練，以廣西為根據地，以「發起行動」，而與孫中山的注視於「東」即廣東抗衡的㊼。

唐才常企圖依靠改良派的餉糈，又受到革命派的影響和支持，形成自立軍的宗旨混亂，而康有為卻對革命派嚴加防範，海外捐款也層層未滙。唐才常等待滙款，將起義時間一再推遲，負責前軍的秦力山因長江沿岸戒嚴，未得軍報，進行不輟。八月七日，大通事洩，秦力山命黨人即於七日起事，終因兵力不敵，於十一日失敗。

在〈安徽大通勤王布告文〉中再度提出自立會的宗旨是：「一，保全中國自立之權；二，請光緒皇帝復辟」。漢口自立軍的〈宣言〉也說：「變舊中國為新中國，我輩之責任也，我輩宜亟謀皇帝復辟，而創立立憲帝國」㊽。〈規約〉也既說「不認滿洲為國家」㊾；又說：「君臣佐使，彝倫攸分」，還是宗旨模糊。

大通既敗，唐才常定於八月二十三日發難，未及舉事，即為張之洞捕捉，八月二十二日，與同志二十餘人，同時就義。

自立軍起義失敗了，但它卻流下了深刻的教訓，依違於改革、革命之間，是不適應當時的形勢的，此後知識分子逐漸從康、梁的思想影響下解放出來，促使了革命派的覺醒和改良派的分化，對此後革命派和改良派的逐步明確界線，起了一定作用。

自立軍失敗以後，參加自立軍的秦力山與康、梁絕交，一九〇一年在日本創刊的《國民報》宣傳革命。參加自立軍的陳猶龍等，「於事敗後多亡命東京，羣向梁啟超算帳，梁不勝其憂，竟移寓橫濱避之」㊿。從此，保皇會的「信用漸失，不復再談起兵勤王事」。

此後，許多知識分子逐漸從改良主義的思想影響下解放出來，感到「天下大勢之所趨，其必經過一趟之革命」㊿，從而走向革命的道路，如劉敬安即「以國是日非，決非和平手段所能匡救」㊿，遂另創日知會為革命機關，成為自立軍失敗後「湘、鄂二省之革命策源地」。自立會會員吳良愧也在同盟會成立後入會。又如參加自立軍的龔春臺，後來接受了同盟會的領導，組織萍鄉、瀏陽起義，在瀏陽響應龔春臺的姜守旦，也參加過自立軍，他還是哥老會的「香長」。這樣，「士林中人，昔以革命為大逆不道，去之若浼者，至是亦稍知動念矣」[53]。

此後，革命派和改良派的「各張旗幟，亦自茲始」[54]，所以自立軍「固可斷為勤王、革命之一大鴻溝也」[55]。也就是說，自立軍的失敗，促使了革命派和改良派的逐步明確界線。那麼，就從它的歷史意義來說，唐才常和自立軍也有其值得肯定的地方。

章太炎也是在愚園「國會」「割辮與絕」，並對過去「與尊清者遊」進行「匡謬」的。

* * *

一九〇〇年八月，唐才常領導的自立軍失敗，章太炎被追捕，「鈎黨甚急」。他「以素非同謀，不甚恇懼」，乃「歸鄉里度歲」，把印出的《訄書》重行校訂。

章太炎親自校訂的《訄書》，校在《訄書》原刻本上，今藏上海圖書館（下稱「手校本」），前有親筆重擬目錄，對原刻本作了較大增删（見第四章附表）。上海圖書館還藏有手校本所增篇文的殘存手稿，存〈尊史〉、〈原教〉上、〈官統〉中、〈禮俗〉、〈通法〉、〈述圖〉、〈王學〉、〈顏學〉、〈消極〉、〈方言〉等十篇；末附〈定賦〉，即後來重印本〈定版籍〉的部分內容，〈定賦〉未列目。

《訄書》手校本儘管改筆不多，新增各篇，如今亦僅存殘卷，但它反映了章太炎思想的發展演變。

第一，《訄書》原刻本以〈尊荀〉第一始，以〈獨聖〉下第五十終，〈尊荀〉、〈獨聖〉下都是孔、荀並舉，講「損益因革」，手校本把這兩篇刪除了，而改以〈原學〉始，以〈解辮髮〉終。〈原學〉一九○○年的手稿雖已無存，但從重印本中，可以看到它主要強調「立學術」，「古者有三因（地齊、政俗、材性）」，「今之為術者，多觀省社會，因其政俗而明一指」。說明學術應「觀省社會」，「因其政俗」，也就是說：學術應為當前政治服務。〈解辮髮〉直斥清朝政府「不道」、「無狀」，而「斷髮易服」，「振刷是恥」。那麼，手校本刪去的是討論變法、損益改制的文篇，而增加的卻是矢志革命的篇文。章太炎的手校《訄書》，重訂目錄，可以看出他在《訄書》付梓不到一年的時間，思想起了重要變化。

第二，《訄書》手校本新增各篇，如今雖僅存殘稿，但從目錄中，可以看到〈訂禮〉、〈學變〉等文這時已經擬撰了（後收入《訄書》重印本）。所刪各篇，以講變法改革的為多，如〈鬻廟〉就談「毀寺開學」，「以淫祀與寺觀為之鵠的」，「縣取一區以為學堂之地」。與康有為等「廢淫祀興學會」主張基本雷同。〈獨聖〉上談到「孔子貴仁，其術曰積愛為仁，積仁為靈」。手校本也刪去了。手校本目錄和重印本基本相似（見第四章附表），它大體上具備了重印本的規模。

第三，《訄書》手校本存錄各篇，儘管改筆不多，卻很重要。如〈官統〉，原刻本作「以其六典，上諸孔氏」，手校本改作「以其六典，上諸大旅」，把「孔氏」改為「五帝」。〈儒法〉原刻本作「仲舒之決事比，援附格令」，手校本把「格令」改為「經讖」，把董仲舒援經論政的實質點了出來。〈分鎮〉原刻本作「咸豐之季，潢池日擾，重以外寇，天下之勢，阽阽如纍九丸」，手校本改作「咸豐之季，漢帝已立，重以外寇，孤清之命，阽阽如纍九丸」，把反對清朝的太平軍點了出來。

值得注意的是，章太炎還對原刻本《訄書》中的〈客帝〉〈分鎮〉進行「匡謬」。

章太炎在義和團運動發生和自立軍失敗的影響下，對以前所寫〈客帝〉的以為「震旦之共主，必在乎曲阜之小邑」，以及「為發憤之客帝」進言的天真想法。他在《訄書》手校本的〈客帝〉第二十九的上面寫了一條眉批：

「辛丑後二百四十年，章炳麟曰：余自戊、己違難，與尊清者遊，而作〈客帝〉，棄本崇教，其流使人相食。終寐而頞，箸之以自劾錄，當棄市」。

「辛丑後二百四十年」，當一九〇〇年，章太炎對自己過去與「尊清者遊」而作〈客帝〉，嚴肅地進行了自我批判。這段眉校，標誌了章太炎反清思想的發展。

不久，章太炎又寫了〈客帝匡謬〉：

「共和二千七百四十一年，章炳麟曰：余自戊、己違難，與尊清者遊，而作〈客帝〉，飾苟且之心，棄本崇教，其違於形勢遠矣。且漢帝雖孱弱，賴其同胤，臣民猶或死之。滿洲賤族，民輕之，根於骨髓，其外視亡異歐美，故聯軍之陷宛平，民稱『順民』，朝士以為主五城，食其廩祿，伏節而死義者，亡一於漢種，非人人闒茸傭態，同異無所擇，孰甘其死。由是言之，滿洲弗逐，欲士之愛國，民之敵愾，不可得也。浸微浸削，亦終為歐、美之陪隸已矣。今弗能昌言自立，而以責宣尼之主祐，而欺。箸之以自劾錄而删是篇」。

「共和二千七百四十一年」，當一九〇〇年。在「糾謬」中，他「匡」過去與康、梁等「尊清者遊」，「飾苟且之心」之「謬」，「匡」過去對「客帝」幻想之「謬」，說「滿洲弗逐，欲士之愛國，民之敵愾，不可得也。浸微浸削，亦終為歐、美之陪隸已矣」。說明在民族危亡嚴重的情況下，只可推翻清朝政府，才能自強。

同年，他又寫了〈分鎮匡謬〉，說：

「共和二千七百四十一年，章炳麟曰：懷借權之謀，言必湊是。今督撫色厲中乾，諸少年意氣盛壯，而新用事者，其葸畏又過大耄舊臣，雖屬以一道，弗能任。《傳》曰：負且乘，盜之招也。縱滿洲政府能棄，若無收者何？夫提挈方夏在新聖，不沾沾可以媮取，鑑言之莠，而删是篇」。

章太炎過去曾上書李鴻章，還受張之洞之邀前往武昌，對漢族地主階級有幻想，然而，自立軍的失敗，唐才常的被逮，卻正是湖廣總督張之洞，使他感到：「今督撫色厲中乾，諸少年意氣盛壯，而新用事者，其葸畏又過大耄舊臣，雖屬以一道，弗能任」。從而「匡」過去「懷借權之謀」之謬，「匡」過去對地方督撫「媮取」之謬。縱或能「保安全壤，仍與曾、胡之徒同符共軌」，不能對之有任何不切實際的幻想。

「割辮」是章太炎投身革命的開始，「匡謬」，是他和「革政」決絕的表白。他在政治上和

「尊清者」決絕，在經學思想上也再不妥協，運用古文經學詆擊今文經說了。

①按：《亞東時報》創刊於一八九八年六月二十五日，而唐才常詩文始刊該報則為第五期（一八九九年一月三十一日出版），這時他尚未來滬。參以〈上江標師書〉和〈致程濟書〉，唐才常的主編該刊，應為第六期起（一八九九年五月四日出版）。所撰詩文的署名有天遊居士、拙拙和尚蔚藍等。

②章太炎在《亞東時報》發表的文章，有〈遊西京記〉（《亞東時報》第十七號，光緒二十五年十月十八日出版）、〈今古文辨議〉（《亞東時報》第十八號，光緒二十五年十一月二十三日出版）。

③〈正氣會序〉，《亞東時報》第十七號。

④關於「國會」召開情況及章太炎的反對，將於下節述及。

⑤〈清國戊戌政變卜亡命政客渡來件〉，《日本外交文書》第三十一卷第一冊第七〇三—七〇四頁。

⑥同上第九八頁。

⑦唐才質：〈自立會庚子革命記〉，見《自立會史料》第六七頁。

⑧支那黃中黃（章士釗）：《沈藎》。

⑨唐才常：〈清四品京堂湖南學政江君傳〉，見《唐才常集》第一九七頁，中華書局一九八〇年版。

⑩吳相湘：《孫逸仙先生傳》上册第二四四頁，臺版。

⑪自立會領導人之一林圭曾隨畢永年聯絡哥老會，他在〈致孫中山代表容星橋書〉中說：「滿事未變以前，中峰主於外，既變而後，安兄鼓於內。考其鼓內之始，安兄會中峰於東而定議。平山周遊

內至漢會弟。乃二人同入湘至衡，由衡返漢。其中入湘三度，乃得與羣兄定約，既約之後，赴港成一大團聚」。「中峰」，指孫中山；「安兄」，指畢永年。談到「安兄會中峰而定議」和三會聯合的「大團聚」，可見孫中山與自立會的關係。見《自立會史料集》第三二二頁。

⑫ 孫中山：〈離橫濱前的談話〉，見《孫中山全集》第一卷第一八九—一九〇頁，中華書局一九八一年版。

⑬ 馮自由：《革命逸史》初集〈沈雲翔事略〉。

⑭ 支那黃中黃：《沈藎》。

⑮ 趙必振：〈自立會紀實史料〉，見《自立會史料集》第三三頁。

⑯ 日本外務省檔案〈各國內政關係（支那）革命黨〉，福岡縣知事報告，高祕八三一號，機受第七一三二號。

⑰ 日本外務省檔案〈各國內政關係（支那）革命黨〉，福岡縣知事報告，明治三十三年八月二十六日，高祕八四八號，外務省機受第五九三二號。

⑱ 據林圭之兄林紹先所輯〈自立會人物考〉，史堅如也列名其內，見《湖南歷史資料》一九五八年第三期。又據傅慈祥之子傅光培回憶：「史堅如是孫中山派到漢口起義軍聯絡會黨的代表，……後發覺全黨指揮不靈，史無法，只得返回廣東」。

⑲ 康有為：〈致各埠保皇會書〉（一八九九年），原件，上海市文物保館委員會藏。

⑳ 梁啟超：〈致南海夫子大人書〉，光緒二十六年三月十三日，見《梁任公先生年譜長編》「光緒二十六年庚子」，下引梁啟超書札同。

㉑ 同上。

㉒梁啟超：〈致唐才常等書〉，光緒二十六年三月二十一日。

㉓康有為：〈托英公使交李鴻章代遞摺〉，見《知新報》第一三三冊，光緒二十六年十二月初一日出版。

㉔梁啟超：〈致孫中山書〉，光緒二十六年三月二十九日。

㉕梁啟超：〈致狄楚青書〉，光緒二十六年五月十日。

㉖孫中山：〈與斯韋頓漢等的談話〉，見《孫中山全集》第一卷第一九五頁。

㉗康有為：〈駁后黨張之洞、于蔭霖偽示〉，見拙編《康有為政論集》第四四六頁，中華書局一九八一年。

㉘唐才質：〈自立會庚子革命記〉，見《自立會史料集》第六四頁。

㉙傅光培：〈緬懷先父傅慈祥〉，《湖北文史資料》第二輯，一九八一年四月出版。

㉚章太炎：〈庚子事變與粵督書〉，《甲寅》第一卷第四二卷第四二頁，見《章太炎政論選集》上冊第一四五——一四七頁。

㉛「國會」開會時間、地點，馮自由《中華民國開國前革命史》上冊〈正氣會及自立會〉，張篁溪《自立會始末記》均謂「六月間」，「開國會張園」，並誤。孫寶瑄：《日益齋日記》作「七月初一」，「開大會於愚園之南新廳」。日本《井人雅二日記》七月二十六日（七月初一日）亦謂：「愚園開會之來集者五十二名」。則第一次會開於「七月初一日」，開於上海愚園，可為定讞。第二次會，開於「七月二十九日」，即「七月初四日」，亦於愚園開會，到者六十餘人，孫寶瑄、井上所記同。又，《井人雅二日記》記自立軍甚詳，井上與唐才常亦交密。今《日記》原件藏日本東京大學明治文庫。

㉜章太炎的「割辮與絕」，應為「七月初四日」之第二次會，井上雅二《日記》記，開會時「大多數之宗旨」為「尊光緒帝，不認端王、剛毅，不講明新政府而謀實施之」。並言章太炎之「不允滿人之入會」，「救出光緒帝為平民」云云。

㉝朱希祖：〈本師章太炎先生口授少年事迹筆記〉，《制言》第二十五期。

㉞章太炎：〈沈藎序〉，見《沈藎》卷首，共和二千七百四十四年鉛字排印本；《太炎先生自定年譜》亦云：「因斷髮以示決絕」。

㉟章太炎：〈遊西京記〉，〈亞東時報〉第十七號，光緒二十五年十月十八日出版。

㊱朱希祖：〈本師章太炎先生口授少年事迹筆記〉，見《制言》第二十五期。

㊲馮自由：《中華民國開國前革命史》第十四章〈壬寅支那亡國紀念會〉，又見《革命逸史》第二集第三六頁。

㊳馮自由：《革命逸史》第三集第二一三頁。

㊴朱希祖：〈本師章太炎先生口授少年事迹筆記〉。

㊵章太炎：〈民國光復〉講演，李希泌筆記，見《章太炎先生講演錄》，章氏國學講習館印本。

㊶章太炎：〈致汪康年書〉四，光緒二十五年正月初七日，中云：「東人言及公名，肅然起敬；而謬者或以逸仙並稱，則妄矣」。見《汪穰卿先生師友手札》，上海圖書館藏。

㊷章太炎：〈致汪康年書〉五，光緒二十五年六月初十日，同上。

㊸章太炎：〈謝本師〉，《民報》第九號。

㊹見《天南新報》一八九九年，《星洲上書記》鉛印本。

㊺章太炎：〈致丘菽園書〉，光緒二十六年三月初八日，首云：「曩見大著及去年天南各電，已心儀

足下為人。頃在唐君紱成丞所復得遙覩小影，瑰琦縱佚，得未曾見」。手札，丘菽園家屬藏。

㊻ 同上。

㊼ 見拙撰：〈自立軍起義前後的孫、康關係及其他——新加坡丘菽園家藏資料評析〉，《近代史研究》一九九二年第二期。

㊽ 按〈章程〉當時用英文公布，《中國日報》一九〇〇年九月七日載有譯文；又《覺迷要錄》卷四也有譯文，與此略異。

㊾ 據張之洞、于蔭霖奏所引。

㊿ 馮自由：《革命逸史》第二集八七—八八頁。

(51) 〈康有為〉，《蘇報》一九〇三年六月一日。

(52) 馮自由：《革命逸史》第二集第六二頁。

(53) 孫中山：〈自傳〉。

(54) 支那漢族黃中黃（章士釗）：《沈藎》第十七頁。

(55) 同上。

第四章 投身革命

一 「正仇滿」、「謝本師」

自立軍起義失敗後，章太炎對改良派鼓吹光緒復辟的言論公開攻擊，撰〈正仇滿論〉；俞樾督敕甚厲，責以「不忠不孝」，「謝本師」而退。

《太炎先生自定年譜》「光緒二十七年辛丑」記：「才常既敗，余歸鄉里度歲，正月朔日，友人廬江吳保初君遂遣力急赴余宅曰：『踪迹者且至矣，亟行。』余避之僧寺，十日，知無事，復出上海」。到了上海，住吳君遂家，宋恕「及諸友皆相見慰問」，宋恕笑曰：「君以一儒生，欲覆滿洲三百年帝業，云何不量力至此，得非明室遺老魂魄憑生耶？」

這時，康有為堅持改良，主張光緒復辟，在海外活動。梁啟超在其主編的《清議報》上，陸續發表〈戊戌政變記〉、〈光緒聖德記〉和其他反對慈禧、榮祿，擁護光緒的言論。《清議報》第七十七冊至八十四冊（光緒二十七年三月十一日至五月二十一日），又發表了〈積弱溯源論〉，說是中國「積弱」「分因之重大者，在那拉一人」，而「今上皇帝（光緒）」則「忘身舍位，毅然為中國開數千年未來之民權，非徒為民權，抑亦為國權也」。實際是企圖從慈禧、榮祿等頑固派手中奪取政權，擁護光緒復辟。顯然他的這種主張是與革命不相符的。章太炎看到後，立予駁斥，認為「梁子迫於忠愛之念，不及擇音，而忘時勢之所趣，其說之偏岩也，亦甚矣」。撰〈正仇滿論〉，發表在一九〇一年八月十日留日學生在東京辦的《國民報》上。

首先，他指出清朝封建專制統治的腐朽，革命的不得不行，說：「夫今之人人切齒於滿洲，而思順天以革命者，非仇視之謂也。屠劊之慘，焚掠之酷，鉗束之工，聚斂之巧，往事已矣，其可以仇視者，亦姑一切置之。而就觀今日之滿人，則固制漢不足，亡漢有餘，載其呰窳，無一事不足以喪吾大陸。……然則所謂溺職者，與所謂殺人行劫者，其今之滿人非耶？雖無入關以來屠劊焚掠鉗束聚斂之事，而革命固不得不行，奈何徒以仇視之見狹小漢人乎？」

其次，他指出梁啟超等認為光緒復辟後，中國即可「轉弱為強」，實際是一種幻想，「夫其所謂聖明之主者，果能定國是、厚民生、修內政、禦外侮，如梁子私意所料者耶？彼自乙未以後，長慮卻顧，坐席不暖者，獨太后之廢置我耳。殷憂內結，智計外發，知非變法無以交通外人得其歡心，非交通外人得其歡心無以挾持重勢，而排沮太后之權力，故戊戌百日之新政，足以書於盤盂，勒於鐘鼎，其迹則公，而其心則足以保吾權位也。」指出康、梁不能「隱愛」於光緒皇帝一人。「今其所謂聖明之主者，其聰明文思，果有以愈於堯耶?其雄傑獨斷，果有以儕於俄大彼德者耶?由是言之，彼其為私，則不欲變法矣；彼其為公，則亦不欲變法矣。進退無所處，而猶隱愛於此一人，何也?」處於今日，非推翻清朝政府不可，非革命不可，「然則滿洲弗逐，而欲士之爭自濯磨，民之敵愾效死，以期至乎獨立不羈之域，此必不可得之數也。浸微浸衰，亦終為歐、美之奴隸而已矣。」

再次，他又指出梁啟超所謂建立民主立憲政體，實際是害怕革命、反對革命。「梁子所悲痛者，革命耳；所悲痛於革命，而思以建立憲法易之者，為其聖明之主耳。」要君主立憲，則「必有國會議院」，「而是二者皆起於民權」，「方今霾噎屯否之世，顧所謂民權者安在乎?」所以「立憲」是行不通的，梁啟超「迫於忠愛而忘理勢之所趣」，也只是自欺欺人而已。

〈正仇滿論〉是對資產階級政治改革主張批駁的第一篇文章，可視為中國近代史上革命與改良論爭的最早一篇歷史文獻。

如果說，「割辮」是章太炎表示和「尊清者」判離的標識；那麼，〈正仇滿論〉可說是章太炎公開對改良派宣戰的嚆矢。

《國民報》發表〈正仇滿論〉時，文後有該報編者注曰：

「右稿爲內地某君寄來，先以駁斥一人之言，與本報成例，微有不合，原擬不登。繼觀撰者持論至公，悉中於理，且並非駁擊梁君一人，所關亦極大矣。急付梨棗，以餉國民，使大義曉然於天下，還以質之梁君可也。本社附志」。

旋輯入〈國民報彙編〉和〈黃帝魂〉，其後章太炎〈駁康有為論革命書〉，曾多處引錄此文。

*　*　*

一九〇一年，章太炎由吳君遂介紹，到蘇州東吳大學任教，據包天笑：《釧影樓叢話》謂：「太炎為蘇州東吳大學掌教習，居於螺螄橋頭一小屋。太炎朝出暮歸，在講堂中上下古今，萃精聚神，於是歸時往往忘卻己門，走入鄰家，而太炎不覺也」①。馮自由說：章太炎在東吳「掌教將一載，時以種族大義訓迪諸生，收效甚巨。有一次所出論文題目為《李自成胡林翼論》，聞者咸以為異。事聞於蘇撫恩銘，乃派員謁該校西人校長，謂有亂黨章某藉該校煽惑學生作亂，要求許予逮捕。章聞警，即再避地日本」②。查章太炎潛心學術，不辨歸途，係事實，在蘇州大學為清朝統治者注意，也有其事，朱希祖：〈本師章太炎先生口授少年事迹筆記〉說：「在蘇州東吳大學任教員，以避其鋒。……冬，恩銘為江蘇巡撫，問教士：『汝校有章某否？此人因講革命，故須問之。』余時因年假回杭州，教士急遣使杭州通知」。

這時，章太炎的業師俞樾寓居蘇州，他前往謁見，俞樾突然責以「不忠不孝」，問：「聞而（爾）游臺灣，爾好隱，不事科舉，好隱則為梁鴻、韓康可也。今入異域，背父母陵墓，不孝；訟言索虜之禍毒敷諸夏，與人書指斥乘輿，不忠。不孝不忠，非人類也，小子鳴鼓而攻之可也」。俞樾「為人豈弟」，章太炎跟隨他受學八年，也很「相得」，為什麼這次異乎尋常的「辭色陵厲」如此之甚呢?俞樾「既治經，又素博覽」，難道「戎狄豺狼之說」卻不知道?或者是因為曾在清政府任職過的緣故吧③，他說：

「蓋先生與人交，辭色陵厲，未有如此甚者。先生既治經，又素博覽，戎狄豺狼之說，豈其未喻，而以脣舌衛扞之?將以嘗仕索虜，食其廩祿耶?昔戴君與全紹衣並污偽命，先生亦授職爲偽編修。非其土子民之吏，不爲謀主，與全、戴同。何恩於虜，而懇懇蔽遮其惡。如先生之棣通故訓，不改全、戴之操以誨承學，雖揚雄、孔穎達何以加焉」④。

揚雄在王莽時，校書天祿閣，官為大夫。孔穎達在隋大業(公元六〇五—六一六)初，進為「明經」，授河內郡博士。後在唐代任職，他們都是著名學者，但在篡漢的王莽、短暫的隋代任職，俞樾畢竟在清朝做過官，「食其廩祿」，無怪「辭色陵厲」如此之甚。章太炎在政治上沒有對俞樾作任何妥協，他撰〈謝本師〉以明志，宣布和俞樾脫離師生關係，表明他堅持革命的決心。〈正仇滿論〉，是章太炎對改良派論爭的最早公開論文，〈謝本師〉是章太炎公開併脫封建禮制的束縛。從此，決心革命，矢志「排滿」。

二　東渡流亡

一九〇二年二月(正月)，章太炎再次被追捕，於二月二十二日(正月十五日)乘輪東渡，二十八日（二十一日），至橫濱，暫寓新民叢報社。感到梁啟超「宗旨較前大異，學識日進，頭頭是道。總之以適宜當時社會與否為是非之準的」⑤。他在日本，見到孫中山，他說：

「壬寅春天，來到日本，見著中山，那時留學諸生，在中山那邊往來，可稱志同道合的，不過一二個人。其餘偶然來往的，總是覺得中山奇怪，要來看看古董，並沒有熱心救漢的心思」⑥。

他起初感到梁啟超「專以昌明文化自任，中山則急欲發難」，「中山欲以革命之名招之，必不可致」，從而因其「交嫌」，欲為「調和」⑦，接著，偕秦力山往謁孫中山，自稱：「時中山之名已盛，其寓處在橫濱，余輩常自東京至橫濱，中山亦常由橫濱至東京，互相往來，革命之機漸熟」⑧。「逸仙導余入中和堂，奏軍樂，延義從百餘人會飲，酬酢極歡。自是始定交」⑨。在孫中山的啟發下，他們共同商討「開國的典章制度」和中國的土地賦稅以至建都問題，《訄書》重印本的〈相宅〉和〈定版籍〉中，就記載了他倆當時的討論情況。

章太炎還在孫中山的贊助下，準備在東京舉行「支那亡國二百四十二年紀念會」，反對清朝的反動統治。當在東京為日本軍警阻止，改在橫濱補行紀念會時，章太炎宣讀紀念辭，略謂：

「自永曆建元，窮於辛丑，明祚既移，則炎黃姬漢之邦族，亦因以澌滅，迥望皋瀆，云物如故。惟茲元首，不知誰氏。……哀我漢民，宜臺宜隸，鞭箠之不免，而欲參與政權；小醜之不制，而期扞禦晳族，不其忸乎？……是用昭告於穆，類聚同氣，雪涕來會，以志亡國。凡爲君子，嬋嫣相屬，同玆恫瘝。……庶幾陸沉之禍，不遠而復，王道清夷，威及無外。然則休戚之藪，悲欣之府，其在是矣。莊生云：舊國舊都，望之暢然。雖丘陵草木之緡，入之者十九，猶之暢然，況見見聞聞者乎？」

紀念辭係章太炎手筆，文中有著深厚的大漢族主義思想，但文字沉痛，在當時起了重要影響。

關於紀念會情況，馮自由有詳細記錄：

「壬寅三月，章太炎等鼓吹種族革命，振起歷史觀念起見，發起支那亡國二百四十二年紀念會於東京，署名發起者，有章炳麟、秦鼎彝、馮自由、朱菱溪、馬同（按：應爲馬和）、周宏業、王家駒、陳桃癡、李羣（按：應爲李穆）等十人，由章氏手撰宣言書。……並徵求孫中山、梁啟超二人同意。孫、梁均復書願署名爲贊成人，惟梁則另函要求勿將其名公布。是會定期是年三月十九明崇禎帝殉國忌日，在上野精養軒舉行紀念式，留學生報名赴會者達數百人，學界爲之振動。

「清公使蔡鈞聞留學生有此舉動，極形恐慌，乃親訪日外務省，要求將此會解散，以全清、日兩國交誼。日政府徇其請，特令警視總監制止章等開會，故署名發起之十人，於開會前一日，各接到牛込區警察署通知書，謂有要事待商，請於是日某時往該署一談。章等屆時偕行，既至神樂阪警署，警長首問章等爲清國何省人。章答曰：『余等皆支那人，非清國人。』警長大訝。繼問屬何階級，士族乎？抑平民乎？章答曰：『遺民』。警長搖首者再，於是發言曰：『諸君近在此創設支那亡國紀念會，大傷帝國與清國之邦交，余奉東京警視總監命，制止君等開會，明日精養軒之會著即停止』云云。章等以爭之無益，無言而退。

「及期，上野精養軒門前有無數日警監視，並禁止中國人開會，惟留學界多未知開會被阻事，是日不約而赴會者，有程家檉等數百人，均被日警勸告而散。孫中山亦自橫濱帶領華僑十餘人來會，乃詢知情事，乃在精養軒聚餐，以避日警耳目。是日歸抵橫濱，即召集同志多人在永樂樓補行紀念式。香港《中國日報》得宣言書，即登載報端，以期普遍。及期，陳少白、鄭貫公等舉行紀念式於永樂街報社，同志到者極形踴躍，香港及廣州、澳門各地人士聞之，頗爲感奮云」⑩。

馮自由又記「橫濱補行紀念式」事說：

「是日下午，太炎及秦力山、朱菱溪、馮自由四人應約蒞會，同舉行紀念式於永樂酒樓，橫濱會員列席者六十餘人。總理主席，太炎宣讀紀念辭。是晚，興中會仍在此樓公宴太炎等，凡八九桌，異常歡洽。總理倡言各敬章先生一杯，凡七十餘杯殆盡，太炎是夕竟醉不能歸東京云。永樂酒樓係人和洋服店主人陳植雲所開設，陳亦興中會員也」⑪。

根據上述，可知「支那亡國二百四十二年紀念會」是章太炎發起，序文係其手撰，事先曾得到孫中山的支持，也徵得梁啟超的同意，但梁啟超「要求勿將其名公布」。定於三月十九日在東京上野精養軒舉行紀念式。清駐日使館和日本警察署勾結，進行破壞，乃在橫濱永樂酒樓補行紀念式，由孫中山主席，章太炎「宣讀紀念辭」，孫中山且「倡言各敬章先生一杯」。

這年，章、孫「定交」，關係很大，直到十年以後，齟齬漸深，章太炎仍追懷往事，不勝繾綣。「同盟之好，未之敢忘。昔在對陽（日本對陽餅），相知最夙，秦力山所以詔我者，其敢棄捐」⑫。

* * *

章太炎在義和團運動發生和自立軍失敗的影響下，政治上由改良轉入革命，學術思想上也有很大轉變。

章太炎過去從俞樾學習，信奉的是古文經學，古文經學是以「六經皆史」，以孔子為「史學宗主」的。章太炎這時在手校本《訄書》中，增加了〈尊史〉、〈徵七略〉、〈焚書〉、〈哀清史〉等論史的文編；到一九〇二年，基本上形成一套史學理論，並「有修《中國通史》之志」。七月（六月），他寫給梁啟超的信中說：

「酷暑無事，日讀各種社會學書，平日有修《中國通史》之志，至此新舊材料，融合無間，興會勃發。……竊以今日作史，若專爲一代，非獨難發新理，而事實亦無由詳細調查。惟通史上下千古，不必以褒貶人物、臚敍事狀爲貴，所重專在典志，則心理、社會、宗教諸學，一切可以鎔鑄入之，典志有新理新說，自與《通考》、《會要》等書，徒爲八面鋒策論者異趣，亦不至如漁仲《通志》蹈專己武斷之弊，然所貴乎通史者，固有二方面：一方以發明社會政治進化衰微之原理爲主，則於典志見之；一方以鼓舞民氣、啟導方來爲主，則亦必於紀傳見之。四千年中帝王數百，師相數千，即取其彰彰在人耳目者，已不可更僕數。通史自有體裁，豈容爲人人開明履歷。故於君相文儒之屬，悉爲作表，其紀傳則但取利害關係有影響於今日社會者爲撰數篇。猶有歷代社會各項要件，苦難貫串，則取械仲紀事本末例爲之作記。全書擬爲百卷，志居其半，志〈表〉記紀傳亦居其半。蓋欲分析事類，各詳原理，則不能僅分時代，函胡綜敍，而志爲必要矣；欲開浚民智，激揚士氣，則亦不能如漁仲之略於事狀，而紀傳亦爲必要矣」⑬。

不久（七月二十九日），他寫信給吳君遂，也言修史事，中云：

「史事將舉，姑先尋理舊籍，仰梁以思，所得漸多。太史知社會之文明，而於廟堂則疏；孟堅、沖遠知廟堂之制度，而於社會則隔；全不具者爲承祚，徒知記事；悉具者爲漁仲，又多武斷。此五家者，史之弁旃也，猶有此失。吾儕高掌遠蹠，寧知無所隕越，然意所儲積，則自以爲高過五家矣。

「修通史者，漁仲以前，梁有吳均，觀其誣造《西京雜記》，則通史之蕪穢可知也。言古史者，近有馬驌，其考證不及乾嘉諸公，而識斷亦傖陋，惟愈於蘇轍耳。前史既難當意，讀劉子駿語，乃知今世求史，固當於道家求之。管、莊、韓三子，皆深識進化之理，是乃所謂良史者也。因是求之，則達於廓氏、斯氏、葛氏之說，庶幾不遠矣」⑭。

這兩封信，都寫於一九〇二年七月，比較全面地反映了章太炎當時的史學觀點。信中對過去的舊史學進行批判，認為「作為史之弁旃」的司馬遷、班固、孔穎達、陳壽、鄭樵所撰各書都有缺陷。至於清代馬驌的《繹史》，「考證不及乾嘉諸公，而識斷亦傖陋」。感到「前史既難當意」，「乃知今世求史，固當於道家求之」。他的治史主旨在上引〈致梁啟超書〉中有所説明：「所貴於通史者，固有二方面；一方面以發明社會政治進化衰微之原理為主，則於典志見之；一方面以鼓舞民氣，啟導方來為主，則亦必於紀傳見之」。他認為歷史不是單純「褒貶人物，臚敍事狀」，而應「發明社會政治進化衰微之原理」；歷史不是頌古非今，引導人們向後看，而應「鼓舞民氣、啟導方來」，引導人們向前看。他認為舊的史書不「識進化之理」，馬驌《繹史》取材蕪雜，不別其偽，所截取的都是遠古到秦的史書舊文，雜以論斷，裁鑄成篇，只是迷戀往古，不能啟導方來。那麼，章太炎對舊史書的批判，實際是對迷戀往古的舊史觀的批判。

值得注意的是，章太炎對舊史書的批判，是在二十世紀初資產階級行將掀起之時，是在他和改良派展開鬥爭而史學界也有一股編寫中國通史熱潮之時，章太炎和改良派政治上漸告叛離，史學思想上也有殊別。

本來，梁啟超在政變後逃亡日本，瀏覽西學東籍，以為歷史是「普通學中之最要者」，鑑於「中國史至今迄無佳本」，「欲著中國史」。一九〇一年，梁啟超在《清議報》上發表〈積弱溯源論〉作為「中國近十年史論」⑮，把清朝歷史分為「順治、康熙」、「乾隆」、「咸豐、同治」、「最近」四個時期，把中國「積弱」原因之重大者歸之慈禧，實際是企圖從慈禧、榮祿等頑固派手中奪取政權，擁護光緒復辟，進而反對革命。

接著，梁啟超刊布〈滅國新法論〉，把達爾文進化論重新推衍，「凡人之在世間，必爭自存，爭自存則有優劣，有優劣則有勝敗，劣而敗者，其權利必為優而勝者所吞併，是即滅國之理也」⑯。以「積弱」、「滅國」、「優勝劣敗」危言聳聽，作為「颶風」震盪之後，「新史學」統緒露布，〈中國史敍論〉發表了。說是新史學和舊史學不同，新史學不是寫「一人一事之譜牒」，而「必探索人間全體之運動進步，則國民全部之經歷及其相互之關係」⑰。他看到「西人之著世界史，常分為上世史、中世史、近代史等名」，不是「以一朝為一史」，從而把中國歷史分為三個時期：自黃帝至秦統一「為中國之中國」，是「上世史」；自秦至清乾隆末，「為亞洲之中國」，是「中世史」；自乾隆末「以至今日」，「為世界之中國」，是「近世史」。打破朝代界限，探索運動進化。這年，梁啟超又發表〈新史學〉，批判舊史學「陳陳相因」，強調歷史要「敍述人羣進化之現象，而求得其公理公例」⑱，可見他的歷史觀建築在進化論上。

這種進化論，承認量變而忽視質變，主張漸變而不願承認劇烈的變革。梁啟超的「嬗代興起」，進化到怎樣的社會呢？他不是分中國歷史為上世、中世、近世三個階段嗎？他說的近世史又是怎樣呢？「君主專制政制漸就湮滅，而數千之未經發達之國民立憲政體，將嬗代興起之時代也」（〈中國史敍論〉）。他要「進」的還是「國民立憲政體」，他的「進化」，也只是「嬗代興起」。他在〈新史學〉中所説的「今務」和「理想」，也還是改良主義的政治實踐；他的歷史進化論，也只能是庸俗進化論，比起封建史學似有新意，但在革命高潮即將掀起之時，卻每易淆惑視聽。

章太炎二十世紀初的史學思想，正是在這樣的情況下，在和改良派的鬥爭中發展起來的，他對梁啟超的「積弱溯源」表示不滿，一針見血地說：「梁子所悲痛者，革命耳，所悲痛於革命，而思以建立憲法易之者，為其聖明之主耳」⑲。這篇文章，恰恰發表在〈中國史敍論〉前一個月。梁啟超是應該看到的，但他仍想「國民立憲政體將嬗代興起」，章、梁之間，政治觀點上有分歧，史學主張也隨之不同。

章太炎反覆閱讀西方資產階級哲學、社會學方面書籍，自己還翻譯了日本岸本能武太的《社會學》，認為他能「不凝滯於物質，窮極往逝，而將有所見於方來」⑳，注視到「方來」。上面談到，他曾專門致書梁啟超，討論寫史宗旨，準備寫出百卷本的通史。從形式上看，他承認典志紀傳的舊史體，不像梁啟超所分「上古」、「中世」、「近世」那樣新穎；但從內容來看，卻與之迥異。第一，梁啟超「探索運動」的「今務」，是進化到「國民立憲政體」，而章太炎的「方來」，則欲「開浚民智，激揚士氣」。前者是政治改革，後者則是宣傳革命。第二，梁啟超「探索運動」的結果是「嬗代興起」，只是漸變；章太炎則除發明「社會進化衰微之原理」外，還要「鼓舞民氣，啟導方來」，在所擬《中國通史目錄》的「記」中，既有「革命記」、「光復記」，

「考紀」中也有《洪秀全考紀》，是承認劇烈的變革的。第三，章太炎雖承襲表、志、紀、傳等舊史體裁，但他對「前史」並不「當意」，上揭〈致吳君遂書〉就對司馬遷、班固、孔穎達、陳壽、鄭樵都有褒貶。他沒有迷戀古籍，不是頌古非今，而是引導人們向前看的。

過去，章太炎曾與康、梁共事，在他政治上同情維新變法的時刻，自己論著中還滲有某些今文經說，儘管他是研究古文經學的。現在卻對康有為等藉今文經學以論政的「治史」發生懷疑，進行批判了。說：「三統迭起，不能如循環；三世漸進，不能如推轂」㉑。主觀主義的研究方法，「微言以致誣，玄議以成惑」，給治史帶來很大的危害。他認為「治史盡於自徵」，應該實事求是。康、梁那樣傅麗臆測，「穿鑿無驗」，好比「空穴來風」，不足為訓。章太炎對康、梁「嬗代興起」的改良思想既示反抗，對他們的「漸進」史觀也持批判。

應該說，在封建主義籠罩下，康有為等「托古改制」，抵制「世愈古而治愈盛」的退化論，宣揚亂世、昇平、太平的「三世」說，在當時的歷史條件下，是有震聾發聵的作用的。但時代在前進，一旦革命運動發展，「嬗代興起」的漸進說，也就成為歷史的障礙。從章太炎和梁啟超對「治史」的討論和「分合」，可知二十世紀初，資產階級革命派和改良派都在找尋「學理」，學習西方，充實自己，「鎔鑄新史」，學術上的理論差異，也總是政治立場某種分野的表露。

然而，章太炎汲取了西方資產階級學說，要重修「啟導方來」的通史，他對清代以考據著稱的王鳴盛、錢大昕的「昧其本幹，攻其條未」，還加批判，是難能可貴的。但仍「覺定宇、東原，真我師表」；「試作通史，然後知戴氏之學，彌侖萬有」。對乾嘉漢學吳、皖兩派的主要代表惠棟、戴震倍加推崇，特別是戴震。他說：「上世草昧，中古帝王之行事，存於傳記者已寡，惟文字語言間留其痕迹，此與地中僵石為無形之二種大史」[22]。戴震精於文字音韻，對文字語言間留其痕迹的「無形大史」，每能「尋審語根」；而章太炎則早年跟隨俞樾埋頭「稽古之學」。俞樾是從戴震、王念孫、王引之等一脈相承的古文經學「大師」，章太炎聞其餘緒，學益縝密，遂覺「真我師表」。等到此後資產階級革命高潮掀起，章太炎也就提倡古文，反對今文，為其「排滿」革命服務。他的史學思想也是如此。

三　「刪革」《訄書》

章太炎由改良步入革命，在學術思想上對「舊史」也多批判，對自撰《訄書》也「意多不稱」。一九〇二年六月返國後，又在一九〇〇年《訄書》「手校本」的基礎上重行「刪革」，是年《太炎先生自定年譜》稱：「余始著《訄書》，意多不稱。自日本歸，里居多暇，復為刪革傳於世。」這就是一九〇四年在日本東京翔鸞社鉛字排印的「重印本」。

查《訄書》原刻本於「己亥冬日」付梓，一九〇〇年出書。同年，唐才常起事後手校《訄書》，頗多修改。本年二月二十二日，章太炎乘輪東渡，在日本舉行「支那亡國二百四十二年紀念

訄書一

尊荀第一

使文質興廢若畫丹之與墨若大山之與深壑雖驟變可
矣變不斗絕故與之莎隨以道古荀子之道古聲則凡非
雅聲者舉廢色則凡非舊文者舉息械用則凡非舊器者
舉毀以是不過三代不貳後王法後王矣何古之足道曰
近古曰古大古曰新綦文理于新不能無因近古曰後王
所謂後王者上非文武下非始皇帝何者一棲七雄共和
之令廢秦雖得陳寶六國未一拱抹未斠郊說未稱帝彼
天下之君安在仲尼有言夏道不亡商德不作商德不亡
周德不作周德不亡春秋不作春秋之作以黑綠不足代

三

《訄書》原刻本手稿

《訄書》重印本

《訄書》原刻本

會」，七月返國，為上海廣智書局「藻飾譯文」，曾譯述日本岸本能武太的《社會學》一書，「旋返鄉里」，又在一九〇〇年手校本的基礎上重行「刪革」，即重印本。

《訄書》重印本敍目「署共和二千七百四十一年」，當一九〇〇年，說明它是在一九〇〇年「手校」的基礎上「刪革」的。重印本扉頁章太炎相片後，說是章氏被逮，「《訄書》改訂本已於前數月脫稿」。章太炎於一九〇三年六月因「蘇報案」入獄，這裡說他「前數月脫稿」，知《自定年譜》所稱一九〇二年「刪革傳於世」是可信的。錢玄同：〈劉申叔先生遺書序〉也說：「癸卯，為章公入獄之年，……時章公之《訄書》之改本將出版矣。」也以《訄書》改本訂成於「癸卯」（一九〇三年）前。

「刪革」後的《訄書》，計收「前錄」兩篇（〈客帝匡謬〉、〈分鎮匡謬〉），另〈原學〉到〈解辮髮〉六十三篇，共六十五篇。

今將《訄書》原刻本、手校本、重印本篇目列表如下：

篇目＼版本	原刻本	手校本	重印本	最初發表的報刊
1	〈尊荀〉第一			
2	〈儒墨〉第二	〈儒墨〉第三	〈儒墨〉第三	《實學報》第三、四冊
3	〈儒道〉第三	〈儒道〉第四	〈儒道〉第四	《實學報》第二冊
4	〈儒法〉第四	〈儒法〉第五	〈儒法〉第五	《實學報》第三冊
5	〈儒俠〉第五	〈儒俠〉第六	〈儒俠〉第六，附〈上武論徵張良事〉	《實學報》第四冊
6	〈儒兵〉第六	〈儒兵〉第七	〈儒兵〉第七	《實學報》第二冊
7	〈公言〉上第七			
8	〈公言〉中第八	〈公言〉第二十三	〈公言〉第二十七	
9	〈公言〉下第九			
10	〈天論〉第十			
11	〈原人〉第十一	〈原人〉第十四	〈原人〉第十六	

12	〈民數〉第十二	〈民數〉第十八	〈民數〉第二十一	《譯書公會報》第八冊
13	〈原變〉第十三	〈原變〉第十七	〈原變〉第十九	
14	〈冥契〉第十四	〈冥契〉第二十四	〈冥契〉第三十	
15	〈封禪〉第十五	〈封禪〉第十九	〈封禪〉第三十二	
16	〈河圖〉第十六	〈河圖〉第二十	〈河圖〉第二十三	
17	〈榦蠱〉第十七	〈原教〉下第○○	〈原教〉下第四十八	
18	〈訂實知〉第十八	〈訂實知〉第十四	〈訂實知〉第十四	
19	〈平等難〉第十九	〈平等難〉第二十五	〈平等難〉第二十八	《經世報》第二冊
20	〈族制〉第二十	〈族制〉第○○○	〈族制〉第二十（附〈許由即咎繇說〉）	
21	〈喻侈靡〉第二十一			《經世報》第三冊
22	〈訂文〉第二十二	〈訂文〉第二十二（附〈正名略例〉）	〈訂文〉第二十五（附〈正名雜義〉）	《新民叢報》第五、九、十五期
23	〈明羣〉第二十三	〈明羣〉第○○○		

版本／篇目	原刻本	手校本	重印本	最初發表的報刊
24	〈明獨〉第二十四	〈明獨〉第二十六	〈明獨〉第二十九	
25	〈播種〉第二十五			
26	〈東方盛衰〉第二十六			《經世報》第四冊
27	〈蒙古盛衰〉第二十七			《昌言報》第九冊
28	〈東鑑〉第二十八	〈東鑑〉第○○		
29	〈客帝〉第二十九	附〈客帝〉，另葉	前錄〈客帝匡謬〉	《臺灣日日新報》一八九九年三月十二日；《清議報》第十五冊
30		〈官統〉上第二十九	〈官統〉上第三十二	
31	〈官統〉第三十	〈官統〉中第三十 〈官統〉下第三十一	〈官統〉中第三十三 〈官統〉下第三十四	
32	〈分鎮〉第三十一	〈分鎮〉第三十二	前錄〈分鎮匡謬〉	
33	〈宅南〉第三十二	〈宅南〉第三十三	〈相宅〉第五十三	
34	〈不加賦難〉第三十三	〈不加賦難〉第三十四	〈不加賦難〉第三十九	

35	〈帝韓〉第三十四			
36	〈商鞅〉第三十五	〈商鞅〉第三十五	〈商鞅〉第三十五	
37	〈正葛〉第三十六	〈正葛〉第三十六	〈正葛〉第三十六	
38	〈刑官〉第三十七	〈刑官〉第三十七	〈刑官〉第三十七	
39	〈定律〉第三十八	〈定律〉第三十八	〈定律〉第三十八	
40	〈改學〉第三十九	〈議學〉第三十九	〈議學〉第四十六	
41	〈弭兵難〉第四十	〈弭兵難〉第四十	〈弭兵難〉第四十四	
42	〈經武〉第四十一	〈經武〉第四十一	〈經武〉第四十五	
43	〈爭教〉第四十二	〈爭教〉第四十四	〈爭教〉第四十九	
44	〈憂教〉第四十三	〈憂教〉第四十五	〈憂教〉第五十	
45	〈明農〉第四十四	〈明農〉第四十七	〈明農〉第四十	
46	〈制幣〉第四十五		〈制幣〉第四十三	

版本／篇目	原刻本	手校本	重印本	最初發表的報刊
47	〈禁煙草〉第四十六	〈禁煙草〉第四十八	〈禁煙草〉第四十一	
48	〈鬻廟〉第四十七			
49	〈雜說〉第四十八	〈雜說〉第五十四	〈雜志〉第六十	
50	〈獨聖〉上第四十九	〈述讖〉第十五	〈述讖〉第十五	
51	〈獨聖〉下第五十			
52	〈辨氏〉（補佚）	〈序種姓〉下第十六	〈序種姓〉下第十八	
53	〈學隱〉（補佚）	〈學隱〉第十三	〈學隱〉第十三	
54		〈原學〉第一	〈原學〉第一	
55		〈訂孔〉第二	〈訂孔〉第二	
56		〈學變〉第八	〈學變〉第八	
57		〈學蠱〉第九	〈學蠱〉第九	

58		〈王學〉第十	〈王學〉第十	
59		〈顏學〉第十一	〈顏學〉第十一	
60		〈清儒〉第十二	〈清儒〉第十二	
61		〈序種姓〉上第十五	〈序種姓〉上第十七	
62		〈方言〉第二十一	〈方言〉第二十四	
63		〈字諡〉第二十七		
64		〈通法〉第二十八	〈通法〉第三十一	
65		〈述圖〉第四十二	〈述圖〉第二十六	
66		〈原教〉上第四十三	〈原教〉上第四十七	
67		〈禮俗〉第四十六	〈訂禮俗〉第五十一	
68		〈消極〉第四十九	〈消極〉第五十五	
69		〈尊史〉第五十	〈尊史〉第五十六	

篇目 版本	原刻本	手校本	重印本	最初發表的報刊
70		〈徵七略〉第五十一	〈徵七略〉第五十七	
71		〈焚書〉第五十二	〈哀焚書〉第五十八	
72		〈哀清史〉第五十三（附〈中國通史略例〉）	〈哀清史〉第五十九（附〈中國通史略例〉）	
73		〈別錄〉一第五十五	〈別錄〉甲第六十一（楊、顏、錢）	
74		〈別錄〉二第五十六	〈別錄〉乙第六十二（許、二魏、湯、李）	
75		〈解辮髮〉第五十七	〈解辮髮〉第六十三	
76			〈定版籍〉第四十二	
77			〈辨樂〉第五十二	
78			〈地治〉第五十四	

「刪革」後的《訄書》，和原刻本大不一樣，較手校本又有進展。如上所述，義和團運動以後，章太炎思想發生變化，從而手校《訄書》，進行「匡謬」。一九〇二年，他又在蘇州東吳大學

宣傳革命，和「本師」俞樾公開決裂；在東京《國民報》上發表〈正仇滿論〉。他幾次遭到追捕，革命之志終未屈撓。一九〇二年，在孫中山支持下，參加了「支那亡國紀念會」的實際鬥爭。這兩年中，章太炎仔細閱讀先秦諸子，以為《管子》、《韓非子》等書，「深識進化之理」；他又認真鑽研日本和西方資產階級哲學、社會學書籍，從中尋找學理。因此，重印本《訄書》是章太炎經歷了上述革命實踐和瀏覽中西典籍，經過反覆琢磨，進行「刪革」的。這樣，「刪革」後的《訄書》，「熔鑄新理」，「推迹古近」，成為資產階級革命時期的重要作品。

重印本的篇目與手校本大體相同，但刪去了〈明羣〉、〈東鑑〉、〈字諡〉三篇，增加了〈定版籍〉、〈辨樂〉、〈地治〉三篇，又把〈宅南〉改為〈相宅〉。〈東鑑〉稱揚沙俄彼得改革、日本明治維新；〈明羣〉也講「定法」、「議院」，這些改良論調，重印本刪汰了。而增加的〈定版籍〉和改寫的〈相宅〉，都記載了章太炎和孫中山的問答。〈定版籍〉：「章炳麟謂孫文曰：『後王視生民之版，與九州地域廣輪之數，而衰賦稅，大臧則充。……然則定賦者，以露田為質，上之而桑茶之地，果漆槃薪之地，楨幹之地，至於魚池，法當數倍稼矣。獨居宅為無訾，窮巷之宅，不當蹊隧者，視露田而弱；當孔道者，魚池勿如則為差品，以是率之，賦稅所獲，視今日孰若？』孫文曰：『兼併不塞而言定賦，則治其末已。夫業主與傭耕者之利分，以分利給全賦，不任也。故取於傭耕者，率參而二。古者有言，不為編户一伍之長，而有千室名邑之役。夫貧富斗絕者，革命之媒。雖然，工商貧富之不可均，材也。……彼工商廢居有巧拙，而欲均貧富者，此天下之大愚也。方土者，自然者也。自然者，非材力。席六幕之餘壤，而富斗絕於類醜，故法以均人。後王之法，不躬耕者，無得有露田；場圃、池沼，得與厮養比而從事，人十畝而止，露田者，人二十畝而止矣。……夫不稼者，不得有尺寸耕土，故貢徹不設。不勞收受而田自均。』章炳麟曰：『善哉！田不均，雖衰定賦稅，民不樂其生，終之發難。有帑廥而不足以養民也。』」經過商談，章太炎擬訂了「均田法」：「凡土，民有者無得曠。其非歲月所能就者，程以三年，歲輸其稅什二，視其物色而衰征之」。「凡露田，不親耕者使鬻之，不讎者鬻諸有司。諸園圃，有薪木而受之祖、父者，雖不親邕，得有其園圃薪木，無得更買。池沼如露田法，凡寡妻女子當户者，能耕，耕也；不能耕，即鬻。露田無得用人」。「凡草萊，初闢而為露田園池者，多連阡陌，雖不躬耕，得特專利五十年，期盡而鬻之，程以十年」。「凡諸坑冶，非躬能開浚哲采者，其多寡闊陿，得恣有之，不以露田園池為比」。〈相宅〉也記載孫中山和章太炎關於今後建都問題的討論。末為「章炳麟曰：『非常之原，黎民懼之，而新聖作者遂焉。余識黨言，量其步武先後，至伊犂止，自武昌始。』」知章氏本年和孫中山「定交」，受其啟發。〈地治〉還對資產階級君主立憲和民主共和制度進行探討，為中國未來的行政制度提出設想。

「刪革」後的《訄書》，把〈客帝匡謬〉、〈分鎮匡謬〉作為「前錄」，置於全書之首，以〈原學〉第一始，以〈解辮髮〉壓卷，表明他叛離改良，矢志革命。全書除「前錄」外，大體上可分四類：

一、從〈原學〉第一到〈學隱〉第十三，共十三篇，擇要論述了先秦諸子到近代的學說史，力圖

「觀省社會因其政俗」，對中國古代學術思想發展變化的歷史作出說明。

二、從〈訂實知〉第十四到〈冥契〉第三十，共十七篇，比較集中地反映了樸素的唯物主義認識論和資產階級進化論的世界觀。他用生存競爭學說解釋自然界和人類的發展，還強調「人之相競也以器」。

三、從〈通法〉第三十一到〈消極〉第五十五，共二十五篇，在論證中國歷史經驗的基礎上，就政治、經濟、軍事、文化教育等方面，提供了革命勝利後的建設方案，明確指出：「吾言變革，布新法，皆為後王立制」㉓。

四、從〈尊史〉第五十六到〈解辮髮〉第六十三，共八篇，探討了編著史書的問題，強調寫史要「知古今進化之迹」，要說明「社會政治盛衰蕃變之所原」。

「刪革」後的《訄書》，有的即使保留了原刻本篇文，內容已起重大變化，如〈制幣〉，原刻本是以「自有蹠無，自無蹠有，必先取於有用無用之從革，而至無用者從之如形景，則厚生之大衢也已」為結束的。重印本最後增加一段：「然而非革命者猶若不能行也。今之政府儔張為幻於上，鑄龍圜者自言十六銖，及以地丁內稅，而不當十二銖，以此婪民。故符章刀布之足以明徵定保，必俟諸後起者」。逕截提出革命，提出「必俟諸後起者」。又如〈消極〉，原刻本無，手校本列目。將重印本和章氏擬訂手校本時的〈消極〉相校，增加了「今有造酢母者，投以百味，苦草亦酸，芳甘者亦酸。彼清政府猶酢母矣，利政入之，從化而害，害柢之不除，空舉利者以妄投擿」

一段。他以清政府為「酢母」，認為必定要把這個「害柢」除去，說明他對清政府已不抱幻想。它比一九〇〇年手校《訄書》時更加觀點鮮明，立論剴切。

《訄書》中〈訂孔〉、〈學變〉等，批判了孔子的「虛譽奪實」和儒生的「苟務修古」，在思想界起了強烈反響，「餘杭章氏《訄書》，至以孔子下比劉歆，而孔子遂大失其價值，一時羣言，多攻孔子矣」㉔。

「刪革」後的《訄書》，認為儒生「苟務修古」，旨在擴大他們的既得利祿，到了近代，「清儒多權譎」㉕、「徇俗賤儒」、「徒睹其污點」；康有為等「世儒」，更「憙言三世以明進化」。章太炎認為「察《公羊》所說，則據亂、昇平、太平於一代而已矣，禮俗革變，機器遷譌，誠弗能於一代盡之」㉖，從理論上、歷史上對康有為「三世」說痛加鞭斥。

但，章太炎仍以為「孔氏，古良史也，輔以丘明而次《春秋》，料比百家，若旋機玉斗矣。談、遷嗣之，後有《七略》。孔子死，名實足以伉者，漢之劉歆」。仍以孔子為「古良史」，還是古文學派的看法，當然也有反擊利用今文宣揚孔子的康有為等的微意。

章太炎以《春秋》為「古良史」，他這時又擬「試作通史」，那麼，他是否受了章學誠「六經皆史說」的影響，他的史學思想是否和章學誠一致呢？於此，還得比較說明。

章太炎曾對清代學派作了系統的探索和總結，寫了〈清儒〉。認為「治經恆以誦法討論為劑：誦法者，以其義束身而有隆殺；討誦者，以其事觀世，有其隆之，無或殺也」。西漢經學「誦法既陋隘，事不周浹而比次之，是故齵差失實」。東漢則「博其別記，稽其法度，覈其名實，論其社會以觀世，而藝復返於史」。可是，「亂於魏晉，及宋明益盪」。可知他是尊崇東漢古文經學的。

他認為「經說尚樸質，而文辭貴優衍」，而常州今文之學「務為瑰意眇辭以便文士」，「與治樸學者異術」。章太炎是主「樸學」、反「誕妄」的。因而他對清儒的看法是：

「大氐清世經儒自今文而外，大體與漢儒絕異，不以經術明治亂，故短於風議，不以陰陽斷人事，故長於求是，短長雖異，要之皆徵其文明。何者？傳記通論，闊遠難用，固不周於治亂，建議而不讎，夸誕何益？鬼、象緯、五行、占卦之術，以宗教蔽六藝，怪妄。孰與斷之人道，夷六藝於古史，徒料簡事類，不曰故言爲律，則上世社會污隆之迹，猶大略可知。以此綜貫，則可以明進化；以此裂分，則可以審因革。故惟惠棟、張惠言諸家，其治《周易》，不能無相摭陰陽，其他幾於屏閣，雖或瑣碎識小，庶將遠於巫祝者矣」㉗。

他對「以經術明治亂」，「以陰陽明治亂」，「以陰陽斷人事」，「以宗教蔽六藝」，是認為「夸誕」、「怪妄」而予反對的，而主張「斷之人道，夷六藝於古史」。也就是說：治經不要「誦法討論」，借經言政，而應實事求是，「六經皆史」。把六經作為古代文獻研究，「則上世社會污隆之迹，猶大略可知。以此綜貫，則可以明進化；以此裂分，則可以審因革」。

或者說：章太炎的「六經皆史」說，是受了章學誠的影響，是的，章太炎受過章學誠的影響，在〈清儒〉篇中，他就對章學誠頗多稱譽，說：「會稽章學誠，為《文史》、《校讎》諸通義，以復歆、固之學，其卓約過《史通》」。但，章太炎的「夷六藝於古史」，又不完全受章學誠的影響，其中也有異同。

章學誠的「六經皆史」說，是認為古代「未嘗有著述之事」，六經只是「先王」政典的歷史記錄，所謂「六經皆先王之政典也」㉘。六經既是「先王」的政典，所以他不是空洞說教，而是「有德有位」的人，用以「綱維天下」。孔子「生不得位」，只是「述而不作」。因此，「集古聖之成」的，不是孔子而是周公，而且他們不是為了垂教立言而故意編造，而是「協於天道」、「切於人事」。六經「未嘗離事而言理」，它只是當時典章政教的歷史記錄。章學誠說：「古無經史之分，聖人亦無私自作經，以寓道法之理。六藝皆古史之遺，後人不盡覺其淵源，故覺經異於史耳！」㉙以為「六經皆史」，以孔子為「述而不作」，這是章學誠和章太炎的共同點；章學誠認為經書「協於天道」、「切於人事」，章太炎也主張「斷之人道」。

然而，章學誠的「六經皆史」，卻又有其「經世」內容。他認為「六經」是「經世政典」，「君子之學術，貴在持世而救偏」㉚。所謂「持世」，就是「經世」，所謂「救偏」，則是指當時盛行的漢學、宋學各執一偏。他說：

「學博者長於考索，侈其富於山海豈非道中之實積；而騖於博者，終身敝精勞神以徇之，不思博之何所取也。……言義理者，似能思矣，而不知義理虛懸而無薄，則義理亦無當於道矣。此皆知其然而不知其所以然也」㉛。

章學誠校讎「著作得失」，除「校讎」宋學家「索辭章」而失在「略證實」外，也「校讎」漢學家「尚證實」而失在「薄辭章」。既反對宋學家束縛在程、朱《語錄》，也反對漢學家拘泥於「服、鄭訓詁」。「義理入於虛無，考證徒多糟粕」㉜。這兩種偏失都是他所深切反對的。他說：

「《文史通義》專爲著作之林校讎得失。著作本乎學問，而近人所謂學問，則以《爾雅》名物、六書訓詁，謂足以盡經世之大業；雖以周、程義理，韓、歐文辭，不難一吷置之。其稍通方者，則分考訂、義理、文辭爲三家，而謂各有其所長，不知此皆道中之一事耳。著述紛紛，出奴入主，正坐此也。……夫文章以六藝爲歸，人倫以孔子爲極，三尺孺子能言之矣；然學術之未進於古，正坐儒者流誤欲法六師而師孔子耳。……故學孔子者，當學孔子之所學，不當學孔子之不得已。……以孔子不得已而誤謂孔子之本志，則虛尊道德文章，別爲一物，大而經緯世宙，細而日用倫常，視爲粗迹矣。故知道器合一，方可言學。道器合一之數，必求端於周、孔之分。此實古今學術之要旨，而前人於此，言議或有未盡也」㉝。

章學誠在漢學盛行、宋學仍踞堂廟的歷史條件下提出「六經皆史」說，並以之反對「漢學」、「宋學」的偏失，建立道器合一的哲學，提出「六經皆史」的命題，確屬難能可貴。同時，也説明漢學、宋學之偏，已為有識之士所診視，而「持世而救偏」的「經世」思想，也反映了封建社會「末世」統治階級的政治危機。

而章太炎呢？對清代漢學卻是稱頌的，他自己本來也曾跟隨樸學家俞樾學習，為了仰慕清代漢學的開創人顧炎武，且更名絳，號太炎，這點就和章學誠有別。

非但如此，章學誠的「六經皆史」的「經世」涵義，有「校讎」漢、宋學術之失的內容；而章太炎的「夷六藝於古史」，卻又是為了反擊今文經學的「三世」進化論，「循環往復」，為了反擊政良派的用孔子經說來鼓吹立憲，曲解歷史。

章太炎和康有為在「經」、「史」關係上論爭，不是單純的學術上的論爭，也反映了他們政治主張的差異，他們又都曾利用過今文和古文經學的。

---

① 《朝野新談》乙編第八十三頁，一九一四年八月出版。

② 馮自由：《中華民國開國前革命史》第十四章〈壬寅支那亡國紀念會〉。

③ 俞樾，道光進士。官翰林院編修，河南學政。

④ 章太炎：〈謝本師〉，《民報》第九號。

⑤ 章太炎：〈致吳君遂等書〉四，手迹，上海圖書館藏。

⑥ 章太炎：〈東京留學生歡迎會演說辭〉，《民報》第六號。

⑦ 章太炎：〈致吳君遂書〉，手迹，上海圖書館藏，見《章太炎政論選集》第一六二頁。

⑧ 朱希祖：《本師章太炎先生口授少年事迹筆記》。

⑨《太炎先生自定年譜》「光緒二十八年，三十五歲」。
⑩馮自由：《中華民國開國前革命史》第十四章〈壬寅支那亡國紀念會〉。
⑪馮自由：《華僑革命開國史》三〈日本之部〉八〈横濱支那亡國會〉。
⑫章太炎：〈覆孫中山書〉，一九一二年一月，見《大中華》二卷第十二期。
⑬〈章太炎來簡〉，《新民叢報》第十三號，光緒二十八年七月初一日出版，見《章太炎政論選集》第一六七——一六八頁。
⑭章太炎：〈致吳君遂書〉，手迹，上海圖書館藏，見《章太炎政論選集》第一六五——一六六頁。
⑮見《清議報》第七七——八四册，一九〇一年四月二十九日——七月六日出版，收入《飲冰室合集》文集之五。
⑯梁啟超：〈滅國新法論〉，見《飲冰室合集》文集之六。
⑰梁啟超：〈中國史敍論〉，見《飲冰室合集》文集之六。
⑱梁啟超：〈新史學〉，見《飲冰室合集》文集之九。
⑲章太炎：〈正仇滿論〉。
⑳章太炎：〈社會學自序〉，《社會學》上海廣智書局光緒二十八年八月出版，見《章太炎政論選集》第二七〇——二七二頁。
㉑章太炎：〈徵信論〉，見《學林》第四期。
㉒章太炎：〈致吳君遂書〉，手迹，見《章太炎政論選集》第一七二頁。
㉓《訄書》重印本〈消極〉。
㉔許之衡：〈讀〈國粹學報〉感言〉，見《國粹學報》乙巳年第六號「社說」。

㉕《訄書》重印本〈別錄〉乙。
㉖《訄書》重印本〈尊史〉。
㉗章太炎：《訄書》重印本十二〈清儒〉。
㉘章學誠：《文史通義》內篇一〈易教〉上。
㉙章學誠：《文史通義》內篇一〈書教〉上。
㉚章學誠：《文史通義》內篇二〈原學〉下。
㉛同上。
㉜章學誠：《文史通義》外篇三〈與陳鑑亭論學〉。
㉝章學誠：《文史通義》外篇三〈與陳鑑亭論學〉。

第五章 入獄三年

一 「蘇報案」

一九〇三年三月（光緒二十九年二月），章太炎在上海愛國學社任教。

愛國學社是中國教育會「所贊助而成立」的。中國教育會成立於「光緒二十八年春」，蔡元培等發起。同年十一月十六日（十月十七日），上海南洋公學爆發了反對學校迫害的罷課大風潮，全體學生二百餘人退學，在中國教育會的幫助下，租屋於上海南京路泥城橋福源里，成立愛國學社。據蔣維喬稱：「社中自總理、學監以下教職員，均自行另謀生計，對於學社純盡義務，如蔡孑民則任商務印書館編譯所長，吳稚暉則任文明書店之事。三四年級之國文教員為章太炎（炳麟）、一二年級國文教員則由余任之，章則為人譯《妖怪學》講義，余則為蘇報館譯東報，均藉譯書自給」①。

五月（四月），章太炎在愛國學社出了個作文題，「叫×××本紀。用為皇帝立傳的『本紀』，叫學生寫自傳。有兩個學生（陶亞魂、柳亞子）在作文中講了自己追隨康有為尊孔保皇以及後來的思想轉變」②。章太炎特寫〈致陶亞魂柳亞子書〉，歷述自己思想轉變，說：「簡閱傳文，知二子昔日，曾以紀孔、保皇為職志。人生少壯，苦不相若，而同病者亦相憐也。鄙人自十四五時，覽蔣氏《東華錄》，已有逐滿之志。丁酉入時務報館，聞孫逸仙亦創是說。竊幸吾道不孤，而尚不能不迷於對山之妄語。《訄書》中〈客帝〉諸篇，即吾往歲之覆轍也。今將是書呈覽。二子觀之，當知人生知識程度本不相遠，初進化時，未有不經紀孔、保皇二關者。以此互印如何？」③。

當章太炎在愛國學社講學時，留日學生鄒容也來參加，並與章太炎同寓④，他們都參加了張園的拒俄會議，鄒容除和主張保皇的馮鏡如等進行鬥爭和創立中國學生同盟會外，又奮筆疾書，寫成《革命軍》。章太炎在最初發表的《鄒容傳》記：「是時余在愛國學社始識容，諸教員爭與交。容性倜儻，喜詈人，謂諸社生曰：『爾嘗居上海，在聲色狗馬間，學西文數歲，他日堪為洋奴耳，寧知中外之學乎？』社生羣衆欲毆之，乃去。以《革命軍》一通示余，令稍稍潤色之。余曰『吾持排滿主義數歲，世少和者，以文不諧俗故，欲諧俗者，正當如君書』。乃為敍錄，與金山僧用仁刻行之」⑤。

鄒容在《革命軍》中大聲疾呼，宣傳革命，說：「革命者，天演之公例也；革命者，世界之公理也；革命者，爭存爭亡過渡時代要義也；革命者，順乎天而應乎人者也；革命者，去腐敗而存良善者也；革命者，由野蠻而進文明者也；革命者，除奴隸而為主人者也」。章太炎的〈序革命軍〉更「大言革命」，說：「夫中國吞噬於逆胡二百六十年矣，宰割之酷，詐暴之工，人人所身受，當無不昌言革命」，說：

「今者風俗臭味少變更矣，然其痛心疾首，懇懇必以逐滿爲職志者，慮不數人。數人者，文墨議論，又往往務爲溫藉，不欲以跳踉搏躍言之，雖余亦不免是也。

嗟乎！世皆囂昧而不知語言，主文諷切，勿爲動容，不震以雷霆之聲，其能化者幾何？異時義師再舉，其能墮於衆口之不俚，既可知矣。今容爲是書，壹以叫咷恣言，發其慚志，雖囂昧若羅、彭諸子，誦之猶當流汗祇悔，以是爲義師先聲，庶幾民無思志，而材士亦知所返乎！若夫屠沽負販之徒，利其徑直易知而能恢復智識，則其所化遠矣。藉非不文，何以致是。抑吾聞之，同族相代，謂之革命；異族攘竊，謂之滅亡。改制同族，謂之革命，驅逐異族，謂之光復。今中國既滅亡於逆胡，所當謀者光復也，非革命云爾。容之署斯名，何哉，諒以其所規劃，不僅驅除異族而已，雖政教學術、禮俗材性猶有當革者焉，故大言之曰革命也」。

《革命軍》以悲憤的心情，通俗的語言，抨擊清政府的賣國罪行，認為只有革命，才能「去腐敗而存良善」，「由野蠻而進文明」，「除奴隸而為主人」，號召以革命打倒滿清政府。

《革命軍》的出版，章太炎〈序〉的刊布，在當時起了很大影響。

然而，這時以康有為代表的改良派仍有影響。在革命形勢高漲的情況下，康有為的弟子梁啟超、歐榘甲也有些「搖於形勢」。康有為遂於一九〇二年寫了〈與同學諸子梁啟超等論印度亡國由於各省自立書〉和〈答南北美洲諸華僑論中國只可行立憲不可行革命書〉⑥二文。前文對梁啟超等的「搖於時勢」，「妄倡十八省分立之說」予以駁斥，主張「今令以舉國之力，日以擊榮祿請歸政為事，則既倒政府之後，皇上復辟，即定憲法變新政而自強，是則與日本同軌而可望治效耳」。如果「移而攻滿洲，是師法印人之悖蒙古而自立耳，則其收效亦與印度同矣」。後文以為：「談革命者，開口攻滿洲，此為大怪不可能之事」，「吾四萬萬人之必有政權自由，必可不待革命而得之，可斷言也」；「且捨身救民之聖主，去千數百年之敝政者，亦滿人也」；「吾今論政體，亦是『滿漢不分，君臣同治』八字而已，故滿漢於今日無可別言者也，實為一家者也」，「欲革命則革命耳，何必攻滿自生內亂乎！」

這兩封公開信，反對「革命者開口攻滿洲」；主張「皇上復辟，即定憲法，變新政而自強」，完全是高倡復辟、壓制革命的文字，章太炎看到後，寫了〈駁康有為論革命書〉。

〈駁康有為論革命書〉，從清朝的封建統治和種族迫害說到革命的必要，對改良派的理論嚴加批駁。改良派以「立憲法，定君民之權」為「治法之極則」，章太炎申斥康有為所謂「滿漢不分、君民同治」，實際是「屈心忍志以處奴隸之地」。改良派企圖以流血犧牲來恐嚇革命，章太炎指出，歐、美的立憲，也不是「徒以口舌成之」，革命流血是不可避免和完全必要的；改良派美化光緒，章太炎指出，光緒只是「未辨菽麥」的「小醜」，他當初的贊成變法，不過是「交通外人得其歡心」，「保吾權位」，如果一旦復辟，必然將中國引向滅亡；改良派宣傳天命論，章太炎指出：「《中庸》以『天命』始」，以「上天之載，無聲無臭終」，「撥亂反正，不在天命之有無，而在人力之難易」；改良派以革命會引起社會紊亂為藉口，章太炎贊美革命：「公理之未明，即以革命明之，舊俗之俱在，即以革命去之；革命非天雄、大黃之猛劑，而實補瀉兼備之良藥矣」。有力地打擊了改良派，提高了革命思想。

〈駁康有為論革命書〉是章太炎在一九〇一年所撰〈正仇滿論〉的基礎上續予發揮的。但是，它的內容和影響，卻又有發展：第一，〈正仇滿論〉主要針對梁啟超的〈積弱溯源論〉予以駁斥，而〈駁康有為論革命書〉則對改良派的理論和主張作了全面系統的批判。第二，〈駁康有為論革命書〉的革命言論比過去更加激烈，甚至斥責光緒皇帝是「載湉小醜，未辨菽麥」，革命宣傳的昂揚，震駭了清朝政府。第三，〈正仇滿論〉是在日本刊行的，且未署名，僅言「來稿」，而〈駁康有為論革命書〉則既與《革命軍》合刊，又於《蘇報》露布，這就更引起了中外反對勢力的恐怖和嫉視。第四，〈駁康有為論革命書〉憤怒指出，清政府「尊事孔子，奉行儒術」，只是「崇飾觀聽」，便其「南面之術，愚民之計」，純粹是搞愚民政策，是為了維護自己的統治。他對康、梁奉為「聖明之主」的皇帝進行了有力的抨擊，對康、梁等奉為「教主」的孔子，也進行了無情的摘發。

《革命軍》和〈駁康有為論革命書〉先後在《蘇報》發表⑦，《蘇報》且登廣告和發表〈讀革命軍〉、〈序革命軍〉⑧，大聲疾呼，震動朝野。清政府和帝國主義相勾結，以高壓手段加以鎮壓。不久，章、鄒就逮，《蘇報》被封，發生了「蘇報案」。

一九〇三年六月二十九日（閏五月初五日），上海的報紙上就有「愛國學社招集不逞之徒，倡演革命諸邪說」，「端方欽奉廷寄外務部呈遞魏光燾電」，「飭查禁密拿」的報導⑨，次日（六月三十日），「由滬道商美總領事會同各領簽押，工部局即允協拿」⑩。

中外勾結「查禁密拿」的陰謀，愛國學社社員曾有風聞。早先，清政府派江蘇候補道俞明震「檢察革命黨事」，吳敬恆曾和俞明震父子有接觸。吳出逃，《蘇報》主持人陳範也出逃，蔡元培與章太炎商量，「謂捨走無他法」，蔡元培出走，章「遂就逮」⑪。當時還說：「革命沒有不流血的，我被清政府查拿，現在已經第七次了」。等到警探臨前，又自指鼻端，說：「餘俱不在，要拿章炳麟，就是我」。英勇就逮。

七月一日，鄒容「至四馬路老捕房自行投到，捕房以真假未辨，未遽允收。鄒又自稱：『我非鄒鏞（容），豈肯自投羅網？』捕頭因准收押」⑫。

七月六日，《蘇報》被封。

七月十五日，上海租界當局將章太炎、鄒容、程吉甫、錢允生（《蘇報》職員）、陳仲彝（陳範之子）、龍積之（與唐才常自立軍有關）提往審訊。清政府指控〈駁康有為論革命書〉「大逆不道」的語句是「蓋自乙未以後，彼聖主所長慮卻顧，坐席不暖者，獨太后之廢置吾耳，殷憂內結，智計外發，知非變法無以交通外人得其歡心，非交通外人得其歡心無以挾持重勢，而排沮太后之權力。載湉小醜，未辨菽麥，鋌而走險，固不為滿洲全部計」，「載湉者，固長素之私友，而漢族之公仇也。況滿洲全部之蠢如鹿豕者，而可以不革者哉！」章太炎在法庭上嚴詞申斥，指出：「今年二月，在愛國學社任教習，因見康有為著書反對革命，袒護滿人，故我作書駁之。所指書中『載湉小醜』四字，觸犯清帝聖諱一語，我只知清帝乃滿人，不知所謂聖諱」。並「供不認野蠻政府」⑬。

七月二十一日，第二次「審訊」，經律師博易提出，根據〈公共租界章程〉，「界內之事，應歸公堂訊理。現在原告究係何人？是清朝政府還是江蘇巡撫或上海道臺」？審判員孫建臣說：「係奉旨著江蘇巡撫飭拘，本公府惟有遵奉憲札行事而已」⑭。

十二月三日至五日（十月十五、十六、十七日），公共租界公部局再「訊」章、鄒？在此以前，清政府想方設法，欲置章、鄒於死地，以「大逆不道，煽惑人心，謀為不軌」的罪名，企圖將章、鄒「引渡」，解至南京，處以極刑。美國公使康格、總領事古納、參贊福開森也秘密策劃「移交中國官府懲辦」，以便從清政府手中換取更多特權。由於帝國主義在侵華過程中有矛盾，從而對「引渡」態度也不一致。據《中外日報》一九〇三年八月十八日載：「近在北京地方各公使因上海蘇報館一案，英國參贊之意，以為諸人不應交與華官，日本公使以為未嘗拘人，以前上海道既與各國領事立有約章，現在即應照約辦理。惟俄、法兩國則欲助中國政府，將諸人交於華官，故其中彼等之意見各不相同。美公使之意以為莫妙於仍交上海領事辦理此事也」⑮。儘管他們態度不一，但對中國人民的反抗加以鎮壓則又一致，說是「逆書筆端犀利，鼓吹武裝革命，殺戮滿人，痛詆皇上，西人何故保護此輩莠民，使其謀為不軌，安然造反耶？」⑯終因「街頭謠言紛紜」，「引渡」未能實現。

在三日至五日三天再「訊」中，章太炎在法庭上指駁：「小醜二字，本作類字，或作小孩子解，並不毀謗。至『今之聖諱』，以西律不避，故而直書。」「教學生之書，皆無『聖諱』」，「我實不明迴避之理」。嚴正的詈斥，清朝統治階級為之震懾，只得說：「窮凶極惡，已預備在租界以外造反」⑰。

十二月二十四日（十月初六日），所謂額外公堂宣判章太炎、鄒容「應科以永遠監禁之罪」，領事團又「對此發生異議」，相持不決。當時報載：「蘇報館革命渠魁鄒容、章炳麟迭經上海縣汪瑤庭大令命駕至英、美等國公共租界公廨會同讞員鄧鳴謙司馬、英總領事署翻譯官翟比南君訊明各情，擬科以永遠監禁之罪。前日捕頭遂命將章、鄒二犯送入提蘭橋畔西獄收禁」⑱。

次年四月，章太炎被判處監禁三年，鄒容被判處監禁二年。

章太炎〈口授少年事迹〉對「蘇報案」的始末是這樣說的：

「蔡子民等在上海設愛國學社，張溥泉、鄒蔚丹自日本歸，章行嚴自南京來，相見甚歡，皆與余結爲兄弟。時蔚丹作《革命軍》，余爲序而刻之。余又作〈駁康有爲書〉，痛斥保皇之非。行嚴又主蘇報社。〈駁康有爲書〉中有『載湉小醜，不辨菽麥』之語，於是清兩江總督派員來查，遂成大獄。余與鄒蔚丹被捕。余在巡捕房與中山書，尊稱之爲總統，溥泉爲余送去。遂下獄三年」。

二　革命之志終不屈撓

章太炎因「蘇報案」發生，入獄三年。他在獄中，革命之志終不屈撓，主要表現為：

第一，寓書同志，矢志革命。

章太炎入獄不久，即致書吳君遂、張伯純，告以「聽訴」情況，說：「既往聽訴，則聞南洋法律官帶同翻譯，宣說曰：『中國政府到案』。曰：『中國政府控告蘇報館大逆不道，煽惑亂黨，謀為不軌』，曰：『中國政府控告章炳麟大逆不道，煽惑亂黨，謀為不軌』，曰：『中國政府控告鄒容大逆不道，煽惑亂黨，謀為不軌』。乃各舉書報所載以為證；賊滿人、逆胡、偽清等語，一切宣讀不諱」。章太炎認為：「彼自稱中國政府，以中國政府控告罪人，不在他國法院，而在己所管轄最小之新衙門，真千古笑柄矣」。他說：自己和鄒容，「罪狀自重。其所控我，自革命逐滿外，復牽引玄燁、弘曆、載湉小醜等語，以為干犯廟諱，指斥乘輿」。經自己據理辯斥，「新衙門委員孫某」，竟「穀觫殊甚，但云公等速說，我與公等無仇無怨而已」。章太炎在「審判」後，「乘馬車歸捕房」，誦「風吹枷鎖滿城香，街市爭看員外郎」而返⑲。

他在獄中，看到《江蘇》雜誌載有柳亞子所撰〈鄭成功傳〉，即予鼓勵：「雜誌草創時，辭頗噎塞，數期以來，揮斥慷慨，神氣無雙，進步之速，斯為極點。而弟所纂〈鄭傳〉，亦於斯時發現，可謂智勇參會，飈起雲合者也」。指出教育會雖「分散」，「愛國諸君，亦既飄搖失所」，仍有柳亞子等「盡力持護」，「亦令奴性諸嚳，不以愛國分散之故，遂謂天下之莫予毒也」⑳。

章士釗譯編《孫逸仙》一書在日本出版，章太炎為之題辭：「索虜昌狂泯禹績，有赤帝子斷其嗌，掕迹鄭洪為民瞻，四百兆人視茲冊」㉑，稱清朝統治為「索虜」，而稱頌鄭成功、洪秀全。

章太炎在獄中，與鄒容一起堅持鬥爭，「時刀索金環毒藥諸物既被禁絕」，只有絕食鬥爭。鄒容以為「餓死，小丈夫事也」。章太炎說：「中國餓死之故鬼，第一伯夷，第二龔勝，第三司空圖，第四謝枋得，第五劉宗周。若前三子者，吾不為；若後二子，吾為之」。作「絕食詞三首」，前二首為章、鄒合作，後一首為章續成，詞曰：

「擊石何須博浪椎（鄒），羣兒甘自作湘累。要離祠墓今何在（章），願借先生土一坯（鄒）」。

「平生禦寇禦風志（鄒），近死之心不復陽（章）。願力能生千猛士（鄒），補牢未必恨亡羊（章）」。

「句東前輩張玄箸，天盡遺民呂晦公。兵解神仙儒發冢，我來地水火風空（章）」㉒。

章太炎在獄中曾絕食鬥爭，並「以拳攻獄卒」，革命之志沒有稍衰。

一九〇三年七月十九日，曾參加自立軍的沈藎（克誠）在京被拘，同月三十一日被清政府杖死於刑部，章太炎撰〈獄中聞沈禹希見殺〉，刊於日本出版之《浙江潮》第七期，詩曰：「不見沈生久，江湖知隱淪。蕭蕭悲壯士，今在易京門，螭魅羞爭焰，文章總斷魂。中隱當待我，南北幾新墳」。又撰〈祭沈禹希文〉，宣稱：「不有死者，誰申民氣？不有生者，誰復九世。哀我遺黎，不絕如繫。大波相續，云誰無繼」㉓，既悼逝者，復勵將來。

第二，繼續撰文，宣傳革命。

「蘇報案」發生前幾天，《中外日報》刊登一篇〈革命駁議〉，章太炎就寫〈駁革命駁議〉，開了一個頭，由柳亞子、蔡治民、鄒容續成，在章太炎所寫首段中，即指出不能「侈陳維新」，畏懼革命㉔。入獄後，繼續撰文，鼓吹革命。

「蘇報案」發生，〈新聞報〉刊載〈論革命黨〉一文，加以攻擊，章太炎即予反駁：「夫民族主義，熾盛於二十世紀，逆胡羶虜，非我族類，不能變法當革，能變法亦當革；不能救民當革，能救民亦當革」。說明自己《序革命軍》，「以為革命、光復，名實大異。從俗言之，則曰革命；從吾輩之主義言之，則曰光復」。「逆胡挑釁，興此大獄，盜憎主人，固亦其所。吾輩書生，未有寸刃尺匕足與抗衡，相延入獄，志在流血，性分所定，上可以質皇天后土，下可以對四萬萬人矣」。表明自己「以致命遂志為心」，誓志革命。

接著，嚴斥新聞記者，說：「去矣，新聞記者！同是漢種，同是四萬萬人之一分子，亡國覆宗，祀逾二百，奴隸牛馬，躬受其辱。不思祀夏配天，光復舊物，而惟以維新革命，錙銖相較，大勇小怯，秒忽相衡，斥鷃井蛙，安足與知鯤鵬之志哉！去矣，新聞記者！濁醪夕引，素琴晨張，郁素霞之奇意，人修夜之不暘。天命方新，來後不遠，請看五十年後，銅像巍巍立於雲表者，為我為爾，坐以待之，無多聒聒可也」㉕。此文發表之次日，《蘇報》即遭封閉。

這時，改良派在知識分子中還有一定市場，他們以為維新變法，「古有明訓」，用以壓制革命。章太炎援引古籍，謂「維新」之名，始見於偽《古文尚書》。偽《古文尚書》稱：「殲厥渠魁，脅從罔治，舊染污俗，咸與維新」，「亦未見未有不先流血而能遽見維新者」。改良派以「維新」為溫和主義，這是極大的政治欺騙，「衣之始裁為之新，木之始伐謂之新。故衣一成後不可復得新名，木一枯後不可復得新名」。清朝的「新」，只在康熙、雍正年間，「今之政府腐敗蠹蝕，其材已不可復用，而欲責其再新，是何異責垂死之翁以呱啼哺乳也」㉖。只有採取革命一途，責斥改良，公開論戰。

第三，準備了光復會的成立。

一九〇四年冬，光復會成立，推蔡元培為會長。其誓詞為：「光復漢族，還我山河，以身許國，功成而退」。章太炎在〈光復軍志序〉中說：「光復會初立，實余與蔡元培為之尸，陶成章、李燮和繼之。總之，不離呂、全、王、曾之舊域也」。查這時章太炎在獄中，積極策劃光復會成立的，實為陶成章，見魏蘭〈陶成章先生行述〉㉗。但它的成立，卻與章太炎有很大關係。因為一，「光復會的前身是軍國民教育會，而軍國民教育會的前身則是支那亡國紀念會，這個會是在日本的章太炎……等為了挽救祖國的危亡而組織的。後因日本政府不許其他國家的人民在它的國土上進行政治活動，軍國民教育會就遷來上海，適傅蔡元培先生來滬，聞有這個組織，即來參加入會。後經商討，改名為光復會，蔡被選為光復會會長」㉘。章太炎自撰〈龔未生事略〉也說，龔寶銓「未冠，值義和團之變，即有光復志。遊學日本，以爭俄約與黃克強、鈕惕生、楊篤生、陶煥卿、湯爾和相集為軍國民教育會，與上海言光復者相應和」㉙，支那亡國二百四十二年紀念會，章太炎是主要發起人之一，〈紀念書〉也出自章氏手筆，「其後留學界中愛國團體繽紛並起，即導源於亡國紀念會」㉚。

二、章太炎在獄中，不斷寓書同志，矢志革命。據馮自由稱，章曾致書蔡元培等策劃光復會的成立，「至甲辰秋，乃招集江、浙、皖數省同志擴大為革命黨集團。會蔡元培從青島歸上海，覘知其事，乃求入其會，願與合作，團員非常歡迎，於是更將規章詳加修訂，定名曰光復會，羣推元培為會長。……是冬，光復會始在滬正式成立。章炳麟時在獄中，嘗致書元培等策劃之」㉛。章太炎在辛亥革命後發表的〈致臨時大總統書〉也說：「詳考光復會初設，實在上海，無過四、五十人；其後同盟會興於東京，光復會亦漸渙散」㉜，光復會的成立，章太炎參預。

三，光復會成立於一九〇四年，而「光復」之名，則在章太炎一九〇三年所撰〈序革命軍〉中早經揭櫫：「同族相代，謂之革命；異族攘竊，謂之滅亡。改制同族，謂之革命；驅逐異族，謂之光復。今中國既滅亡於逆胡，所當謀者光復也，非革命也。」〈獄中答新聞報〉也說：「吾之序《革命軍》，以為革命、光復，名實大異。從俗言之，則曰革命；從吾輩之主觀言之，則曰光復」。疑光復會的定名，也與章太炎有關㉝。一九一〇年重組光復會時，推章氏為會長，淵源有自。

四，潛研佛學，「發起信心」。章太炎在獄中，曾經專修佛學，對他今後的思想演變有關。查章氏在一八九七年，受到夏曾佑影響，略涉《法華》、《華嚴》、《涅槃》諸經，「不能深也」。宋恕說：「何不取三論讀之」。他讀後「亦不甚好」。戊戌政變後，流亡日本，購得《瑜伽師地論》，又以「煩擾未卒讀」。「蘇報案」發生，友人送來《瑜伽師地論》、《成唯識論》。蔣維喬說，章、鄒「二人初繫福州路工部局，禁令尚寬，每周可容親友前去探視一次。中國教育會在滬同人，約定以二人輪值，前往探問送食物，太炎索問《瑜伽師地論》，是時上海尚無可購，惟蔣智由寄存於會中書篋內有之，乃設法取出，送與太炎」㉞。章太炎「晨夕研讀，乃悟大乘法義」。思想發生變化。他自己說：「遭世衰微，不忘經國，尋求政術，歷覽前史，獨於荀卿、韓非所說，謂不可易；自余閎眇之旨，未暇深察；維閱佛藏，涉獵《華嚴》、《法華》、《涅槃》諸經，義解漸深，卒未窺其究竟，及囚繫上海，三歲不覿，專修慈氏、世親之書，此一術也。以分析名相始，以排遣名相終，從入之途，於平生樸學相似，易於契機。解此以還，乃達大乘深趣。私謂釋迦玄言，出過晚周諸子不可計數，程、朱以下，尤不足論」㉟，又說：「余少年獨治經史通典諸書，旁及當代政書而已，不好宋學，尤無意於釋氏。三十歲頃，與宋平子交，平子勸讀佛書，始觀《涅槃》、《維摩詰起信論》、《華嚴》、《法華》諸書，漸及玄門，而未有所專精也。遭禍繫獄，始專讀《瑜伽師地論》及《因明論》、《唯識論》，乃知《瑜伽》為不可加。既東遊日本，提倡改革，人事繁多，而暇輒讀藏經，又取魏譯《楞伽》及《密嚴》誦之，參以康德、蕭賓詞爾之書，益信玄理無過《楞伽》、《瑜伽》者」㊱。那麼，「蘇報案」發生以前，章太炎對佛學尚「未有所專精」；他的「益信玄理無過《楞伽》、《瑜伽》者」，則在入獄以後。他認為佛學中禪宗以外，法相、華嚴最為可用。因為「這華嚴宗所說，更在普渡衆生，頭目腦髓，都可施捨與人，而道德上最為有益；這法相宗所説，就是萬法惟心，一切有形的色相，無形的法塵，總是幻見幻想，並非實在真有」。必須「要有這種信仰，才能勇猛無畏，衆志成城，方可幹得事來」㊲。這樣，「用宗教發起信心」，才能「增進國民之道德」，堅定革命的意志，以使「衆志成城」，企圖把佛學「改造」成為革命鬥爭和個人意志鍛鍊的「思想武器」，則他在獄中的潛研佛學，並不是消極的「遁世」。但，章太炎只注意從「古書古蹟」作為宣傳動員羣衆的方法，想從佛學中汲取「改造」，這就反映了他的局限。他這種「高妙的幻想」，没有實現，也不可能實現。

儘管如此，「蘇報案」和章太炎的獄中鬥爭，它的影響卻是深遠的。

首先，它促使了革命政治團體的建立。「蘇報案」發生後，章太炎、鄒容仍與革命派保持聯繫。七月三十一日，參加過自立軍的沈藎，因揭發中俄秘約，被清政府杖死於刑部，革命派於八月二十三日在上海愚園開追悼會，祭文即出自章太炎手筆。章太炎又寄書同志，號召堅持鬥爭（見前）。一九〇四年，章太炎和蔡元培、陶成章、徐錫麟等組織了光復會，成為同盟會成立前的主要革命小團體之一。同時，華興會的成立，也和「蘇報案」有關。華興會的發起人黃興在一九〇三年返國後，即大量翻印鄒容所著《革命軍》，「散布到軍商各界，擴大反清宣傳」㊳，兩湖志士「與上海言光復者相應和」㊴，組織了華興會。這樣，就給一九〇五年中國同盟會的成立，準備了條件。

其次，它擴大了革命的思想影響。《蘇報》被封後，章士釗、陳去病等續辦《國民日日報》，「放肆蜚言，昌言無忌」，重遭清政府外務部通飭總税務司轉知郵政局，「毋得代寄」。不久，蔡元培等又創《俄事警聞》，後擴展為《警鐘日報》，憤斥帝國主義，抨擊清朝政府。在日本發刊的《江蘇》、《浙江潮》，也在「蘇報案」發生後，言論轉趨激烈，宣傳反清鬥爭。中外統治者雖百端阻撓，肆意查禁，但終不能抗拒時代的洪流，《革命軍》和〈駁康有為政見書〉仍秘密印刷，廣泛流傳。廣大的知識青年紛紛從改良主義的思想影響下解放出來。從此，改良派的思想陣地日益縮小，革命派的思想陣地日益擴大。

再次，它導致了革命運動的展開。

「蘇報案」發生後，中國民族資產階級的態度比較過去積極了。一九〇四年，湖南、廣東的紳商要求收回粵漢鐵路，改歸民辦。從此，展開了收回利權運動。同年，〈中美華工條約〉期滿，各地報刊揭露美帝國主義虐待華工的實況，人們對美帝的仇恨漸漸增長，終於滙為抵制美貨運動。

特別應該指出的是，就在「蘇報案」發生後半年，孫中山在《檀山新報》發表〈敬告同鄉書〉，明確指出：「革命與保皇，理不相容，勢不兩立。今梁以一人而持兩說，首鼠兩端，其所言革命屬真，則保皇之說必偽；而其所言保皇屬真，則革命之說亦偽矣」。指出「革命、保皇二事，決分兩途，如黑白之不能混淆，如東西之不能易位。革命者志在撲滿而興漢；保皇者志在扶滿而臣清，事理相反，背道而馳」，號召「大倡革命，毋惑保皇」㊵，劃清革命和保皇的界線。

接著，在〈駁保皇報書〉中，指出康有為等在變法失敗後所宣傳的「愛國」，是愛的「大清國」，不是「中華國」，認為「保異種而奴中華，非愛國也，實害國也」，並對保皇黨人「所論《蘇報》之案，落井下石，大有幸災樂禍之心，毫無拯弱扶危之志」㊶。摘發備至。

一九〇五年，孫中山把他領導的興中會，同黃興領導的華興會以及蔡元培、陶成章、章太炎領導的光復會聯合起來，組成中國同盟會，把「驅除韃虜，恢復中華，建立民國，平均地權」寫入誓詞，定為革命黨人必須遵循的綱領。這個綱領的實質，是用革命手段推翻清朝封建統治，建立共和政體。這個綱領，給革命派提供了前所未有的犀利武器。

從此，推翻清朝成為時代主流，保皇會保皇臣清的面目也就日露，終且為清政府「預備立憲」搖旗吶喊，與革命派公開論戰了。作為戊戌變法的主角，在中國近代史上起過重要影響的人物康有為，終且逆時代潮流而動；而「入獄三年」的章太炎，卻革命之志終不屈撓，舉筆疾書，所向披靡了。

---

① 蔣維喬：〈中國教育會之回憶〉，見《上海研究資料續編》。

② 蔣慎吾：〈愛國學社史外一頁〉，見《大風》半月刊六十七期。

③ 見《復報》第四號，原題〈致□□二子書〉，署名「西狩」。章太炎逝世後，柳亞子輯〈太炎先生遺札〉，刊於《制言》第六十一期，用今題。

④ 鄒容自稱：「予於今年中曆三月間去日本而至上海，即與友人章炳麟同寓」。見《中外日報》，一九〇三年十二月八日。

⑤ 日本《革命評論》第十號，明治四十年三月二十五日出版，「金山僧用仁」，即黃宗仰。

⑥ 兩文輯為《南海先生最近政見書》，見拙編《康有為政論集》第四七四—五〇五頁，中華書局一九八一年版。

⑦ 〈駁康有為論革命書〉的主要部分，載《蘇報》光緒二十九年閏五月初五日，題為〈康有為與覺羅君之關係〉。

⑧《蘇報》光緒二十九年五月十五日「新書介紹」欄刊《革命軍》廣告；同日，載〈讀革命軍〉；五月二十五日「新書介紹」章太炎〈駁康有為論革命書〉。〈序革命軍〉為章太炎撰，載五月十五日。

⑨《申報》光緒二十九年閏五月初五日。

⑩光緒二十九年閏五月初七日福開森〈致兼湖廣總督端方電〉，見《辛亥革命》第一冊第四二九頁。

⑪〈章太炎先生答問〉，見《太炎最近文錄》。

⑫《申報》光緒二十九年閏五月初十日〈會黨自首〉。

⑬金鼎：〈致湖廣總督端方電〉，見《辛亥革命》第一冊第四二五頁。

⑭《申報》光緒二十九年閏五月二十八日〈一訊革命黨〉。

⑮〈北京公使會議蘇報案〉，譯自上海《泰晤時報》，一九〇三年八月十七日。

⑯見〈美國外交檔案〉顯微膠卷F. M112–R49。

⑰金鼎：〈致梁鼎芬函〉，見《近代史資料》一九五六年第二期。

⑱《申報》光緒二十九年十一月初八日。

⑲章太炎：〈獄中與吳君遂、張伯純書〉，原載《甲寅》一卷四三號，見拙編《章太炎政論選集》上冊第二三八—二三九頁。

⑳章太炎：〈致柳亞盧書〉，一九〇三年十月，《復報》第五號，見《章太炎政論選集》第二四九—二五〇頁。

㉑《孫逸仙》一書，白浪庵滔天著，黄中黃（章士釗）譯編，《蕩虜叢書》之一，一九〇三年在日本出版。此係章太炎手書題辭，又見《漢幟》第二號，一九〇七年一月二十五日出版，文字略有異。

㉒《漢幟》第二期，一九〇七年一月出版，署名「太炎」。

㉓ 章太炎：〈祭沈禹希文〉，《浙江潮》第九冊，一九〇三年十一月十八日出版，見《章太炎政論選集》第二四五—二四七頁。

㉔ 〈駁革命駁議〉，載《蘇報》光緒二十九年五月十七、十八日，見《章太炎政論選集》第二二七—二二八頁。

㉕ 章太炎：〈獄中答新聞報〉，《蘇報》光緒二十九年閏五月十二日，署「章炳麟來稿」，見《章太炎政論選集》第二三二—二三三頁。

㉖ 章太炎：〈論承用維新二字之荒謬〉，《國民日日報》一九〇三年八月九日，同上第二四二—二四四頁。

㉗ 油印稿，陶本生舊藏，見拙編《陶成章集》，中華書局一九八六年版。

㉘ 陳魏：〈光復會前期的活動片斷〉，《辛亥革命回憶錄》第四集第一二七頁。

㉙ 見《華國月刊》第一卷第二期，收入《太炎文錄續編》卷四。

㉚ 馮自由：〈章太炎事略〉，《革命逸史》初集第五四頁。

㉛ 馮自由：《中華民國開國前革命史》續編上卷第六八—六九頁。

㉜ 見《大共和日報》一九一二年一月二十八日。

㉝ 章太炎後來在《民報》第八號發表之〈革命之道德〉更明確說明：「吾所謂革命者，非革命也，曰光復也，光復中國之種族也，光復中國之州郡也，光復中國之政權也。以此光復之實，而被以革命之名」。〈漢幟發刊序〉說：「索虜入關以來，漢乃日失其序，然名號猶與所謂滿者相對。一二豪俊得依之以生起光復之念，而後乃今將樹漢幟焉」。《民報》第十二號發表的〈社會通詮商兌〉說：「光復舊邦之為大義，被人征服之可鄙夷，此凡有人心者所未審」。《民報》第十七號發表的〈官

制索隱〉説：「吾儕所志，在光復宗國（《文錄》作「中國」）而已。光復者，義所任，情所迫也。光復以後，復設共和政府，則不得已而為之也，非義所任、情所迫也」。《民報》第二十二號發表的〈革命軍約法問答〉説：「為目前計，保護僧侶，無過表示文明，趣以集事；為久遠計，黎儀舊德，維國之禎，與之特別保護，則光復家之分所實為者」。知「光復」，章一直沿用。

㉞ 蔣維喬：〈章太炎先生軼事〉，《制言》第二十五期。

㉟ 章太炎：《葑漢微言》。

㊱ 章太炎：《自述學術次第》。

㊲ 章太炎：〈東京留學生歡迎會之演説辭〉，《民報》第六號，一九〇六年七月二十五日出版。

㊳ 黃一歐：〈黃興與明德學堂〉，見《辛亥革命回憶錄》第二册一三四頁。

㊴ 章太炎：〈龔未生事略〉，見《太炎文錄續編》卷四。

㊵ 孫中山：〈敬告同鄉書〉，《孫中山全集》第一卷第二三〇—二三三頁，中華書局一九八一年版。

㊶ 孫中山：〈駁保皇報書〉，《孫中山全集》第一卷第二三三頁。

第六章　主編《民報》

一　東京演說

一九〇六年六月二十九日（光緒三十二年丙午五月初八日），章太炎出獄，孫中山派員赴滬迎接。

關於章太炎出獄和孫中山派人迎接，曾有不同記載：

朱希祖：〈本師章太炎先生口授少年事迹〉稱：「夏，余監禁期滿，中山自東京遣使來迎，遂赴東京，入同盟會，主民報社」。蔣維喬回憶：「五月初八日，章炳麟監禁期滿，將於是日出獄。事前數日，會中先行預備，購定航票，送往日本。是日之晨，蔡孑民、葉浩吾及余等在滬會見十餘人，均集於河南路工部局門前收候。十時，炳麟出，皆鼓掌迎之，遂由浩吾陪乘馬車，先至中國公學。即晚，登日本輪船。」①。《復報》第四號「批評」欄〈生章炳麟與死鄒容〉謂：章

「於五月初八日上午十一時出獄。先是，民報社有特派員來滬，延之主筆政，待已數日，即於是晚登輪，翌日就道，香港各處專電來致賀者有十餘起云」。〈章太炎先生答問〉則稱：「問：『先生何年東渡？』答：『予之出獄也，在丙午六月，是日即東渡。』問：『東渡何為？』答：『不得已也。方出獄時，官判三日內出租界，不准停留；又出獄日友人邀往中國公學（在租界外巴子路），公學之人皆惴惴，且慮有害予者，迫予去，故留三日即去。』……問：『出獄時，孫中山嘗遣人接先生，有此事否？』答：『有之，曾遣人來』。問：『先生到東何作？』答：『東京民報館辦筆墨』」②。〈民國光復〉講演則說：「三年期滿，出獄東渡，同盟會已由孫中山、黃克強等立，以余主《民報》。初，孫之興中會可號召南洋華僑，黃之華興會可號召沿江會黨，徐錫麟之光復會可號召江、浙、皖士民，三黨組成為同盟會，惟徐錫麟未加入。黃克強係兩湖書院出身，留學生亦多通風氣，國內文學之士則未能生影響。自余主筆《民報》，革命之說益昌，入會之士益衆，聲勢遂日強」。又據回憶：「《民報》為同盟會之機關報，而同盟會別無事務所，即以民報社為事務所，《民報》發行所招牌懸於宮崎寅藏之家，編輯部在牛込區小川町，所有黨事皆在編輯部治理。所謂民報社者，即編輯部也。專任主持者，先後有鄧慕韓、董修武、黃樹中、何天炯、魯魚、陳昆等。次年，章太炎將出獄，會中特派仇式匡、龔煉百、時功玖往上海歡迎」③。

同盟會派往上海迎接章太炎的，說是仇式匡、龔煉百、時功玖。又據《總理年譜長編》為龔煉百、時功玖、胡國梁、仇亮」④，而熊克武則稱：「丙午春，我和但懋辛奉命迎接章太炎出獄，我們問章：『你準備去哪裡？』章說：『中山在哪裡？我就去哪裡。』我們告訴他在日本，他就到東京去了」⑤。疑熊克武回憶有誤。

章太炎抵達日本没有幾天，東京留學生開會歡迎，據載：「是日至者二千人，時方雨，款門者衆，不得遽入，咸植立雨中，無惰容」⑥。可見演說時的盛況和留日學生對章太炎的欽敬。

章太炎的演說，敍述「平生的歷史與近日辦事的方法」。首謂：

「兄弟少小的時候，因讀蔣氏《東華錄》，其中有戴名世、曾靜、查嗣庭諸人的案件，便就胸中發憤，覺得異種亂華，是我們心裡第一恨事，後來讀鄭所南、王船山兩先生的書，全是那些保衛漢種的話，民族思想漸漸發達。但兩先生的話，卻没有甚麼學理。自從甲午以後，略看東西各國的書籍，才有學理收拾進來，當時對著朋友，說這逐滿獨立的話，總是搖頭，也有說是瘋癲的，也有說是叛逆的，也有說是自取殺身之禍的，但兄弟是憑他說個瘋癲，我還是守我瘋癲的念頭。」

接著，他講到一九〇二年旅居日本，和孫中山相遇，以及自己「在這艱難困苦的盤渦裡頭，卻没有一絲一毫的懊愧」。他說：

「壬寅春天，來到日本，見著中山，那時留學諸公，有中山那邊往來，可稱志同道合的，不過一二個人，其餘偶然來往的，總是覺得中山奇怪，要來看看古董，並没有熱心救漢的心思，暗想我這瘋癲的希望，畢竟是難遂的了，就想披起袈裟，做個和尚，不與那學界政界的人再通問訊。不料監禁三年以後，再到此地，留學生中助我張目的人，較從前增加百倍，才曉得人心進化，是實有的。以前排滿復漢的心腸，也是人人都有，不過潛在胸中，到今日才得發現。……只是兄弟今日還有一件要説的事，大概爲人在世，被他人説個瘋癲，斷然不肯承認，除那笑傲山水詩豪畫伯的一流人，又作別論，其餘總是一樣。獨有兄弟卻承認我是瘋癲，我是有神經病，而且聽見説我瘋癲，説我有神經病的話，倒反格外高興。爲什麼緣故呢？大凡非常可怪的議論，不是神經病人，斷不能想，就能想也不敢説。説了以後，遇著艱難困苦的時候，不是神經病人，斷不能百折不回，孤行己意。所以古來有大學問成大事業的，必得有神經病才能做到。……爲這緣故，兄弟承認自己有神經病，也願諸位同志，人人個個都有一兩分的神經病，……兄弟看來，不怕有神經病，只怕富貴利祿當現面前的時候，那神經病立刻好了，這才是要不得呢！略高一點的人，富貴利祿的補劑，雖不能治他的神經病，那艱難困苦的毒劑，還是可以治得的，這總是腳跟不穩，不能成就什麼氣候。兄弟嘗這毒劑，是最多的，算來自戊戌年以後，已有七次查拿，六次都拿不到，到第七次方才拿到。以前三次，或因別事株連，或是普拿新黨，不專爲我一人。後來四次，卻都爲逐滿獨立的事。但兄弟在這艱難困苦的盤渦裡頭，卻沒有一絲一毫的懊悔，憑你甚麼毒劑，這神經病總治不好。」

至於近代辦事的方法，章太炎認為最緊要的是：「第一，是用宗教發起信心，增進國民的道德；第二，是用國粹激動種性，增進愛國的熱腸」。他說：

「先說宗教」，「有的說佛教看一切衆生，皆是平等，就不應生民族思想，也不應說逐滿復漢。殊不曉得佛教最重平等，所以妨礙平等的東西，必要除去。滿洲政府待我漢人種種不平，豈不應該攘逐。……所以提倡佛教，爲社會道德上起見，固是最要；爲我們革命軍的道德上起見，亦是最要。總望諸君同發大願，勇猛無畏，我們所最熱心的事，就可以幹得起來了」。

「次說國粹。爲甚提倡國粹？不是要人尊信孔教，只是要人愛惜我們漢種的歷史。這個歷史，是就廣義說的，其中可以分爲三項：一是語言文字，二是典章制度，三是人物事跡。近來有一種歐化主義的人，總說中國人比西洋人所差甚遠，所以自甘暴棄，說中國必定滅亡，黃種必定剿絕。因爲他不曉得中國的長處，見得別無可愛，就提愛國愛種的心，一日衰薄一日。若他曉得，我想就是全無心肝的人，那愛國愛種的心，必定風發泉湧，不可遏抑的……照前所說，若要增進愛國的熱腸，一切功業學問上的人物，須選擇幾個出來，時常放在心裡，這是最緊要的。就是沒有相干的人，古事古蹟，都可以動人愛國的心思。當初顧亭林要想排斥滿洲，卻無兵力，就到各處去訪那古碑古碣傳示後人，也是此意」。

最後謂：「要把我的神經病質，傳染諸君，更傳染與四萬萬人」⑦。

章太炎的演說辭，在當時有深刻影響，他的學生許壽裳說：「此演說錄，洋洋灑灑長六千言，是一篇最警闢有價值的救國文字，全文曾登《民報》第六號，而《太炎文錄》中未見收入」⑧。「用宗教發起信心，增進國民的道德」；「用國粹激動種性，增進愛國的熱腸」，是章太炎在演說辭中提出的「近日辦事的方法」。當他主持《民報》的時候，確實將這「辦事的方法」盡力闡揚，在當時也確實起了一定的影響。他對敵鬥爭的英勇，攻戰文字的犀利，也至今猶感生氣勃勃。這些，正是他一生中「最大、最久的業績」。

二　鼓吹革命排滿

《民報》是中國同盟會的機關報，創刊於一九〇五年十一月二十六日⑨，係就《二十世紀之支那》改名而來⑩，在日本東京發行。孫中山撰〈發刊詞〉，謂：「余維歐、美之進化，凡以三大主義，曰民族，曰民權，曰民生」。「是三大主義，皆基本於民」。「今者中國以千年專制之毒而不解，異種殘之，外邦逼之，民族主義、民權主義殆不可以須臾緩，而民生主義，歐、美所慮積重難返者，中國獨受病未深而去之易。是故或於人為既往之陳跡，或於我為方來之大患，要為繕吾羣所有事，則不可不並時而弛張之」。「唯夫一羣之中，有少數最良之心理能策其羣而進之，使最宜之治法適應於吾羣，吾羣之進步適應於世界，此先知先覺之天職，而吾《民報》所為作也」⑪。

《民報》自第七號起（一九〇六年九月五日出版），由章太炎主筆政。當七月二十五日《民報》第六號出版，登有章太炎〈告白〉：「接香港各報館暨厦門同志賀電，感慨無量，惟有矢志矢忠，竭力致死，以塞諸君之望，特此鳴謝！」《民報》另載〈廣告〉：「本報社編輯人兼發行人張繼君有南洋之行，適餘杭章炳麟枚叔先生出獄來東，特總其任，自次號始」。

章太炎編至第十八號（一九〇七年十二月二十五日出版），以腦病辭職，由張繼接辦一期（十九號），陶成章接辦三期（第二十——二十二號）。二十三號起（一九〇八年八月十日出版），仍由章氏主編。出至二十四號時（一九〇八年十月十日出版），《民報》被「封禁」。

章太炎主編《民報》後，不斷撰文，深刻揭露改良派「污邪詐偽」、志在干祿的醜態，積極闡揚推翻清朝、「建立民國」的旨意。他在動盪變幻、新舊交替、中西衝突的時代裡，把握住時代的脈搏，站在時代的前列不斷前進。

同盟會組織的同年，清政府也派員出國考察憲政。此後，隨著形勢的發展，排滿和保皇的界線也就日益明朗，章太炎和康有為為首改良派的距離也就越離越遠。

一九〇五年十月，清政府命尚其亨、李盛鐸會同載澤、戴鴻慈、端方前往各國考察政治。次年九月一日，頒布「預備立憲」，保皇黨人大受鼓舞。十月二十一日，康有為發出「布告百七十餘埠會衆丁未新年元旦舉大慶典告蔵，保皇會改為國民憲政會文」：「僕審內外，朝廷決行於上。頃七月十三日明諭，有準備行憲政之大號，以掃除中國四千年之秕政焉」。說是「今上不危，無待於保」，準備於「丁未年新年元旦行慶典禮」，宣布舊保皇會「告蔵」，新開國民憲政會，説甚麽「向日之誠，戴君如昔」，「開天之幕，政黨我先」，企圖重溫立憲的迷夢，他已和清政府沆瀣一氣了。

這時，康有為由美洲而歐洲，漫遊各國，考察各國沿革，認為「歐洲封建之制彌亘千餘年，至今雖已削藩為虚爵，而世爵之盛猶為上議院之特製焉。比於我國與美之平等，可謂餘波未殄矣」⑫。對自己過去宣揚的「自由」、「平等」、「民權」發生懷疑。他還「深觀法俗，熟考中外之故，明辨歐、華之風，鑑觀得失之由，講求變革之事」，專門寫了〈法國大革命記〉，在這篇文章的注文中還説：「吾聞上海愛國社言革命者，皆服粗野而行險暴，何其類法國耶？幸事未成而未至恐怖時耳」。可知他對革命的不滿。他反覆「闡明」法國「革命之禍」，而中國有其「特別之情」，以喻革命之必不可行，只可立憲。

在「預備立憲」聲中，康有為定一九〇七年初，改保皇會為國民憲政會。三月二十三日，在紐約召開大會，康有為自歐洲趕來，「議行君主立憲」，正式定名為帝國憲政會，對外則稱中華帝國憲政會。又借用僑商名義，寫了請願書，「乞立國會而行立憲」。

五、六月間，梁啟超也為組黨事一度潛返上海，在國內外與楊度、熊希齡、徐佛蘇、蔣智由等立憲黨人秘密籌劃，致書康有為：「啟超數月來奔走於上海、神户、東京之間，幾乎日無暇晷。……楊皙子初本極熱心此事，至今猶然。但徵諸輿論，且察其行動，頗有野心，殊欲利用吾黨之金錢名譽，而將來得間則拔戟自行一隊，故不惟本黨舊人不敢放心，即東京學界各省新進之士表問情於吾黨者，亦不甚以彼為然。故現在政聞社之組織，楊氏不在其內」⑬。八月，梁啟超、蔣智由等在東京籌組推動立憲的政聞社，企圖有限度地發動並組織一定的社會力量來脅迫清政府認真準備「立憲」，並刊行機關報《政論》。在〈政聞社宣言書〉中，提出所持之主義有四：「一、實行國會制度，建設責任政府；二、釐訂法律，鞏固司法權之獨立；三、確立地方自治，正中央地方之權限；四、慎重外交，保持雙等權利」⑭。

十月十七日（九月十一日），政聞社開成立會於東京錦輝館。梁啟超組織二百人開大會，革命派卻到有千餘人。梁啟超剛站到講臺宣傳：「今朝廷下詔，刻期立憲，諸君子宜歡喜踴躍」，就遭到革命派批責，只好逃避。革命黨人隨即登臺演說：梁啟超只好嘆息：「數年以來，革命論盛行於國中」。章太炎記述其事，並加評議：

「余意梁啟超、蔣智由輩，志在干祿，處非專心於立憲者，又前日所爲欺詐事狀，多已發露，其黨人並自知之」。「原吾輩所以遮撥立憲者，非特爲滿、漢相爭，不欲擁戴異族以爲共主，縱今日御宇者，猶是天水、鳳陽之裔，而立憲固不適於中國矣。是何也？憲政者，特封建世卿之變相乎？其用在於纖悉備知，民隱上達，然非仍封建之習慣者弗能爲。歐洲諸國之立憲也，其去封建時代，率不過二三百歲，日本尤近。……今中國之去封建時代，則已二千餘歲矣。夫封建之猥諸侯，其地財一縣耳。百里之封，而命官授吏至數百人，且用人多不出鄉里，其知民國情僞，無異簞席之間。然則纖悉備知，而民亦不敢自匿，固其所也」。「綜觀中外之歷史，則歐洲、日本，去封建時代近，而施行憲政爲順流；中國去封建時代遠，而施行憲政爲逆流」。「自前觀之，則於國之富强無益也；自後觀之，則於民之利病無與也。徒令豪民得志，苞苴橫流，朝有黨援，吏依門户，士習囂競，民苦騷煩，是寧足以爲知微審勢者耶？」⑮

政聞社成立會為革命派攻擊後，「咸以馬先生（馬良）道德、學問為當世所尊仰，因推為總務員」⑯。「擬公派專員到滬，求馬君承諾」。十二月十五日（十一月十一日），馬良「不憚奔走之勞，特來東瀛，就總務員職」，梁啟超等以為「馬先生已到，此公之持積極主義，其勇更逾吾輩」⑰。馬良抵日後，到處演說，立憲黨人熱鬧一時，章太炎於本年歲闌作〈與馬良書〉，加以抵制，刊發於次年印發之《民報》第十九期上，略謂：「立憲黨人，志不過升斗，藉成名以取寵，此嫛婗子所周知。然其說率以民權為埻，故有所諗於先生。代議政體，非能伸民權，而通堙郁之。蓋政權與齊民，財有階級耳。橫置議士於其間，即分為三，政府固多一牽掣者，齊民亦多一抑制者。歐、美、日本行之，民愈困窮，未見其為元元福也。是在中國，則勢尤異於東西」。「一曰去封建久近之比例，……無故建置議士，使廢官家民梗塞其間，以相陵轢，斯乃挫抑民權，非伸之也」。「二曰面積大小之比例。……縣選其一，得一千四百人，猶三十萬分之一也。數愈闊疏，則彼選者必在故官大駔。……以是代議，民其得有幸乎？」「循是二例，以中國行立憲代議之政，其蠹民尤劇於專制。今之專制，直刑罰不中為害，他猶少病，立憲代議，將一切使民淪於幽谷」。章太炎對「代議」立憲的批判，也有不足或錯誤處，但政聞社鼓吹立憲，對清政府寄以幻想，章太炎予以批判，在當時還是有深巨影響的。

七月六日（五月二十六日），光復會員徐錫麟刺殺恩銘，起義安慶，事敗死難。十三日，紹興大通學校被破壞；次日，秋瑾死難。據陶成章：《浙案紀略》上卷第二節〈破壞事實〉七〈紹興之難〉稱：「先是，紹興士紳既有恨於瑾，又因師期屢改，密謀盡露，於是紳士胡道南等密稟知府貴福，……貴福遂面稟浙撫張曾敭，曾敭使其幕友張讓山詢之」。又貴福致張曾敭電亦云：「越密。前據胡道南等面稱，大通體育會女子教員革命黨秋瑾及呂鳳樵、竺紹康等謀於六月初十日起事，……請預防」。對此，政聞社人蔣智由在「秋瑾案」發生後，以為僅係「辦事不善」，需「謀一大善後之策」，提出所謂「生命、財產、學校、鑾刑之取除」等辦法，發表在其主編的《政論》第一號中，實際是和清政府妥協，反對革命運動的展開，章太炎認為袁翼、胡道南「告密，不為無因」。蔣智由所擬「要求」，「多為補救方來，而非昭雪既往。其處置告密之人，與秘密調查之法」，既「牴觸於清國法律」，又「不合於公理」⑱。接著，更撰〈代議然否論〉，以為「代議政體者，封建之變相」，認為「民權不藉代議以伸，而反因之掃地」，「田不自耕者不得有」，有一定進步意義。但又說：「余固執守共和政體者，故以為選舉總統則是，陳列議院則非」。對革命勝利後怎樣實現政治上的民主制度，感到徬徨。

一九〇八年八月二十七日，清政府宣布自本年起第九年召開國會，再於九月頒布《憲法大綱》。這個《憲法大綱》的主要目的是要保存封建專制制度，保皇會採取了擁護的態度。

針對康有為和保皇會的活動，針對清政府「預備立憲」的欺騙性，章太炎明確地舉起古文經學的大旗，繼承和發展了顧炎武經學思想中的「經世」涵義，反擊康有為揭櫫的今文經學，宣傳革命「排滿」。

如前所述，章太炎是著名漢學大師俞樾的學生，他在學術上推崇俞樾為「精研故訓而不支，博考事實而不亂，文理密察，發前修所未見，每下一義，泰山不移」。但在義和團運動以後，俞樾阻遏他的宣傳反清，他就「謝本師」了。這是因為俞樾只是繼承了顧炎武以來的治學方法，而章太炎卻不僅止此。他在治經當中得到了俞樾所沒有得到的民族革命思想，抬出「漢學祖師」顧炎武來辭謝俞樾。章太炎遠紹顧炎武，而對俞樾的拘泥文字訓詁之學，「嘗仕索虜」，「不識漢、虜之別」表示「謝絕」了。

等到章太炎主持《民報》，積極宣揚顧炎武的民族主義學說，並對今文經學尖銳批判。

第一，攻擊清代今文學的借用《公羊》，只是「志在干祿」，並非《公羊》舊說，對立憲黨人的理論依附加以根本性的摧毀。說：「劉逢祿輩出仕滿洲，有擁戴虜酋之志，而張大《公羊》以陳符命，尚非《公羊》之舊說也」⑲。立憲黨人之以今文說附會立憲，只是「瞑瞞於富貴利祿」，志在干祿，為清政府效忠而已；只是「說甚麼三世就是進化，九旨就是進夷狄為中國，去仰攀歐洲最淺最陋的學說而已」。

第二，發揮清代古文經學派開創者顧炎武經學思想中的實踐內容，從那裡借用語言，汲取思想。他說：

「原此考證六經之學，始自明末儒先，深隱蒿萊，不求聞達，其所治乃與康熙諸臣絕異。若顧寧人者，甄明古韻，纖悉尋求，而金石遺文、帝王陵寢，亦靡不殫精考索，惟懼不究。其用在興起幽情，感懷先德。吾輩言民族主義者猶食其賜。且持論多求根據，不欲以空言義理以誣後人，斯乃所謂存誠之學」⑳。

又說：

「寧人居華陰，以關中爲天府，其險可守，雖著書，不忘兵革之事。其志不就，則推迹百王之制，以待後聖，其材高矣」。

「吾以爲天地屯蒙之世，必求居賢善俗，捨寧人之法無由！吾雖涼德，竊比於我職方員外」㉑。

可知章太炎對顧炎武的敬仰。他對顧炎武的「甄明古韻，纖悉尋求」即示遵循，對顧炎武的「興起幽情，感懷先德」更表景仰。認為顧炎武「持論多求根據」，是「存誠之學」，講「民族主義者猶食其賜」，可以在古文獻中激勵民族感情。

章太炎在學術研究方面，繼承古文經學的某些治學方法，在文字、音韻方面有很多創見。但是，更重要的是他汲取顧炎武經學思想的實踐內容。他以為「當初顧炎武要想排斥滿洲，卻無兵力，就到各處去訪那古碑石碣以傳示後人」，從而也想在「古事古蹟」中，找尋「可以動人愛國的心思」。他認為中國人要愛惜歷史，「這個歷史，是就廣義說的，其中可以分為三項：一是語言文字，二是典章制度，三是人物事蹟」。如果「曉得中國的長處」，那麼，「就是全無心肝的人，那愛國愛種的心，必定風發泉湧，不可遏抑的」㉒。語言文字、典章制度，正是古文經學家所擅長的，章太炎不僅叫人懂得這些，而是要激發人們的「愛國的心思」，認識到目前是處在清朝政府的腐朽統治之下，處在滿洲貴族的種族壓迫之下，要「愛惜自己的歷史」，就必須進行「排滿」革命。

這樣，在他的論著中，就充分讚揚和發揮了顧炎武的思想：引用顧氏所舉「知恥」、「重厚」、「耿介」而益以「必信」，以闡明「革命之道德」；援用顧炎武所述「師生」、「年誼」、「姻戚」、「同鄉」等「舊染污俗」，以箴貶新黨的「自相引援」。所謂「引致其途」，「朽腐化為神奇」㉓，對當時的革命運動來說，確是起了很大的宣傳鼓動作用。

第三，運用古文經學家的治學方法，搬弄儒家經籍，講解「華戎之辨」，熱衷宣傳滿、漢矛盾，說明今之「所欲排者，為滿人在漢人之政府」。他自己也說：「故僕以為民族主義如稼穡然，要以史籍所載人物、制度、地理、風俗之類為之灌溉，則蔚然以興矣。不然，徒知主義之所貴，而不知民族之可愛，吾恐其漸就萎黃也」㉔。民族主義「如稼穡」，而史籍所載卻能起灌溉作用。「灌溉」的是民族主義，而民族主義也依存史籍的「灌溉」。搬用儒家經籍，加以塗飾，鼓吹革命。

照此說來，章太炎的提倡古文，反擊今文，旨在宣傳「排滿」，反擊立憲。他不是單純地繼承古文經學派的治學方法，而是將顧炎武經學思想中的經世涵義進一步發展，並適應新的時代特點，為「排滿」革命服務。他的學術研究為其政治目的服務，他「先前也以革命家」現身的。

章太炎在《民報》中，一方面指斥以康有為為代表的「新黨」，「今之新黨，於古人固不相逮。若夫夸者死權，行險僥幸，以求一官一秩，則自古而然也」。「今之新黨，於古人絜長則相異，與古人比短則相同」。以為「抑此新黨者，自名為新，彼固以為舊染汚俗，待我而掃云爾。返而觀其行迹，其議論則從新，其染汚則猶舊」㉕，對「新黨」予以無情的批判。另一方面，又力言討伐清朝，建立民國的旨意。在〈討滿洲檄〉「數虜之罪」十四條，謂：「今者，民氣發揚，黎獻參會，虜亦岌岌不皇自保。乃以立憲改官之令，誘我漢民，陽示仁義，包藏禍心，專任胡人，死者撐拒。我國民伯叔兄弟，亦既燭其奸慝，弗為惑亂，以胡寇孔棘之故，惟奪起逐此，摧其巢穴，以為中華種族請命」㉖。

接著，章太炎又在《民報》發表〈中華民國解〉，宣傳建立民國的旨意。初，楊度作〈金鐵主義說〉，在其所編《中國新報》第一年一號（光緒三十二年十二月初七日）起連載，第一號〈今中國所處之世界〉，略為：「中國云者，以中外別地域之遠近也；中華云者，以華夷別文化之高下也。

即此以言，則中華之名詞，不僅作一地域之國民，亦且非一血統之種名，乃為一文化之族名」。章太炎駁斥楊度有三「惑」。「一曰未明於託名標識之事，而強以字義皮傅而言」，「二曰援引《春秋》以誣史義」，「三曰棄表譜實錄之書，而以意為衡量」，指出：「華是國名，原於華山。夏是族名，並非邦國之號，所以得稱諸夏」。是故「華云、漢云，隨舉一名，互攝三義。建漢民以為族，而邦國之義斯在；建華民以為國，而種族之義亦在，此中華民國之所以謚」。謂：「革命果成，取此深根寧極之政府而覆滅之，其兵力必非猶人而已。縱不足以抵抗歐人，然其朝氣方新，威聲遠播，彼歐人之覘國也，常先名而後實，自非吹而可僵者，亦未至輕召寇仇，為勞師費財之舉」。此文解述了「中華民國」，對立憲黨人以為「國會成立，籠罩羣生，則中國已足以治」加以駁斥，但其中也有狹窄的民族思想。

章太炎在《民報》上發表的文章中，「排滿」、「逐滿」、「仇滿」等辭句經常發現，有著大漢族主義思想，致每為學者所譏刺，但似需注意下列兩點：一，由於當時鬥爭的需要，當時滿洲貴族的統治腐敗賣國，確引起廣大人民的反抗。即革命派，也不乏「排滿」言辭。二，章太炎有的詩文後來没有收入文集，如〈逐滿歌〉。他在武昌起義時寫的〈致留日滿洲學生書〉中也說：「所謂民族革命者，本欲復我主權，勿令他人攘奪耳，非欲屠夷滿族，使無孑遺，效昔日揚州三日之為也；亦非欲奴視滿人不與齊民齒敘也」。「君等滿族，亦是中國人民，農商之業，任所欲為，選舉之權，一切平等，優游共和政體之中，其樂何似」㉗。這是他在「排滿」將成，羈留東京所寫，那麼，評價他「排滿」的局限時，似也不能不加考慮上述言論。

三　組織亞洲和親會

亞洲和親會是一九〇七年四月「由中、印兩國革命志士」在日本東京發起組織的，入會的中國人有章太炎、張繼、劉師培、何震、蘇曼殊、陶冶公、陳獨秀、呂復、羅象陶等㉘，印度人鉢邏罕、保什、帶君也參與其事。會長是章太炎，《亞洲和親會約章》㉙也出自章氏手筆。

一九〇六年六月，章太炎出獄，東渡日本，擔任《民報》主編，他發表了大量政治論文。次年初，章太炎和旅日的印度愛國志士經常往還，研究印度的歷史文化和佛教哲學。早在一八九七年，章太炎就受到夏曾佑的影響，「略涉《法華》、《華嚴》、《涅槃》諸經，不能深也」㉚。戊戌政變後，流亡日本，購得《瑜伽師地論》，又以「煩擾未卒讀」。「蘇報案」發生，他在獄中，「始專讀《瑜伽師地論》及《因明論》、《唯識論》，乃知《瑜伽》為不可加」㉛。這時，重赴日本，和印度鉢邏罕、保什、帶氏接觸。鉢邏罕等向章太炎「道印度衰微之狀，與其志士所經劃者，益淒愴不自勝」㉜。使他對印度的民族解放鬥爭深表同情。

一九〇七年四月二十日，鉢邏罕、保什邀請章太炎參加在東京召開的西婆耆王紀念會。西婆耆王是十七世紀末反對莫兀兒統治，「使印度人得獨立」的歷史人物，章氏認為「觀西婆耆王之反對蒙古，則今當反對英國可知」㉝。但就在這次會上，過去被認為同情亞洲被壓迫民族的日本大隈重信卻在演說中「惟言英皇撫印度，至仁博愛，不可比擬，而勖印度人以改良社會，勿怨他人，勿謀暴動」㉞；暴露了他的侵略者的真面目。這使章太炎認識到亞洲國家中，有侵略者和被侵略者之分，有的「引白人以侮同類」，有的則遭「他人之剪滅蹂躪」。作為被侵略國家，就應爭取獨立，「相互扶持」。中、印兩國，「扶持而起，在使百姓得職，無以蹂躪他國、相殺毀傷為事，使帝國主義之羣盜，厚自慚悔，亦寬假其屬地，赤黑諸族，一切以等夷相視，是吾先覺之責也」㉟。就在這時，發起了「以反對帝國主義而保其邦族」的亞洲和親會。

亞洲和親會的正式成立，據日本石母田正《續歷史與民族之發現》㊱，是在七月二十日左右。他說：

「明治四十年（一九〇七年）七月二十日，英國工黨領袖哈第（Keir Hardie）來到日本。由日本社會黨片山潛、田添鐵二等人發起，在錦輝館舉行了歡迎會。在這以前，幸德秋水在中國革命家的社會主義講習會上作了講演。恰值此時，世界各國的革命領袖就國際協作問題交換了意見，由中國、日本、印度、菲律賓、安南的領導人在東京成立『亞洲和親會』，這是一件劃時代的事情。

「這個亞洲和親會是由張繼、劉光漢等中國革命家組成的社會主義講習會的會員們發起的，有日本的金曜講習會派即『直接行動派』的革命家幸德秋水、大杉榮、山川均等人參加，在青山的印度會館舉行了第一次集會，各民族出席的有安南、印度、中國的同志和日本的社會主義者。

「第二次集會是在九段唯一神教的教堂舉行的，有中國、日本、印度、安南、菲律賓等國的同志參加。但這次會議上，大杉榮鼓吹了非軍備主義。

「中國革命軍參加這個亞洲和親會的，除張繼、劉光漢之外，還有胡漢民、宋教仁、馬宗豫、章炳麟等人，但其主辦人則是張繼和劉光漢。

「當時，朝鮮人表示，如有日本人出席，他們就不參加。結果没有加入。雖說是革命家的集會，對日本人也是心懷疑忌的。朝鮮人對日本的反感竟至如此之甚。

「筆者於一九四〇年五月訪問土佐和中村鎮時，亞洲和親會的《約章》尚有保存，因此推想幸德秋水當年可能與這個組織有關，後經竹內善朔氏談話證明，事實確是如此。

「這個亞洲和親會原是亞洲各民族革命家相互聚會、交往、互通聲氣的亞洲各民族的民主友愛團體。但其中潛在著一種反抗帝國主義的思想，所以日本的田添二一派没有參加，而幸德秋水則在中國民族主義者的倡導下，同安南、印度的民族主義者相互友好往還，這是一件頗具特色的事」。

文中提到的竹內善朔，在一九四八年應東京中國研究所的邀請而做的一次回憶演講，專門講到亞洲和親會及其《約章》。㊲他說：

「亞洲和親會雖自明治四十年夏季以後即已召集過幾次集會，但由章炳麟起草的宣言書卻到同年秋季方始發表。該會原在張繼、劉光漢的積極倡導下籌建起來，卻把章炳麟推於上位，以章炳麟的名義發表了宣言書。宣言書用中、英兩種文字分表裡兩面印成，中文定名爲《亞洲和親會約章》，英文定名爲*The Asiatic Humanitarlan Brotherhood*。這表明了該會的主張：以完成亞洲各國的革命爲主旨，進而結成亞洲各國的聯合。這個會是以中國革命黨爲中心，並事先和印度的同志協商後發起的。其成員，如《約章》所述，包括了中國、印度、越南、菲律賓、緬甸、馬來亞、朝鮮和日本等國的革命黨人。《約章》的內容，恰如『百餘年頃，歐人東漸，亞洲之勢日微』一語所示，慷慨悲憤，力陳團結的必要，號召排除帝國主義，謀求民族獨立，要求鄰邦互助，呼籲亞洲各國之人，如果一國發生革命，其他會友就要根據具體情況予以援助。這樣，和親會一語就有了千鈞的份量。英文稿是由印度同志起草的，其宗旨與中文稿相同，只是發表的形式和詞句稍有差異。據我所知，韓國同志當時沒有參加，這是因爲他們有個前提，即日本人如果出席，他們就不出席。這一段話是我在第二次集會上聽中國同志說的。

「《約章》是用上等紙張印刷的，用了大約上百斤紙。紙幅的大小爲橫五十四公分，縱二十公分，即寬約一尺四寸三分多，長約五寸五分左右，然後橫疊七折，構成細長形狀，最後分發出去。紙的表裡兩面分別印上中文和英文。折疊的方法，乍看起來好像是以中文爲主的樣子，其實是爲了使英文讀了方便，而將它印在一張紙上。表裡均疊成七頁，各有一頁印上《約章》名稱。其餘的地方，英文印成四頁，中文則印成五頁。

「這次聚會的確切日期，我已記不清了，但第一次聚會的地點確是在青山的印度會館。當時我在擔任外國語學校的講師，推測那裡有一個人可能是英文約章的執筆者。我們稱他爲D先生，這位D先生是個領袖的人，他和六、七位印度人同住在這裡，因爲在這裡召集了首次聚會。記得日本方面出席首次聚會的有堺利彥、山川均、守田有利等人。幸德秋水並沒有出席這次聚會。第二次聚會是在九段下的唯一神教教會（現在已經不存在了），即由真名板橋前行，再繞過飯田橋，從右側拐角數處，第二家或第三家即是。這個教會是由赤司繁太郎擔任牧師，因此在這裡舉行了第二次聚會。出席這次聚會的日本人有堺利彥、森近幸平、大杉榮和我。會場就是由我出面聯繫的。第一次聚會時僅有中國同志、印度同志和日本的社會主義者參加；第二次聚會，則增加了越南革命黨人和一兩個菲律賓同志，與會的越南革命黨人中，有一個是越南王的叔輩，其餘的是四、五名青年。他們都是裝扮成中國人前來日本留學的，不幸的是朝鮮同志沒有一個到會。他這次集會，不幸因張繼在第二年即明治四十一年（一九〇八年）二月離開日本、亡命法國而受到挫折，致使聯合亞洲各國革命黨人共同奮鬥的嘗試未能成功」。

兩份材料對亞洲和親會的集會、組織情況，石母田正以為亞洲和親會的集會在七月二十日左右，在錦輝館開；竹內善朔則謂第一次集會時間「已記不清了」，「地點確是在青山的印度會館」。疑籌議在先，陶冶公所藏《亞洲和親會約章》，第一行則為「公元一九〇七年四月，成立於日本之東京」，發起起草應為四月，竹內善朔以為係張繼、劉師培發起，「卻把章炳麟推於上位，以章炳麟名義發表了宣言書」。查亞洲和親會是由處於半殖民地、殖民地地位的被侵略國家所組成，因此，凡屬遭受帝國主義侵略的亞洲各國，如越南、緬甸、菲律賓、朝鮮等均可入會，而「先以中國、印度組織成會」。可知，它是為爭取亞洲民族解放、各「復其故國」的革命組織。〈宣言〉出自章太炎手筆，章太炎參加籌議，不是一般的把他「推於上位」㊳。

據魏蘭《陶煥卿行述》，本年，陶成章與「樊光聯絡印度、安南、緬甸諸志士，在日本東京成立東亞亡國同盟會，以章太炎為會長」㊴。樊氏回憶：「東京方面，氣勢極盛，中國留學生將近七萬人，革命雄潮，傳播甚廣，由東亞各國所來留學生亦不少，有志者並未親炙，成章先生乃與余於丁未夏組織一東亞亡國同盟會，潛結安南、緬甸、印度、暹羅諸被帝國主義壓迫國家之留學生僑民思想前進者均在內，相互支援，共同革命，推章太炎先生為會長」㊵。東亞亡國同盟會，疑即亞洲和親會。那麼，當時他們除和印度旅日愛國人士聯繫外，和越南、緬甸等留日學生也有接觸，陶成章、樊光也參與聯絡，會長則是章太炎。

此後，章太炎在《民報》上不斷闡揚亞洲和親會的旨意，一方面，他無情揭露帝國主義奴役亞洲各國的侵略罪行，「至於帝國主義，則寢食不忘者，常在劫殺，雖磨牙吮血，赤地千里，而以為義所當然」㊶，呼籲「亞洲已失主權之民族，各得獨立」。如對英、法殖民者的壓迫印度、越南人民，曾憤怒指斥：「小兒誦『梵種萬歲』者，輒引至警察署」㊷。「今法人之於越南，生則有稅，死則有稅，乞食有稅，清廁有稅，毀謗者殺，越境者殺，集會者殺，其酷虐為曠古所未有」㊸。至於美國殖民者之於菲律賓，則以「援時獨立」為名，行侵略之實，「假為援手，藉以開疆」㊹。《民報》上還刊登了朝鮮人寫的〈告韓僑檄〉和〈檄告外國同胞文〉㊺，對亞洲人民的遭受侵略表示同情。

另一方面，章太炎強調亞洲各國民族獨立，反抗帝國主義。他說：「若就政治社會計之，則西人之禍吾族，其烈千百倍於滿洲」㊻。提出「使歐美人不得占領亞洲，使亞洲諸民族各復其故國」㊼。中國、印度是「東方文明之國」，應該「扶持而起」，「屏蔽亞洲」㊽。爭取民族解放，取得獨立以後，「在使百姓得職，無以蹂躪他國相殺毀傷為事」，以「維持世界真正之平和」㊾。這種論調，在當時的歷史條件下，確實難能可貴；章太炎對亞洲和親會的籌組和宣傳，也功不可沒。

《亞洲和親會約章》是辛亥革命時期的重要文獻，它前列序文，後錄《約章》，比較系統地闡述了該會的宗旨和組織情況。

《亞洲和親會約章》在「宗旨」中標明：「本會宗旨在反抗帝國主義，期使亞洲已失主權之民族，各得獨立」。它以「反抗帝國主義」載入《約章》，並用中、日、英文刊布，反映了亞洲被壓迫民族爭取解放的意願，成為亞洲和親會的顯著特點。

本來，在一九〇五年製訂的同盟會綱領中，還只是「驅逐韃虜，恢復中華，建立民國，平均地權」，缺少反帝內容。時僅二年，「以反對帝國主義而自保其邦族」的亞洲和親會公開成立，表達了「亞洲的覺醒」。

《約章》還提出了如下幾點：

一，亞洲被侵略各國，先以中國、印度「組織成會」，亦謂「東土舊邦，二國為大，幸得獨立，則足以為亞洲屏蔽」。

二，入會各國，應該「互相扶助，使各得獨立自由為旨」。如果「一國有革命事，餘國同會者應互相協助，不論直接間接，總以功能所及為限」。

三，入會會員，應「捐棄前嫌」，「互相愛睦」，雖則各國教術各異，「種族自尊」，但應「相知益深」，共同「排擯西方旃陀羅之偽道德」。

這些主張，與上揭章太炎在《民報》所論，悉相契合，可知陶冶公所說《約章》為「章太炎先生之手筆」，是可信的；章太炎在《民報》上闡揚的也是亞洲和親會的旨意。

亞洲和親會自一九〇七年四月發行組織以來，大約活動了十八個月。一九〇八年八月十日出版的《民報》第二十三號，載有揆鄭〈亞洲和親之希望〉，謂：「是故希心大同，僅言社會革命，則聯合歐、美同志宜也。東亞多亡國，情狀迥異，正宜扶將以為事，而吾以種族之故，政治社會，一切務須更張。事有先急，種族是為要點。……亞洲而和親也，其大有造於將來哉，余引領而望之矣」。知亞洲和親會這時尚有活動。十月十日出版的《民報》第二十四號，載有章太炎的〈清美同盟之利病〉，揭露美帝國主義利用傳教士進行文化侵略，說是「外人所甚者，莫黃人自覺若」，強調民族覺醒。〈中國之川喜多大尉袁樹勳〉又說：「繼自今，願爾山東士民，為義和團，無為衍聖公」，同情義和團的反帝，反對「衍聖公」的媚外。等到十月十日，日本政府「徇清政府之請，下令封禁《民報》」，章太炎和同盟會齟齬又深，亞洲和親會的活動始隨之中輟。

亞洲和親會以「反對帝國主義而自保其種族」為宗旨，對亞洲民族解放鬥爭，「推我赤心，救彼同病」，注意「互相扶助」，「獨立自由」。並且積極鼓吹，展開活動，振聾發聵，頗具影響。

但是，它也存有一定局限：

在民族獨立問題上，他們對已經淪為殖民地的國家掙脫帝國主義束縛，爭取民族解放，是有所認識的；對淪為帝國主義卵翼的半殖民地國家，卻又估計不足，如章太炎儘管說：「就政治社會言之，西人之禍吾族，其烈千百倍於滿洲」；又以為「言種族革命，則滿人為巨敵，而歐、美少輕，以異族之攘吾政府者，在彼不在此也」⑩。在《約章》的義務中也說：「亞洲諸國，或為外人侵食之魚肉，或為異族支配之傭奴，其陵夷悲慘已甚」，分為「外人」、「異族」兩類，對帝國主義的民族壓迫和國內各民族之間的矛盾有時繳繞，以致對「復其故國」以後怎樣辦，則感彷徨。章太炎就說：「吾儕所志，在光復宗國而已。光復者，義所任、情所迫也。光復以後，復設共和政府，則不得已而為之也，非義所任、情所迫也」㊿。認識模糊，不可能把「反抗帝國主義」的鬥爭進行到底，不可能把反對帝國主義的民主革命進行到底。

在組織方式上，認為先以中國、印度組織成會，說是「支那、印度既獨立，相與為神聖同盟，而後亞洲殆少事矣」。又說：「聯合之道，宜以兩國文化相互灌輸」㊷，也就是《約章》中所說：「用振我婆羅門、喬答摩、孔、老諸教，務為慈悲惻怛，以排擯西方旃陀羅之偽道德」。他們拿不出新的思想武器，企圖從舊有的「宗教」、「國粹」中汲取力量，並視為「最緊要的」。拿章太炎的話來說：「第一，是用宗教發起信心，增進國民的道德；第二，是用國粹激動種性，增進愛國的熱腸」。他只能限於「高妙的幻想」。

亞洲和親會的成員，也是情況複雜，組織渙散，鉢邏罕不久赴中國，保什又至美國，劉師培、何震夫婦正在宣揚無政府主義，旋即淪為和端方往來。章太炎呢？在宣傳、組織方面是起過作用的，但就在亞洲和親會成立前一月，日本政府應清政府的請求，驅逐孫中山出境，孫中山在離日前得到日本政府和股票商鈴木久五郎饋金一萬五千元，以二千元留為《民報》經費，餘款悉充軍費，遭到章太炎的非議，和同盟會產生裂痕。同年，章太炎又有「南入印度之意」㊸，以為

「我亞洲語言文字，漢文而外，梵文及亞拉伯文最為成就，而梵文尤微妙，若得輸入域中，非徒佛法之幸，即於亞洲和親之局，亦多關係，望師一意事此，斯為至幸」54。還是注意「兩國文化相互灌輸」，以「關係」「亞洲和親之局」；還是想用「宗教」、「國粹」提倡民族主義。這樣，就使亞洲和親會蒙上一層封建的翳障。他的活動，也側重於有「文化」、明「宗教」的幾個人，沒有也不可能把亞洲被壓迫人民真正團結起來，這都是它的不足之處。

四　關於「獻策」

「獻策」一詞，見章太炎：〈覆吳敬恆書〉「至足下最後獻策事」；〈再覆吳敬恆書〉又云：「及巡捕抵門，他人猶未知明震與美領事磋商事狀，足下已先言之，非足下與明震通情之的證乎？非足下獻策之的證乎？」其後，魯迅在〈關於太炎先生二三事〉中又說章太炎主持《民報》，「和主張保皇的梁啟超鬥爭，和獻策的吳敬恆鬥爭」等，「真是所向披靡，令人神往」。從此，「獻策」就成為章太炎在辛亥革命前與「吳稚暉鬥爭」的一件掌故。

從一九〇七年〈鄒容傳〉發表到一九三六年章太炎逝世，為了吳敬恆是否「獻策」問題，爭論了三十年；章太炎逝世後，吳敬恆仍舊斷斷不已。近幾年，學術界對此也有不同意見。究竟吳敬恆在「蘇報案」發生前有沒有「獻策」？由「獻策」引起的爭論是怎樣發生、發展的？又該如何正確評價？這裡準備根據前所未見的資料，提出一些看法。

章太炎在一九〇七年三月日本出版的《革命評論》上發表了〈鄒容傳〉，中云：

「容既明種界，又任氣，視朋輩無足語者，獨深信余，約爲兄弟。時愛國學社教員吳朓故依附康有爲，有爲敗，乃自匿，入盛宣懷之門。後在日本，與清公使蔡鈞不協，逐歸，憤發言革命排滿事。而愛國學社生多朓弟子，頗自發舒，陵轢新社生如奴隸。余與社長元培議，欲裁抑之，元培畏朓，不敢發。余方駁康有爲政見書，事寖尋聞於清政府，欲逮愛國學社教員，元培微聞之，遁入青島。而社生疾余甚，問計於朓。會清政府遣江蘇候補道俞明震窮治愛國學社昌言革命事，明震故愛朓，召朓往，出總督札曰：『余奉命治公等，公與余昵，余不忍，願條數人姓名以告，令余得復命制府』。朓即出《革命軍》及〈駁康有爲〉上之曰：『爲首逆者，此二人也。』遽歸，告其徒曰：『天去其疾矣。爾曹靜待之』」㊺。

「吳朓」，即吳敬恆，文中以為章、鄒的被捕，由於吳敬恆的告密，即所謂「獻策」。

此文刊出不久，吳敬恆即於一九〇八年一月一日致函章太炎：

「去年恆來巴黎，見君所作〈慰丹傳〉，登諸第十號《革命評論》者，中間以恆舊名，敍述恆與俞君相晤事。……恆與俞君相晤，恆親告於君，君與恆現皆存世，非如慰丹之既沒，豈當由君黑白者。……如〈慰丹傳〉所云，有所原本，請將出諸何人之口，入於君耳，明白見告。恆即向其人交涉。如爲想當然語，亦請見復，說明爲想當然。……倘不能指出何人所口述，又不肯說明爲想當然，則將奴隸可貴之筆墨，報復私人之恩怨，想高明如君，必不屑也」㊽。

章太炎看到此信，當月即覆：

「至最後足下獻策事，則□□□言之，□□語不知得傳聞，抑親聞諸俞明震者。則僕參以足下之屈膝請安，與聞慰丹語而面色青黃，及□□所謂明震自悔者，有以知□□之言實也」㊿。

接著，寫了一大段文字，指責吳敬恆的「外作疏狂，內貪名勢」。

此函刊出不到兩月，吳敬恆又於四月一日寫〈答章炳麟書〉㊿。章太炎也寫了〈再覆吳敬恆書〉㊿，刊出後吳敬恆又寫〈再答章炳麟書〉㊿。爭議的是是否「獻策」，雜以詈罵，可知「怨毒之深」。

二十多年後，蔣維喬在《中國教育會之回憶》提到「蘇報案」，吳敬恆又寫了〈回憶蔣竹莊先生之回憶〉㊿，並寄交馮自由，馮刊入《革命逸史》第三集，題曰〈吳稚暉述上海蘇報案紀事〉。就在此文刊出的當年，章太炎逝世，當然沒有答覆。

前幾年，又有人對吳敬恆「獻策」一案提出討論。究竟吳敬恆是否「獻策」，吳敬恆和俞家父子有什麼接觸，講了些什麼，有沒有「獻策」？如章太炎所言是事實，那吳敬恆「獻策」自難辭其咎；如吳敬恆沒有「獻策」，章太炎又為何「誣告」？這裡，我想引錄未曾發表過的一九〇七年十月十二日（九月初六日）吳敬恆在巴黎寫給蔡元培的長信，也許對「蘇報案」的來由和「獻策」問題能夠提供一些比較原始的材料。由於此信長達一萬四、五千字，這裡只能稍稍删節。函曰：

「孑民友先生侍右：近日因完成多種印件繁忙，未能將舊事即寫呈，恕之。今拉雜布陳如左：

「答公問第一、二條，先述與公分別後近一月內之略史。

「五月二十日　公去青島。

「二十四日　弟之眷屬遷住泥城橋東，弟即離社回寓中。……弟懼插身其間，且起厭世意，故絕不到社。……確曾不以枚叔先生之競爭為然，此枚叔先生所未知者，而我之自道其實則如此。乃會逢其適，『有遽歸告其徒，天去其疾之言』。然章君行年者，其弟親批其頰，今復與彼修好，弟之此書，公或寄示行年，曾有如是之言乎？所指論者，無非公言，即弟到社，亦可親責言於枚叔先生，何日某人來，皆不能憶，因非止一次，約略都在月杪。

「閏月二日早　忽有一人送信來，家中人托言外出，因厭世不願與人相往還。弟在壁縫窺之，其人年四五十，有鬚而矮，上穿藍呢小袖褂，不知其為何如人？伊聞不在寓，即置書於家人手而去，弟拆去讀之，乃知為俞君省羞箇。彼藍褂者，意其為幹僕。

「俞君省羞，向不知世界有其人，不記時日（大約終去閏月初二，不過十日半月。）弟住社中，尚未起。舍弟直導一人來，少年麗都，剛二十，新留鬚，止三莖，東洋學生裝，直揭余帳，道殷勸甚至。曰：彼爲鈕惕生友，俞姓，號省羞，家南京。弟時窘甚，因床上積亂衣、便壺氣蒸騰，不堪爲生客見。然俞君坦然。余謝體不適，故遲起。伊問惕生有安歸消息乎云云。問答數十語，匆匆去，弟仍不知俞姓爲何如人。其日飯時伊又來，弟已在客座，同來者二人，一西裝，一華裝。俞君指西裝者曰：『此陶君，矩齡先生之令郎』；指華裝者曰：『此魏君，午帥之孫也』。余唯唯。乃揣俞即俞恪士君之子，委蛇約半點鐘。俞君言別。弟曰：『體尚未好，恐不能造寓』。伊云：『斷不必，況我等今晚即行，願慎言語，毋過激。』余愕然，然心疑彼即指惕生等已遭戮云然（時有此謠）。漫應之。伊又云珍重，遂別。

「以上乃與俞君省羞相濡之歷史，本日（謂閏月二日），忽得伊之手簡，其文云：

『有要事特來滬，與（原注：篤生、鐵生、爾和已否東渡。下同）公商議，乞即惠臨（英大馬路）公興里第八家進士第楊寓一敍。純患病不得奉謁，乞恕之。此上。即請台安。俞大純頓首。初二日。』（今仍將原簡附呈，閱訖乞擲還。）

「弟之心中，莫名其妙。適朱君仲超來，（此人重要，——指此案，公亦曾見其人，即前弟在東京逐歸，偕公同舟，彼當時爲吾寓中支持者也。）伊亦莫名其妙。適吾舍弟等皆於此日回無錫，弟與朱君送彼等下船，至鐵馬路橋。歸途，弟言俞從南京來，甚有異，我今便道往彼，君盍與我同去。伊曰甚善。按址覓之即得。比入衖，覺所居無一正當人家，大類妓寮，至約八家地，果見朱條『進士第楊』，立門口望之，大奇。忽見六七小女子，無一不眉清目秀，雜據一座如常熟，各執書讀，爲之師者，一年約二十餘歲青衣之少年。心想女學堂尚在萌芽，何以此處已有此組織，少年即詰余等爲誰。弟曰：『我姓吳』。伊聞之，又見西裝，伊即欣然。余曰：『有俞姓在此乎？』伊曰：『即請上樓，正相待也。』弟與朱君遂同登樓（按：下列房間、下層、上層席次，略）。

「弟前行，已登樓，從門間望窗前，一人坐，年已四十餘，然面目大類省羞君，弟心知此必俞恪士君，私念此十有八九捕人之局，然諒彼亦不敢下此野蠻手段，突出壯士捕我。然到此，亦無可如何。或伊子同來，亦未可定。不及多轉念，恪士君起立迎謂曰：『貴姓吳，稚暉先生耶？』弟即答曰：『然。先生爲恪士先生乎？』伊曰：『是是，請坐請坐。』又問朱君姓字。弟即問曰：『世兄今在何處？』

「伊曰：『實未來。吾有事，欲與爾商，且請坐，再細談。』……

「伊有云：『近來上海風潮太利害，學社果作何事？』弟曰：『風潮雖利害，愧皆空言。學社乃講學，別無何種奇事』。

「伊覺說話問得太扁（偏），即曰：『自然自然，然外邊不知者，皆大驚小怪。』

「弟曰：『無怪如此，有如近日湯、鈕二人之謠言，亦是奇聞。』

「伊曰：『中國向來謠言多。』

「伊又曰：『然則外間起如是之謠言者，果何因也。』弟曰：『此無非文字口語，近來激烈者日多，故因之謠言易起』。

「伊突然向我曰：『龍積之，其人果何如人歟？』

「弟笑曰：『龍積之者，一闒茸之小官派，若其人官中尚疑其有他，其令激烈黨短氣。彼去年初見，尚與我伊叔之同年，則其人可知，我不解官中屢欲訪緝，究爲何事？若龍積之可以捕拿，當無人不可捕拿。』

「伊云：『原是原是，我將質實言之。現在上海據我看來，無一可捕者。至於口頭言語之激烈，我不敢諱，或者尚以我吳稚暉爲放肆，我非輕視上海之寓客也。』（弟當時因伊果用野蠻手段，但看伊有膽無膽，如何不防巡捕干涉，故以壯語覘其究竟。且人當激昂時，氣勢稍壯，想不如獨引於一身，讓他處辦，果不能逃，不硬亦無用，故作此語。朱君親聞之，俞君亦尚話。又漏去一層，當弟坐定，即瞥見送信之黃呢褂人，抱水烟袋坐床上，彼此即點一點頭，後知此人大約即進士楊公，蓋南京之坐探委員也，故所講之言，義有楊君聞之。）

「伊曰：『實情如此。然謠言一多，官場即疑鬼疑神。』

「伊皺眉曰：『《蘇報》近日所言，似乎太過分』。

「余笑曰：『時勢至此，恐言語之激烈，將日甚一日。』

「伊曰：『誠然。然我不主張激烈，以爲此事無益，徒招亂以致外人之干涉。現在惟學問最爲緊要，教育稍盛，政治自有改革之一日，暴動萬無益處。』

「余曰：『如官吏之昏昏何？故有人云：造反者，政府造之，使人反也』。

「伊曰：『我們且不說野話，《蘇報》有法使之稍平和乎？夢坡亦舊熟人也。』

「余曰：『如無可說者，報紙自不說，否則將有第二《蘇報》未已。』

「伊曰：『雖然，此閒話，就目前，必有一辦法。』（伊意似迫欲囑我没法者。）

「我曰：『夢坡既先生熟知者，報館事倘外人爲言，得勿疑我爲受賂。』（余詞氣示決絕不與聞之意）

「伊曰：『夢坡脾氣，我亦知之審。』又躊躇曰：『我昨日曾往彼，惜未遇』。余曰：『唯』。

「伊皺眉曰：『説話似太過分，使人難下臺，將如何？』

「伊曰：『姑置之，鶴卿在上海乎？』

「余曰：『伊早往青島，今或已赴德矣。』

伊曰：『甚善。』伊即在桌上之靠窗書與紙及信之堆下，出一紙，起立，走至弟一邊，弟亦起立。伊曰：『我今示你一物，請看。』乃一官中文書，伊執放桌上，弟觀之，略云：

『……兩江總督部，……爲札飭事，……奉廷寄，……有逆犯蔡□□（臺銜）、吳敬恆倡說革命，煽……今札俞道會同該道……嚴拿務獲。……』㉒至其尾，似有正法等字樣，未終，伊即隨手急摺好，一面收起，一面返坐。口中曰：『笑話笑話，請坐，再談。只不過官樣文章。』

「弟乃故作坦然曰：『公事公辦，即爲之，則應受之，無可逃也。』

「伊曰：『笑話笑話，我們且再講要話，聞你曾有往西洋之說。』

「弟曰：『先生何處聞之？』

「伊曰：『你有學社貼有手帖。』

「余曰：『實有此意，望西洋如登天，惟現尚未能也。』伊曰：『如要出去，我想亦好。』（蓋至此，各人之神色大定，伊即將此語示意，公文之事作廢，你可以自由出洋。）

「伊又曰：『你想到那一國去？』

「弟曰：『想到法國去。』伊曰：『不妥不妥，歐洲未善，美洲最好，故小兒亦欲令彼去美。』

「弟曰：『聞美國學位可買，恐學問不如歐洲，況我有友人告我，法國學費甚廉也。』

「伊曰：『皆云美國好，故我決意令小兒赴美。』」

「正抬槓間，樓下之先生，忽托四菜碟及碗筷走上，自陳於小圓桌……⑥③。

「麵罷，伊不移坐，及碗筷畢收，仍不動，似有逐客意，我等亦急欲行，遂起立告辭。

伊送至梯頭，忽又呼我上曰：『我們可以常常通通信，你信來，可名吳謹，謹慎之謹，我寫

俞燕，安燕之燕，即燕子之燕。』弟莫名其妙，漫應曰：『唯。』遂出。（惟此結語，至今

莫名其妙。……想公現在聞之，亦莫名其妙，後來我亦無半句要通信話，故亦未曾用

過。）……

「所以全未提及章、鄒二公者，我亦不知，活口俱在，可問之也。若枚叔先生所作〈慰

丹傳〉中，形容袖中《革命軍》等兩書，一拿就出，彼等文章雖使人佩服，恐我無此日日佩帶

身上之記憶力，恐未免大違情理矣。……」

「閏月四日　禮拜。

「公等四條所問，係傳聞之誤。弟並未於晤見俞君後，即往教育會報告，因一則蘇報案

之後事，弟不能預知；二則此種捕拿之事，曩年非止一次，公亦曾與弟偕往巡捕房，常時弟

之意中，止作又被巡捕房喚問一次，文書中又止有公與弟二名。公既不在，弟又何必以己之

私事，向素不相習之人告，（枚叔先生在社中，亦與弟不甚講話也。）況其時彼恨弟五月十

七夜評議會□□之言，果往談說，一若弟往責弄有官人責放也者。況弟當時並不想到，只有

餘波，及於枚叔先生等。至於積之，適因議政所衝突，亦不通問，況俞君既將我之自認放肆

者放過，僅至尋彼言以爲腐敗者。至於蘇報館，公當知之清清楚楚。自五月朔起，已全歸行年代爲集稿，我等皆不與聞。況弟乃實話，若弟去向夢坡陳述，若欲和平其說，弟乃出爾反爾，苟不受賄，何至喪心病狂，改其宗旨。如無和平之力，空講奚爲。如爲夢坡或受不測計，俞君不云乎，是其舊熟人，彼雖往報館，彼獨不能往第二次乎？故當時弟且並無此等盤算，以爲又經一回巡捕喚起而已，其不足掛齒，故亦全無心思，想到去轉告他人，向茂堂等告說者。不過當時出了學社，日日與彼等往來，談說以爲笑樂耳。不知後日有如此之關係也。

「閏五月五日　傍晚，何君梅士、沈君步洲（沈乃夢坡之甥。）急叩弟寓門，入即告曰：『拿人拿人』。弟曰：『所拿者誰？』彼等曰：『現止拿去蘇報館司事陳吉甫一人，聞夢坡先生及章枚叔、鄒慰丹、錢寶仁等皆在內。』弟曰：『有只拿。』彼等云：『我們在彼來，我等再去看。夢坡先生亦囑請你去商量』。弟乃隨即隨兩君出門，甫至街上，枚叔先生與敖君夢姜自東來，告其故，枚叔先生冷笑，我等邀伊同往，伊未卻，五人同行。』

「然則〈慰丹傳〉所謂『範遁，令其子詣余告警』。夢囈耶？

「至報館，在樓上坐，夢坡先述下午有巡捕來，出票示我等，其上有陳範、陳吉甫、章炳麟、錢寶仁、龍積之、鄒容、陳夢甫七人（陳吉甫似爲第一名），我等云：『陳範已出去。』巡捕指夢坡曰：『彼爲誰？』吉芬急曰：『彼係親戚。』巡捕曰：『誰？陳吉甫何在？』曰：『亦他往。』（實他往）巡捕去，吉甫即歸，巡捕又至曰：『吉甫已來矣，不妨隨我等去。』於是聽巡捕強陳吉甫去。吉甫初不肯行，後習聞巡捕房每傳喚人，皆無恙，遂亦坦然隨巡捕行。巡捕去又來曰：『聞陳範亦已歸。』皆曰『實未』。巡捕乃曰：『然則彼如歸也，今夜必來捕房，否則明日決要來。』皆曰『諾。然則陳吉甫可令暫出乎？』巡捕云：『不能。』後設法欲先保出，捕房索舖保二人，並擔任保金五千元，於是我等始駭，何至陳吉甫一人値五千元，即舖保，欲請廣智、文明兩局往，皆不願，故請公等來商。杏芬云：『稚暉先生，我想爹爹先走了好，如往無益。』夢坡云：『我想去亦可。』

「公，此時在現在言之，公必曰：『你何不將一切與俞相見之情形說出。』惟當時我實有爲難之情狀，我若百忙中光講歷史，恐話未說明，伊等即羣起，以爲放了你，倒拿我等來出氣，或逼我與俞君交涉。我尤爲難，此皆我當時胡塗之處，或惟此實我之過。我當時心中，即猛想著俞君之苦心，至今思之，益真切，弟姑妄言之，公亦必以爲信然。

「蓋夢坡後告我，案未發之前，確有一人來館買書，彼言姓王，與陳吉甫交涉，詳問吉甫姓名職業，吉甫厭之。雖告彼，然□□□後問夢坡，夢坡實在館，亦未使彼託詞謝客，伊不高興，故隨□云可在。

「公想巡捕既識陳吉甫，豈有不識陳夢坡，竟當面不拿，一奇。

「俞恪士既以夢坡爲熟人，豈有不知陳範即陳夢浦，乃一牒兩名，二奇。

「巡捕拿陳吉甫，索保金至五千，何等重大，乃輕將全牒名氏宣露，三奇。

「既宣露矣，捕章先生，至於再一日之傍晚。四奇。

「其實一無所奇，蓋此案不過想拿陳吉甫一人，使餘者皆逃，則報館自然關門，可以銷差。其公文則曰：『館主已經逃逸，故捕到司賬一人，訊無知情幫同撰述情事，故將報館發封，陳吉甫具保釋放。』

「乃不料章先生以入獄爲莫大之責任，決不退避，故後來反弄得皇帝請了律師，與百姓打官司，官場也受了說不出的苦處。

「此乃弟體察四奇，揣想以爲確鑿如此，此弟晤俞時，於上文所述之外，尚有另外之枝葉，同來之朱君雖爲吾之至友，然彼常不以我之革命爲然，所以終相敬愛者，以弟生平鄙陋之事，幸能免去，否則若親見弟在革命黨中害人，必使人齒冷矣。

「弟當時雖沒有想得如以上之明澈，然約略已提醒到此，彼父女相商於我，我即曰：『事固不妨去。』然何爲要提陳吉甫？陳吉甫者，素未知名，且絕不相涉也。今乃復索保金五千。況巡捕果不識夢坡先生乎？夢坡曰：『靠不住，靠不住。伊以極識我，神情若故意不識者。』弟云：『事大奇。或暫避亦可。』杏芬云：『我亦說且暫避，人在外，可以料理。』夢坡云：『將往何處？吾以爲去亦無妨。』弟云：『我不敢下斷語，然似無益於必去。』何、沈有時開口，亦如我之詞氣，因斷言竟避，乃畏怯。若云當去，則父女二人實無意肯去，故再三盤旋。章、姜二人似愈聽愈厭者，即起曰：『我們先走。』即怫然去，且帶冷笑。弟經此感情，內愧甚，蓋心中實欲勸夢坡使避，至此幾欲行，然相顧悽然。方商如何如何，豈可立走。及章、姜去久，蓋趨於避之一方面，遂決議暫避。弟與何、沈及夢坡先生，共雇四輛東洋車，杏芬及二蔡中之一蔡，隨後亦雇車，竟款徐敬吾君之門。彼在愛國學社後，蓋當時商量，往弟處，因弟或恐續捕，不妥，遷至夢坡新馬路寓，巡捕能知之，不妥，遷愛國學社更不妥，然此外別無可遷，故款敬吾之門。時敬吾已睡，著衣起，敬吾怒目相向，然究因避難來者，強點燈，導上樓，其時此樓爲學社所租，又新於社中奪得無數床架藏彼，即教育會中人亦皆住彼。既上樓，何、沈因敬吾如此，早返社，我等四人上樓，（我，夢、蔡、杏芬）敬吾亦不隨上，即歸房，樓上睡者枚叔、小徐、相伯三人。枚叔即罵曰：『小事擾擾。平日大言炎炎，小事擾擾。』其時相伯見火聞聲，探頭出望，即睡下。小徐亦仰首望一望，若不見，皆睡。曩夜之事，我終身不忘，覺世間羞恥之事，無有過於彼時，然無奈何矣。四人互相問答，擇一空榻，鋪杏芬等攜來之被褥於上，遂令夢坡寢息，我等皆行，恐遲出敬吾又或起罵也。其時已一下鐘，至門外，何、沈二人不放心，出探，遂由沈君決定，明早遷夢坡於人演譯社。

「如此情形，此夜弟決無可以貢説晤俞歷史之機會。

「閏月初六日　早，沈君來我寓，我隨至學社，敬吾在彼高談闊論，相伯與余寒暄；浩吾入學社門，拱手而言，公等請暫避，留此身以有待，弟笑而聽之。方欲有詞，伊足不一停，直向後門去。口中曰：枚叔先生何在？伊即向敬吾宅去。……

「其時枚叔先生方在敬吾客座中吃朝飯，（似對座爲小徐先生）似方冷笑罷者。見我等入，伊忽似極知己，與我輩戲著。笑逐顏開曰：『小事擾擾，』我等亦笑逐顏開，不聽其語，直趨樓上，就伴夢坡下，逕至人演社，至夢坡新寓，遇杏芬，始知捕房又捕陳仲淇、錢寶仁去，出門遇程伯嘉（《晉報》主筆），伊云：『我在《中外日報》，遇俞恪士，知此案尚有你，宜速避。』余曰：『唯。』適無錫學堂托我買風琴，遂往外浦灘近處，與熟人周旋了一天。夜，何梅士來，告余，枚叔亦捕去矣。弟曰：『如何捕去？』何曰：『巡捕傍晚來社，適枚叔在賬房。巡捕曰：「有數人在你們學堂。」出票至枚叔。枚叔曰：「章炳麟是我，其餘皆非我社中人也。」巡捕曰：「然則爾即行矣。」枚叔先生曰「唯」，遂行。』

「那自然，枚叔先生之從容，使人五體投地，然情形既如此分明，何必造出許多蛇足之言以自污。

「即如彼不滿於公者，謂微聞逮捕事，遁入青島，無論公之往青島，實因當時內鬨，惡聞夜冠之醜爭，故隔夜議分離，明日即辭各事決行。又曩年逮捕，豈止一次，即枚叔先生自己，亦與我問入捕房問話。若欲聞逮即遁，早已遁矣。然彼之語氣，以爲先生獨遁，未一警告於彼，故至彼不能遁，此言尤與彼之志節矛盾。彼所謂『諸教員方整理學社未竟，不能去，坐待捕耳』。請第一句先問他，所謂諸教員者何人，僅小徐先生一人，尚新來，未聞特來整理學社。其餘相伯，向不爲教員，教員既是妄語，則學社未竟一語，當時學社，正在爭奪中，無整理之可言，是枚叔之就捕，實是臨危不避之大節，何嘗是殉身學校之細故。故隔夜在蘇報館聞商避而笑，當晨浩吾先生警告而罵，果有半月前作鄙陋之語告之，曰大禍將至，逮逮遷避，豈非連其人之祖宗，將遭譏罵。又何怨。枚叔先生之怨，直過於自污，至如彼純乎止怪先生之預知逮捕，則又可以不辨。即如上說，曩年預知逮捕，豈但一次，知之如何？不知又如何？彼重視最後之一知者，乃因蘇報案成爲巨案之故。然當其未成巨案之先，同是官場哀求巡捕房拿人，既拿數次，皆兒戲矣，安知此次必爲鄭重？則當日如秋風過耳，何足有告人之價值。蓋蘇報案而以陳吉甫作戎首，雖欲不爲之兒戲，實不可得，重之『我是章炳麟』一語重之也。（弟非敢謂不當使之重），乃既作揣想之詞，硬派人知有逮捕，乃明明隔夜當晨告彼，又硬罵人鄙陋，真十八面一齊占到了脾氣，人謂章枚叔是瘋子，真瘋子也。

「是日晚間，聞枚叔先生在捕房送手書出，促積之、慰丹皆入。

「伊〈慰丹傳〉中，乃匿去手書，僅曰：『聞余被繫』。然龍積之活口尚在，即護慰丹同逃之張君溥泉亦尚在也。然此乃愛人以德，正是以見枚叔先生之志節，何必匿諱哉！

「閏月七日　早，聞積之自投捕房。……

「閏月八日　早，聞慰丹往警署報到。……

「十二日　省視枚叔等於四馬路老巡捕房，慰丹、龍、陳、陳（仲淇）、錢、陳、陳（吉甫）同在一屋，我與何梅士君在柵外，即詳告以『晤俞歷史』，舉以上所言於公者無異。其時，龍積之及陳吉甫皆點頭，慰丹與枚叔微笑。錢寶仁、陳仲淇若莫名其妙者。然我此日胸中之抱歉，亦終身不能忘。蓋彼等其時皆失其自由，坐臥一室，而我則指手劃腳談柵外。談罷，從容自行，雖極表大不忍之意，然受苦者之一方面，心愈激苦。此等感情，實不能爲我相對之一方面人釋脫。……

「在枚叔先生既志節矯然，亦當可憐吳稚暉之不幸而漏網，付之一笑而已。豈可積苦生恨，積恨生怨，造出他人所不曾有者，以洩其忿。且不明揭於本人可見之報紙，用弟現在共知其名，而必用弟舊名，他人所不甚知者。若有意，若無意，登於一日本人所出之《革命評論》報上。弟若以小人之腹，度君子之心，豈非彼因突然公布，恐違於事實者多，致遭不可辨之駁難，故必隱□於不甚留意之報上，使日久，人得其稿，辨者已死已亡，他人欲聞吳朓爲何如人，有人即曰似又名某某，遂共罵曰：原來其人喪心病狂，狗彘不食如此。烏乎烏乎！枚叔先生之用心，雖決不如我揣測之甚，然彼之志節偉岸而性情忮刻，心地光明而脾氣鄙陋，實有其相反者，以我此書，懸之國門，若云非是，梟我頭去。……

「十三日　朱君仲超又來，言外間說吳稚暉在上海，俞恪士何不拿，故俞無法，恐出乎，彼亦得之道路之傳聞。彼云：你如西洋去，有莊君已贈你四十元在此……

「十六日早，余乘馬車掩簾赴龍門船，……是晨九時即開，出口後驚魂始定，……

「右書猥瑣已極，然言之不盡。又恐傳聞多誤。如有人言，董君恂士聞人言，弟得俞君而逃，絕不告章，故章等被捉，此又是一種奇談。諸如此類，想必甚多，故弟擬作陳辨，遲遲不能下筆者，因話頭過長，無此日力可供書寫，今約略之，拉雜至於甚不成文，已書十許紙，……弟敬恆頓首，西十月十二日」。

信凡十二葉，毛筆草書；原件藏中國第二歷史檔案館。每紙書寫部分長達四十二毫米，約四十七行，行十六字左右。末署「西十月十二日」。此信係《革命評論》刊登〈鄒容傳〉，蔡元培詰詢吳敬恆而發（見後）。查一九〇三年「蘇報案」發生後，吳敬恆於六月二日乘輪西渡，住蘇格蘭十個月，住利物浦一個月，住倫敦十四個月，又往蘇格蘭住十四個月，住倫敦五個月，又至巴黎有十個月，共五十四個月，當四年六個月，已在一九〇七年。又吳敬恆〈與章炳麟書〉發於一九〇八年七月一日，此函應寫在這封信之前，「西十月十二日」，應為一九〇七年。

吳敬恆〈致蔡元培書〉，是他接到蔡元培的詢問信後所寫。

〈鄒容傳〉於一九〇七年三月二十五日在日本《革命評論》第十號發表後，旅居德國的蔡元培看到後，即向吳敬恆函詢吳敬恆與俞家父子接觸情況，原函是：

「一，俞明震來滬，爲欲封蘇報館乎，抑欲封愛國學社乎？

「二，俞與公見面在何日，巡捕房捕人在何日？（捕人憶是閏月初六日，是否？）

「三，第二次會審公廨問案者止問《蘇報》乎？抑兼問《革命軍》等書乎？（此或已見從前各報）弟憶是『問官詢章、鄒以是否蘇報館主筆？彼等僉言：主筆是吳稚暉（此即恨公而欲限公耳），非吾等，惟吾等各有言革命之書。其時，英吏以此等書可不必問，而清吏則欲索觀，但其書由何處覓來，則不可知』。未知究竟如何？

「四，弟前聞公見俞明震後，曾回教育會告章、鄒二君以『蘇報案』將起之消息，而二君曾抗言『寧死不遁』。

「五，弟又聞俞明震來時，公已與愛國學社諸君意見不合而不與聞社事，確乎？」㊹

可知，蔡元培看到〈鄒容傳〉後，聯想到過去所聽到的疑問，向吳敬恆函詢，從而吳敬恆長函作覆的。吳敬恆詳述「歷史」，自感「猥瑣已極」，但下面幾點，仍透露一些真況。

第一，章太炎〈覆吳敬恆書〉所云見俞明震「贈麵事」及述俞明震語「奉上官條教」，吳敬恆在信中是承認的。章太炎「入獄數日」，吳敬恆「來視」，述俞明震語，也確有其事。

第二，章太炎在「蘇報案」發生時，責問吳敬恆「畏葸」、「小事擾擾」，他在警探臨前，直稱「章炳麟是我」，英勇就逮，即吳敬恆也感其「從容」，「使人五體投地」。

吳敬恆斷斷相爭的是〈鄒容傳〉中「會清政府遣江蘇候補道俞明震窮治愛國學社昌言革命事，

明震故愛朓，召朓往，出總督札曰：『余奉命治公等，公與余昵，余不忍，願條數人姓名以告，令余得復命制府』。朓即出《革命軍》及〈駁康有為〉上之曰：『為首逆者，此二人也』遽歸，告其徒曰：『天去其疾矣，爾曹靜待之。』」一段。在這一段中，開頭幾句，即「會清政府遣江蘇候補道俞明震窮治愛國學社昌言革命事」係事實，俞明震正是為了「治愛國學社」而來滬，並找吳敬恆談話的。「明震故愛朓」至「余得復命制府」，也並非完全沒有根據，俞明震如果不「愛朓」，為什麼專門找吳敬恆談話，即吳敬恆上述致蔡元培函中也說：俞對吳說：「有要事特來。」「吾有事，故與爾商」。為什麼不與別人「商」而專門找吳敬恆「商」呢？至於末後的「朓即出《革命軍》及〈駁康有為〉上之曰」以下，則可能有些「想當然」。《革命軍》、〈駁康有為〉早經刊布，既有單行本，又有《蘇報》登載，俞明震奉命查禁《蘇報》，當然知道此等書刊，不勞吳敬恆帶往，也正由於這樣，吳敬恆藉以反擊。至於最後「天去其疾矣」等，即使吳敬恆與章太炎有意見，即使吳敬恆向余明震「獻策」，也不致如此信口攻擊，自找麻煩。也正由於章太炎這幾句「想當然」，吳敬恆屢次反擊，並爭得一些人的同情。然而，吳敬恆長篇記述和俞明震的相晤，連坐的位置，吃的點心都一一記載，恰恰沒有詢及章、鄒的記載，不得不使人懷疑，他自己雖說：「所以全未提及章、鄒二公者，我亦不知。」會不會「欲蓋彌彰」？至於相約以後兩人用「俞燕」、「吳謹」等密語，又跡近「密探」了。

吳敬恆〈致蔡元培書〉的發現，使我們看到，吳敬恆確曾與俞家父子往返，確曾專門談起《蘇報》事，似難推脫「獻策」的嫌疑。至於章太炎信中所謂與康有為、盛宣懷等的關係，則言之過甚，且與「獻策」無關，這裡也就不必評述了[65]。

五 《民報》「封禁」和東京講學

一九〇八年十月，發生了《民報》「封禁」事件。

十月十九日（光緒三十四年九月二十五日），日本警視總監龜井英三郎致函「《民報》發行人兼編輯人章炳麟」。

「明治四十一年（按即一九〇八年）十月十日發行《民報》第二十四號，有人告發，違背新聞紙案例第三十三條，遂依同案例之第二十三條，停止其發賣頒布。且記事如〈革命之心理〉、〈本社簡章〉有與同一主旨事項之記載，皆被停止。合將內務大臣命令相達如右」[66]。

說是《民報》「違背新聞紙案例」第三十三條，所舉例證是《民報》第二十四號〈革命之心理〉和〈本社簡章〉。查〈革命之心理〉湯增璧撰，筆名伯夔。文章以印度、俄國為「同調」，謂：「斯二邦者，其吾之同調乎？」「吾所硜守於懷，願與同志共勵者；不忘其本來，其如印度；瀹情於功，有如虛無黨人。」「吾所以取於虛無黨人者，雖不以其歸墟合吾軌轍，要其方法，設用於中土，奏效神速，必較之斬木揭竿為勝」。認為暗殺了清朝官吏，「虜廷其如孤注，不崇朝崩離」，此即日本政府所指「激揚暗殺，破壞治安」的由來。其實《民報》講暗殺的文章，不只是〈革命之心理〉一篇，有的比此文還要激烈。在日本發行的革命刊物，也不乏此類言論。日本政府以〈革命之心理〉作為「封禁」的原因，實在只是藉口。

至於《民報》的〈本社簡章〉，原有九條，二至九條，只是事務性告白。只是第一條「本雜誌之主義」六條：「一，顛覆現今之惡劣政府；一，建設共和政體；一，維護世界之真正和平；一，土地國有；一，主張中國、日本兩國國民的聯合；一，要求世界列國贊成中國之革新事業」。關鍵是「顛覆現今之惡劣政府」一句。然而，此項主義，早在《民報》創刊即行登載，此後每期照錄，為何在兩年以後，二十四號以後再行「封禁」、為何「前日不禁而今日禁之」？

因此，日本警視總監所指兩條，難於成立，並作為《民報》封禁的原由。

日本政府的「封禁」《民報》，實際由於《民報》宣傳反清革命日趨激烈，章太炎且發起組織亞洲和親會，「反對帝國主義」，這樣引起了清廷的震驚，也引起了帝國主義的震驚，從而日本政府和清政府「勾結」，爆發了《民報》「封禁」事件。

一九〇六年十二月二日，《民報》舉行一周年紀念會，章太炎發表〈祝辭〉：「相我子孫」，「同心戮力，以底虜酋愛新覺羅氏之命。掃除腥羶，建立民國」[67]。接著，又出版了〈天討〉增刊，發表〈討滿洲檄〉，言論日益激烈，他還寫了不少「時評」，如〈印度中興之望〉、〈清美同盟之利病〉、〈越南設法倀議員〉等，震動了清朝和一些帝國主義，從而清政府與日本政府勾結，製造了《民報》「封禁」事件。

日本警視總監龜井英三郎的「封禁」通知發出時，章太炎「適往鎌倉」，次日返回東京，看到「此命令」，以為「〈革命之心理〉一篇，無一語與彼三十三條相犯，所謂敗壞風俗者無有也，所謂擾害秩序者無有也」。因於十月二十一日致書日本內務大臣平田東助，略謂：「〈民報簡章〉六大主義，前經貴內務省認可，今未將此項保證退還，突令不許登載與此〈簡章〉同一主義之事項」，「不能承認」。此書去後，日本內務省飭警視廳，「令其懇切曉諭」。

二十三日，章太炎到警察署，署長將上述「命令原件」交閱。章太炎說：「吾始終不受此命令書，任君上告長官，言我反抗命令可也」。又致書日本內務大臣，以為「警署本奉命之地，署長特備役之人，權不己操」，「勿庸與之撐拒，當將命令書仍舊攜歸」。又據署長告言，「此事關於外交，不關法律」。章太炎謂早聞北京傳聞，「唐紹儀此次途經日本，將以清、美同盟之威脅日本」云云。自己懷光復之志，《民報》言論，亦與明末李之瑜「違難」日本相同，今後不能「辱我炎黃遺胄」。

此書去後，二十四日，「鐵道技師高橋孝之助來作說客」，章太炎「以命令書示之」，謂：「貴國政府所為，非官吏之行為」。次日，又「移讓內務大臣」，「勿令縱橫之士騰其遊說」⑱。

在此事發生後十餘年，章太炎在南通與人答問中，有一段生動的談話，講到《民報》「封禁」事件的經過和鬥爭情況：

問：住民報館幾年？

答：三年，其後爲東京巡警總廳禁止出版。

問：何故禁止？

答：此難言也。時前清方遣唐少川赴美（時盛倡聯美主義），日人忌之，藉禁《民報》以爲見好中國起見，亦未可知。

問：禁止出版，有無理由？

答：突如其來，有何理由。

問：既無理由，警廳何以干涉？

答：彼謂我擾亂秩序，妨害治安。

問：何所指？

答：指報中登有《革命之心理》一篇，山西湯某所作。

問：先生辯乎？

答：如何弗辯。彼來傳吾時，我方他出。及歸，知有此事。即赴地方裁判廳起訴，彼邦辯護士五六輩，亦來助我。

問：先生勝乎？

答：理勝而事不勝。我語裁判長，擾亂治安，必有實證。我買手槍，我蓄刺客，或可謂擾亂治安，一筆一墨，幾句文字，如何擾亂？廳長無言。我語裁判長，我之文字，或煽動人，或搖惑人，使生事端，害及地方，或可謂擾亂治安，若二三文人，假一題目，互相研究，滿紙空言，何以謂之擾亂治安？廳長無言。我語裁判長，我言革命，我革中國之命，非革貴國之命，我之文字，即鼓動人，即煽惑人，煽惑中國人，非煽惑日本人，鼓動中國人，非鼓動日本人，於貴國之秩序何與？於貴國之治安何與？廳長無言。我語裁判長，言論自由，出版自由，文明國法律皆然，貴國亦然，我何罪？廳長無言。我語裁判長，我言革命，我本國不諱言革命，湯、武革命，應天順人，我國聖人之言也。故我國法律，造反有罪，革命無罪，我何罪。廳長無言。

問：究竟結果如何？

答：無結果，最後開庭，彼仍判禁止出版數字，判後不容人辯。惟曰：若不服者，可向上級官廳起訴。聞彼承內務省命令，弗能違也⑥⑨。

《民報》「封禁」後，汪精衛刊行《民報》第二十五號、第二十六號，托名「巴黎出版」，實際仍在日本秘密刊行，為章太炎所反對，稱之為「偽民報」。

《民報》「封禁」，章太炎在日本除繼續撰文投寄《國粹學報》發表外，又在東京為留日學生講學，講的是「國粹」，也就是〈東京留學生歡迎會演說辭〉所說：「用國粹激動種性，增進愛國的熱腸」的「國粹」。

十九世紀末，國內外知識分子，特別是留日學生中有一股講究「國學」、創導「國粹」的熱潮，章太炎就在日本舉辦國學講習會、國學振興會。「國學」、「國粹」，總是和傳統思想文化有關，章太炎在日本講學，主要是他自己所說的注目於語言文字、典章制度、人物事蹟等傳統學說。

於此，得將「國學」、「國粹」的興起和章太炎的講求「國學」作一簡單的回顧。

所謂「國學」，《民報》第七號〈國學講習會序〉云：「夫國學者，國家所以成立之源泉也。吾聞處競爭之世，徒恃國學固不足以立國矣，而吾未聞國學不興而國能自立者也。吾聞有國亡而國學不亡者矣，而吾未聞國學先亡而國仍立者也。故今日國學之無人興起，即將影響於國家之存滅，是不亦視前世為尤岌岌乎？」又說：「夫一國之所以存立者，必其國有獨優之治法，施之於其國為最宜；有獨立之文辭，為其國秀美之士所愛賞。立國之要素既如此，故凡有志於其一國者，不可不通其治法，不習其文辭。苟不爾，則不能立於最高等之位置。而有以轉移其國化，此定理也」。以「國學」為一國固有之學，並以「國學」的興亡與國家的興亡相連。《國粹學報》的主編鄧實也說：「國學者何？一國固有之學也。有地而人生其上，因以成國焉。有其國者有其學，學也者，學其一國之學以為國用，而自治其一國者也」。「國學者，與其國以俱來，因乎地理，根之民性，而不可須臾離也。君子生是國，則通是學，知愛其國，無不知愛其學也者」⑰。「國學」「為一國之學」，愛國就要愛「一國之學」的「國學」。

「國學」既是一國固有之學，中國是有悠久歷史、燦爛文明的國家，《史記》記錄了自從黃帝以來的歷史，成為中國民族的象徵，此後，堯、舜、禹、湯、文、武、周公歷代相傳，至孔子而集「國學」之大成，這種傳統思想文化，也就是所謂「國學」。它既不同於不是「中國固有之學」的東西方文化，和我國少數民族的專制統治思想也有差異。因此，「國學」，實際是指我國漢族之學。

自從滿洲貴族入關以來，漢、滿民族存有矛盾。清朝中葉，外國資本主義侵入中國，中華民族和帝國主義存有矛盾。義和團運動以後，清政府媚外辱國、壓迫各族人民的跡象已露，強調「一國固有之學」的「國學」，是在這樣的背景下提出來的。因而，一些提倡「國學」的人，一會兒說黃帝是中國民族的「初祖」，黃帝是「國學」的象徵，是「國魂」。說什麼「國魂者，立國之本也。彼英人以活潑進取為國魂，美國人以門羅主義為國魂，日本以武士道為國魂。各國自有其國魂。我國之國魂不能與人苟同，亦必不能外吾國歷史。若是則為國魂者，其黃帝乎？近日尊崇黃帝之聲達於極盛，以是為民族之初祖，揭民族主義而倡導之，以喚醒同胞之迷夢，論誠莫與易矣」⑪。一會兒說「國學」即「神州之學」，「神州之學」，源於史學，國學即史學，也是儒學。鄧實說：「神州學術，春秋以前歸於鬼神術數，春秋以降歸史，漢以後歸於儒，歸於儒而無所復歸矣。蓋自漢以降，神州之教為儒教，則神州之學亦為儒學。綿綿延延，歷二千餘年，則未有變也。」又謂春秋之季「天下脊脊大亂，而一代學術不與俱亡者，實賴史官保存之力，……悲夫！中國之無史也，非無史，無史材也；非無史材，無史志也；非無史志，無史器也；非無史器，無史情也；非無史情，無史名也；非無史名，無史祖也。嗚呼！無史祖、史名、史情、史器、史志、史材，則無史矣。無史則無學矣，無學則何以有國學」⑫。以黃帝為「國魂」，以「國學」為「神州之學」，無疑是有反對滿洲貴族壓迫的民族主義涵義；以「國學」為「史學」，也是和章太炎等從「古事古蹟」中、從歷史記載中看到「民族之可愛」的主張一致。那麼，「國學」一辭，在二十世紀初期出現、傳播，是在資產階級革命運動逐漸高漲，反對滿洲貴族的鬥爭不斷展開之時，它是有一定的時代背景和特定涵義的。

「國學」的範圍究竟包括哪些？章太炎在日本期間主持的國學講習會所講，主要是「一，中國語言文字制作之原；一，典章制度所以設施之旨趣；一，古來人物事蹟之可為法式者」⑬。該會出版的《國學講習會略說》所收，計有〈論語言文字之學〉、〈論文學〉、〈論諸子學〉三篇⑭。《民報》另有〈國學振興社廣告〉：「本社為振起國學、發揚國光而設，間月發行講義，全年六冊，其內容共分六種：一，諸子學；二，文史學；三，制度學；四，內典學；五，宋明理學；六，中國歷史」。分為諸子學等六種。該會刊布的《國學振興社講義》第一冊，收文三篇，第一篇〈諸子系統說〉，無署名，與《國學講習會略說》中的〈論諸子學〉不同。於「西漢以前臚列諸子，訂其得失者，有《莊子·天下篇》、《荀子·非十二子篇》、《淮南·要略篇》、《史記·太史公自序》，若增入《藝文志》，則為五事，《藝文志》出自劉歆《七略》，是亦西漢人說也。」下列五書原文，最後「綜論系統」。第二篇〈管子餘義〉，署「章炳麟序」，即《章氏叢書》初編所收。第三篇〈中國近代史〉，署汪震述。他把諸子、文史、制度、內典、理學、歷史等列入「國學」，實際上是把過去「經、史、子、集」都算「國學」。也就是說，把傳統的固有學術、文化幾乎都籠入「國學」範圍。

至於「國粹」，指一國固有之學中的應予「保存」的東西。章太炎於出獄東渡、主持《民報》之初，在歡迎會上即說：「為甚提倡國粹，不是要人尊信孔教，只是要人愛惜我們漢種的歷史。這個歷史，是就廣義說的，其中可以分為三項：一是語言文字，二是典章制度，三是人物事迹。近來有一種歐化主義的人，總說中國人比西洋人所差甚遠，所以自甘暴棄，說中國必定滅亡，黃種必定剿絕。因為他不曉得中國的長處，見得別無可愛，就把愛國愛種的心，一日衰薄一日。若他曉得，我想就是全無心肝的人，那愛國愛種的心，必定風發泉湧，不可遏抑的」⑦⑤。提倡「國粹」，就是「曉得中國的長處」，引發「愛國愛種之心」，救亡圖存，「光復宗國」，因此他們標榜「國粹」，並以「愛國、保種、存學」相號召。

以中國固有傳統學術文化為「國學」，提倡愛惜中國的歷史，從而激起愛國的熱腸，對當時的「排滿」革命，是起了一定的輿論宣傳作用的。

以中國固有傳統學術文化籠入「國學」，汲取的又是「黄帝以至周公、孔子之書」，且有以「國學」稱之為儒學者，有以「載籍之博曰十三經」者⑯，即使章太炎在《諸子學略說》中抨擊「儒家之病」，且詆「孔子之教，惟在趣時」，譏其「詐偽」，也仍以孔子為「史家宗主」。上揭「漢種的歷史」中三項，所謂語言文字、典章制度、人物事蹟，又是古文經學派治學之途。這樣，固有傳統文化之學，仍舊以經學為其核心。

提倡「國學」，保存「國粹」，發揚「國光」，是否對「西學」，亦即「新學」深閉固拒，毫不吸收？從「國學」中激發愛國思想，是否只是反對滿族貴族壓迫。章太炎一度詆斥儒家，為何「國學」仍以經學為核心？對辛亥革命前的「國粹論」又該如何正確估價？

辛亥前夕，「國學」組織的建立，保存「國粹」的提出，確實針對有些人的「觀歐美而心醉」⑰，對有些人「始慕泰西」，「繼慕日本」以至喪失民族自尊心也示反對，甚至有人還說：「西海潮流猛秦火，東風復助為妖禍」⑱。但他們的反對「歐風」，是在帝國主義瘋狂侵略的情況下反對的，是在中國人學習外國又受到外國人欺侮的情況下反對的。他們提倡「國學」，又是為了「反對帝國主義而自保其邦族」⑲而主張保存「國粹」的。這樣，他就有著「救亡圖存」、「恢復中華」的內涵，不能簡單化地認為他們這是揭櫫國學，就是「深閉固拒」。

同時，他們反對帝國主義侵略，並不是反對西方文明；提倡「國學」，也不是不要西學。只要看，章太炎就曾譯述日本岸本能武太的《社會學》，在他主持《民報》期間所撰論文，也有不少吸收西方資產階級社會政治學說的記錄，其他倡導「國學」的人，也大都有西學知識，並不是毫不吸收。

〈國學講習會序〉已經指出：「真新學者，未有不能與西學相契合者也」。又說：「今之言國學者，不可不兼合新識」。在序文中一方面反對「以科學之道」從事「新學」，把新學作為「利祿之階梯」，甚至「略識西學」，就「奴於西人，鄙夷國學為無可道者」。另一方面也反對「舊體西用」，說是「主張體用、主輔說者，而彼或未能深抉中西學術之藩，其所言適足供世人非驢非馬之觀，而毫無足以饜西方之意」，可見他們對「新學」並不排斥。

如果說，提倡「國學」的人，對西學深閉固拒，毫不吸收，那他們就和封建頑固派沒有區別了。事實上並不如此，他們對西學的懷疑，是鑑於甲午戰後帝國主義侵略日深，民族危機日急。即便論著中有反對「西學」的話，也要具體分析。章太炎就說：「兄弟這話，並不像做《格致古微》的人，將中國同歐洲的事，牽強附會起來；又不像公羊學派的人，說什麼三世就是進化，九旨就是進夷狄為中國，去仰攀歐洲最淺最陋的學說」⑳，反對的是牽強附會地比附西學，反對的是康有為等的政變後堅持改良、鼓吹立憲。他們對西學並不一概排斥。

或者以為章太炎又曾說過：「中西學術本無通途，適有會合，亦莊周所謂射者非前期而中。今乃遠引泰西以徵經說，寧宋家人之以神學說經耶？夫驗實而西學而中短，談理則佛是而孔非。九流諸子自名其家，以意取捨，若以疏證六經之作，而強相皮附，以為調人，則只形其穿鑿耳」⑧¹。有人認為他「連用西學證明中學也堅決反對」，其實也不盡然，他自己早就說過「宜憔悴竭思，斟酌西法，則而行之」⑧²，反對的是康有為之流「遠引泰西以證經說」，對於「西法」，還是主張斟酌的。

《國粹學報》有些論調，也有與洋務派的「舊體西用」說有近似的地方，如〈國粹學報略例〉規定：「本報於泰西學術，其有新理精識足以證明中學者，皆從闡發，閱者因此可通西國各種科學」。〈擬設國粹學報啟〉也說：「凡國學微言奧義，均可借哲種之學參互考驗，以觀其會通，則施教易而收效遠」⑧³，主張「挹彼精英，補吾闕乏」。但洋務派旨在維護清朝封建專制統治，而主張「國粹」的一些人，卻想從古事古蹟中引出愛國的思想，有其反清內容，這是他們的不同之處。

或者以為，提倡「國粹」的人，只是「反滿」，只是強調「光漢」，既乏反帝內容，又無民主思想。這種說法，也可商榷。誠然，他們強調宣傳「國光」，宣揚的主要是「漢文化」，保存「國粹」，也指「漢文化」之可愛，有其狹隘的一面，但他們也不是不反帝。只要看，章太炎在日本主持《民報》，主持國學講習會、國學振興社的同時，又舉辦亞洲和親會，《約章》中標明「亞洲被侵略各國」，「以反對帝國主義而自保其邦族」，如果「一國有革命事，餘國同會者應互相協助」。提出「光復宗國」。他還指出「亞洲諸國，或為外人侵食之魚肉，或為異族支配之傭奴，其陵夷悲慘已甚」，分為「外人」、「異族」。儘管他對帝國主義的民族壓迫和國內各民族之間矛盾有時繳繞，以致對「復其故國」以後如何辦，則感彷徨，認識模糊，不可能把「反對帝國主義」的鬥爭進行到底；他提倡「民族主義」，又是用「國粹」提出，蒙上一層封建翳障，但也不能說他單純「排滿」，沒有反帝。

至於民主思想，在主張「國粹」的人士中，確也表現得蒼白無力，甚至迷戀往古，把原始的「民主」和近代的民主界限混淆，有時還一度受到無政府主義的影響，但「抑官吏，伸齊民」的政治主張，還是時有流露。《國粹學報》的主編還把「國學」與「君學」對稱，說是「夫國學者，別乎君學而言之。吾神州之學術，自秦、漢以來，一君學之天下而已。無所謂國，無所謂一國之學，何也？知有君而不知有國也。近人於政治之界說，既知國家與朝廷之分矣。而言學術，則知有國學、君學之辨。以故混國學於君學之內，以事君則為愛國，以功令利祿之學即為國學。其烏知乎國學之自有真哉。是故有真儒之學焉，有偽儒之學焉。真儒之學，只知有國；偽儒之學，只知有君，知有國則其所學者，上下千載，洞流本源，考郡國之利病，哀民生之憔悴，發憤著作以救萬世，其言不為一時，其學不為一人，是謂真儒之學。若夫偽儒者，所讀不過功令之書，所業不過利祿之術，苟以頌德歌功，緣飾經術，以媚時君，固寵圖富貴而已」⑭。以「國學」與「君學」為不兩立，「君學者，以人君之是非為是非也，其言順而易入。國學者，不以人君之是非為是非，其言逆而難從」。認為「國學」不以人君之是非為是非，是「一二在野君子，閉門著書，憂時講學，本其愛國之忱，而為是經生之業，抱殘守缺，以俟後世而已」。因而他對明末顧炎武、黃宗羲、王夫之倍加贊揚，而對「緣飾經術」、「為時君樂用」的「君學」，則予譏諷。反對「君學」，標榜「在野」，也有其民主涵義。

提倡「國學」的人，總是以經學為核心，奉儒家為正宗的。這樣，他們既有「發揚國光」的民族主義思想和朦朧的民主思想的一面，又有著很大的局限性。

或者說，章太炎在《諸子學略說》講「諸子出於王官」，對儒家、孔子都有批評，似乎不是「以經學為核心，奉儒家為正宗」。事實是章太炎批評的是「儒家之病」，在於「富貴利祿為心」，批評的是儒家「湛心榮利」、「詐偽」不道德。這是對歷代封建知識分子「慣於征辟、科舉」，醉心營利，「冒没奔競」的批判，也是對當時主張保皇、立憲之徒寄幻想於清政府的批判，是有所感而發的。至於對「實事求是」「史官支流」還是贊同的。時隔三年，他的學生朱希祖詢以《諸子學略說》中所謂「老子徵藏古書為孔子所詐取者」的來源時，章太炎還引徵故事，說是「非臆言之」也⑮。後來，手定的《章氏叢書》卻不把此篇收入，且悔恨「前聲已放，駟不及舌」，「後雖刊落，反為淺人所取」⑯，可見他仍受儒家思想的桎梏。至於有人以經學為「科學」，說什麼「捨儒以外無所謂學問，捨六經以外無所謂詩書」⑰云云，更是明白宣示「以儒學為核心，奉儒家為正宗」了。

辛亥前夕，講究「國學」的頗有人在，《國粹學報》也歷久不衰，章太炎就是《國粹學報》的主要作者之一。他們依附的是傳統固有之學，崇奉的是「史學宗主」、「明末儒先」，儘管它在「排滿革命」中起過作用，但它畢竟是「國粹」學報，不能說是當時主要的革命報刊。即使是主編《民報》的章太炎，當他在《民報》《國粹學報》同時發表文章時，《國粹學報》也適應「國學」的學風，主要是「國故」方面的論著，遠不如他在《民報》上發表論文的「針鋒相對」。

章太炎倡導「國粹」，組織國學講習會、國學振興會，又在《民報》「封禁」前後，在日本為青年講學，講的也主要是「國學」。

章太炎在日本講學五年，他的弟子憶述有異。黃侃、錢玄同都繫在光緒三十三年丁未，黃侃：〈先師劉君小祥會奠文〉：「丁未之歲，始事章君，投文請誨，日往其門」⑱。錢玄同說：「丙午，余留學日本，始謁章公。丁未陽曆四月二十二日，於章公座上始識劉君，緣章公與劉君彼時皆以黨禍避地日本也」⑲。都說是「丁未」。但錢玄同在一九三二年寫的〈輓季剛〉又說：「與季剛自己酉年訂交，至今二十有六年」⑳。說是「己酉」，前後記述也不一致。周作人回憶：「往民報社聽講，聽章太炎先生講《說文》是一九〇八至九年的事，大約繼續了有一年少的光景。這事是由龔未生發起的，太炎先生當時在東京一面主持同盟會的機關報《民報》，一面辦國學講習會，借神田地方的大成中學講堂定期講學，在留學界很有影響」㉑。繫在一九〇八年。章太炎雖有〈丁未與黃侃書〉：「前得蘄州方言小志二紙，佳者即採入《新方言》」。〈與劉光漢黃侃問答記〉也說：「儀征劉光叔申叔、蘄黃侃季剛皆善小學，炳麟為《新方言》，光漢、侃各分疏數事」。此文，章太炎自編的《太炎集》定為「丁未文」，疑這時黃侃雖與章氏相識，但尚未正式講學。許壽裳：《紀念先師章太炎先生》則繫於「一九〇八年」，我以為許壽裳的追憶是可信的。因為：

第一，北京圖書館藏有《朱希祖日記》，稿本，其中第二册繫「明治四十一年」，即一九〇八年日記，記錄自三月二十二日聽章氏演講，四月四日起聽章氏講段注《說文》，直到十月三十一日聽章氏講《廣雅疏證》，這是最可靠的原始記錄。知正式講學，應在一九〇八年。

第二，除許壽裳外，任鴻雋《記章太炎先生》說他一九〇八年至日本聽到章太炎講學。周作人除上面引到外，《秉燭集．紀太炎先生學梵文事》，也說一九〇八年聽章太炎講學。

第三，章太炎在一九〇七年主持《民報》，寫了大量文章，又組織亞洲和親會，政治活動很忙，不會在一九〇七年「四月」已經正式講學；同時，他的有關文字、音韵專著，也大量結集在一九〇八年以後，這些撰著，是和講學有關的。

第四，章太炎弟子事隔多年，追述有誤，是完全有可能的，上引錢玄同就曾自己誤繫。即朱希祖雖有《日記》記錄，但在《口授少年事迹》中也曾誤作「丁未」。

因此，章太炎正式講學，應在一九〇八年[92]。早期前往受業的有龔未生、黃侃、朱希祖、朱宗萊、錢玄同、魯迅、許壽裳、周作人、錢家治[93]（稍後有汪東）等。

章太炎的講學內容，有《說文》、《莊子》、《楚辭》、《爾雅》、《廣雅》；也就是側重在文字、音韻、訓詁方面的講授。今將《朱希祖日記》中聽講記錄輯附於下：

四月四日，「下午，至清風亭，請章先生講段注《說文》，先講《六書音韻》，爲立古合音之旁轉、對轉、雙聲諸例」。

四月八日，「下午，至帝國教育會，聆章先生講〈說文序〉，先生之講轉注、假借，與許稍異，因舉例數多。燈下，閱章先生所著〈論語言文字學〉一篇」。

四月十一日，「下午，至神田大成中學校，聆講《說文》，講至五篇部首完」。

四月十五日，「下午，至大成中學校聆講《說文》，自本部至象部之部首」。

四月十八日，「下午，至大成中學校聆講《說文》，部首完，講至王部」。

四月二十二日，「下午，……二句鐘，至大成中學校聆講《說文》」。

四月二十五日，「余獨至大成中學校聆講《說文》草部，講完」。

四月二十九日，五月二日，五月六日並記：「下午，至大成中學校聆講《說文》」。

五月九日，「下午，至大成中學校聆講《說文》，至四篇之眉部」。

五月十三日，「下午二時起，至大成中學校聆講《說文》」。

五月十六日，「下午，至神田大成中學校聆講《說文》」。

五月二十日，「午後，至大成中學校聆講《說文》，至五篇上」。

五月二十三日，「下午，至大成中學校聆講《說文》，至六篇」。

五月二十七日，「下午，至大成中學校聆講《說文》」。

六月三日、六月六日並記：「下午，至大成中學校聆講《說文》」。

六月十日、六月二十日、七月一日並記：「下午，至大成中學聆講《說文》」。

七月十一日，「八時起，至太炎先生處聽講音韵之學，同學者七人，先講三十六字母及二十二部古音大略。先生云：音韵之繁簡遞嬗，其理象頗背於進化之理，古音大略有二十二部，至漢則僅有六七部，至隋唐則忽多至二百六部，唐以後變爲百七部，至今韵亦如之，而方音僅與古音相類，不過二十餘部。又北方紐正，南方韵正，漢口等處則當十八省之中樞，故其紐韵皆正」。

「午後，至大成中學校聆講《說文》，至女部完」。

七月十四日，「八時，至太炎先生寓，聆講江氏〈四聲切韵表〉，謂江氏分等多不可解，誤處甚多，分等之法，宜限乎同韵中之有小小者分之」。

七月十六日，「下午，大雨，至大成中學校聆講《說文》」。

七月十七日，「上午，至太炎先生寓，聆講音韵之學，所講者爲錢竹汀舌音類隔之說不可信，說章氏〈古音損益說〉、〈古娘日一紐歸於泥紐說〉、〈古雙聲類說〉」。

七月十八日，「午後，至大成中學校聆講《說文》」。

七月二十二日，「午後，至餘杭先生寓聆講音韵及〈新方言釋詞〉一篇」。

七月二十五日，「下午，至大成學校聆講《說文》，至亥部完畢」。

七月二十八日，「上午，至太炎先生寓，重上《說文》，自一部講起」。

七月三十一日，「上午，上《說文》」。

八月一日，「上午，至大成學校聆講音韵」。

八月五日，「上午，講《莊子》，第一次」。

八月八日，「上午，講《莊子》，第二次」。

八月十二日，「上午，講《莊子》，第三次」。

八月十五日，「上午，講《莊子》，第四次」。

八月十九日，「上午，講《莊子》，第五次」。

八月二十日，「上午，講《莊子》畢」。

八月二十六日，「上午，講《楚辭》，第一次」。

八月二十九日，「上午，講《楚辭》，第二次」。

九月二日，「上午，講《楚辭》，第三次」。

九月五日，「上午，講《楚辭》畢」。

九月九日，「午後，第一次上《爾雅義疏》，在大成學校」。

九月十二日，「十一時至十二時，上歷史研究法」。

「下午二時起至五時，第一次上《爾雅義疏》」。

九月二十三日，「下午，上《爾雅》及新制《説文部首均語》」。

九月二十六日，「上午，至大成中學聆講《爾雅》」。

九月二十七日，「下午，至民報社聆講《説文》」。

十月二十一日，「午後，……至大成學校聆講《爾雅》。聞《民報》二十七號禁止發行」。

十月二十八日，「午後，《爾雅疏證義疏》講學」。

十月三十一日，「午後起，講《廣雅疏證》」。

《錢玄同日記》四月四日至四月二十九日所記聽講《説文》七次，與《朱希祖日記》基本相同，還記有五月二日至八月一日到大成學校聽講《説文》十九次。八月五日至二十九日，聽講《莊子》六次。八月二日至九月五日，聽講《楚辭》四次。九月九日至十月二十八日在大成學校聽講郝懿行《爾雅義疏》六次。十月三十一日，聽講《廣雅疏證》等⑭。

章太炎講解《説文》時，逐字講解，或沿襲舊説，或發揮新義，歷四小時不休息，聽者亦無倦容。魯迅聽講時整理有《説文解字札記》，手抄本兩册，其一共二十六葉半，藏紹興魯迅紀念館；其二共十八葉，藏北京圖書館，後者記錄《説文》第一篇上和第一篇下，從「一」部的「一」字，到「艸」部的「蔿」字，共一三一字。

章太炎在諸弟子中，推崇黃侃，《新方言》撰成，黃侃擬〈後序〉，《太炎文錄》七輯有〈與黃侃書〉、〈與劉光漢、黃侃問答記〉等。一九〇八年，有〈三與黃侃書〉，討論文字音韻。又親致書國粹學報社，推薦黃侃[95]。此後，《國粹學報》庚戌年第四號即刊錄黃侃〈國故論叢序〉，署名「黃剛」。

《民報》被「封禁」，章太炎繼續講學，〈章太炎先生答問〉謂：先後聽講的學生，有「中國之留學生，師範班、法政班居多數，日本人亦有來聽者，不多也」。又稱：「聽者先後百數十人」。實際上，很多是「偶一聽講」，真正在學術上有顯著成就的，還是許壽裳所說的「同學八人」。他還回憶聽講情況說：

> 「章先生精力過人，博極羣書，思想高超，而又誨人不倦」。我們八個人希望聽講，而爲校課所牽，只有星期日得空。章先生慨然允許於星期日特別開一班，地點在東京小石田區民報館先生寓室，時間每星期日上午八——十二時，師生席地環一小几而圍坐，師依據段玉裁氏《說文注》，引證淵源，新誼甚富，間雜詼諧，令人無倦，亘四小時而無休息。我們聽講雖不滿一年，而受益則甚大。其說字之新穎，玆單舉一例以概其餘。
>
> 「單，《說文》大也。章先生以爲非本義。《毛詩・公劉》篇，『徹田爲糧，其軍三單』。單訓爲襲，是其本義。古文單作丫，象其繫聯也。『其軍三單』者，言更番征調，若漢時卒更，踐更、過更之制，今時常備、後備、預備之制。凡禪位、蟬位皆單之借字，其軍三單，

更番征調，以後至者充前人之缺，與禪位同義，故曰相襲。經訓與字義，契合無間。太史公《秦楚之際月表》，曰：『五年之間號令三嬗』，三嬗正當爲三單，不過所期之質不同而已。……章先生講《說文》，此其一例」㊻。

當然，聽講者有的「並非因為他是學者，卻為了他是有學問的革命家」，認為他的「業績，留在革命史上的，實在比在學術史上還要大」㊼。

章太炎在《東京留學生歡迎會演說辭》中提出的兩項辦事的方法，除「用國粹激動種性」外，還有一件是「用宗教發起信心，增進國民的道德」。從而，他在日本講學時，還自擬《佛學講稿》，原件藏日本京都大學人文科學研究所。

講稿分四部分：

第一部分為：「佛法果應認為宗教耶？抑認為哲學耶？」認為：「近代許多宗教，各有不同，以常論說來，佛法也是一種宗教，但問怎麼樣喚作宗教，不可不有個界說」。總是哲學中間兼任宗教，並不是宗教中間含有哲學。照這樣看來，佛法只與哲學家為同聚，不與宗教家為同聚」。「試想種種佛理，無不是從實驗上看出來，不是純靠理論。哲學反純靠理論，沒有實驗，這不是相差很遠嗎？佛法的高處，一方在理論極成，一方在聖智內證。豈但不為宗教起見，也並不為解脱生死起見，不為提倡道德起見，只是發明真如的見解，必要實證真如。發明如來藏的見解，必要實證如來藏。與其稱為宗教，不如稱為『哲學之實證者』」。「從來著了宗教的見解，總不免執守自宗，攻擊異己」。印度「本來專門講學，原是要彼此辯論。但據著道理的辯，總是愈辯愈精，執著宗教的辯，反是愈辯愈劣」。「若曉得佛法本來不是宗教，自然放大眼光，自由研究。縱使未能趨入實證一途，在哲學的理論上，必定可以脫除障礙，獲見光明」。

第二部分為「佛法也有不圓滿處，應待後人補苴」。認為「佛法中原有真諦、俗諦二門。本來不能離開俗諦，去講真諦。大乘發揮的道理，不過『不法惟心』四個字。因為心是人人所能自證。所以說來没有破綻。若俗諦中不可說心，也就不能成立這個真諦。但在真諦一邊，到如來藏緣起宗、阿賴那緣起宗，已占哲學上最高的地位」。但如「植物有命、礦物有知的俗諦，佛法中不能說得圓滿。」認為「現在講唯心論的，必要破唯物論，依兄弟看，唯心論不必破唯物論，反可以包容得唯物論，只要提出『三性』，就可以說明了。第一是據『依他起自性』」，第二是「據徧計所執自性」，第三是「據圓成實在性」。

第三部分為「印度佛法、支那佛法，本自有異，不可強同，而亦有互相補助之處」。「只要各取所長，互相補助，自然成一種圓滿無缺的哲學」。

第四部分為「佛法應務，即同老、莊」。認為「佛法本來稱出世法，但到底不能離世間法」。「若專用佛法去應世務，規劃總有不周。若借用無政府黨的話，理論即是偏於唯物，方法實在没有完成。唯有把佛與老、莊和合，這才是善權大士，救時應務的第一良法」。

章太炎還在《民報》上陸續發表〈大乘佛教緣起說〉、〈辨大乘起信論之真偽〉、〈龍樹薩生滅年月考〉等研討佛學的文篇，致有《民報》有「佛聲」的批評。他在「蘇報案」入獄後，精讀佛經，出獄東渡又勤讀西方各種學說，感到「若沒有宗教，這道德必不得增進，生存競爭，專為一己，就要團結起來」⑱，而講究「孔教」的，又「使人不脫富貴利祿的思想」，從而想用「宗教發起信心，增進國民的道德」，講究佛學，有其一定的時代背景。但要利用佛教，「同發大願，勇猛無畏」，也畢竟難予實現。這樣，他的「用宗教發起信心」，也只能成為高妙的幻想，成為不可實現的幻想。

六　辛亥革命前夕

一九〇八年《民報》「封禁」以後，是章太炎政治生涯的一個重要環節，他和孫中山鬧矛盾，又退處講學，重組會黨，致每為論者所不滿。但，這時章太炎是否已經脫離革命？對上述問題又該怎樣實事求是地分析？頗有進一步研究的必要。

辛亥革命前夕，章太炎在東京講學，講的是《說文》、《莊子》、《楚辭》、《廣雅》、《爾雅》，「或則闡明語原，或則推見本字，或則旁證以各處方言」⑲，主要是「文字音韻之學」。與此同時，他又寫成大量學術著作，《新方言》、《國故論衡》、《劉子政左氏說》、《莊子解詁》、《小學答問》、《齊物論釋》、《文始》等書陸續刊行。這些專著，種類繁賾，字數衆多，在語文、歷史、哲學方面，均有創獲，對近代學術產生很大影響，而一九〇九年以後，他的政治論文卻相對地減少了。

章太炎的正式講學，據《朱希祖日記》⑩⓪所載，自一九〇八年四月四日開始，亦即《民報》第十九期出版以後，這時，他主持《民報》，〈排滿平議〉、〈駁神我憲政說〉、〈革命軍約法問答〉等宣傳反清革命、揭露立憲黨人醜態的文篇，都是講學以後所發，「匡扶光復」，應無疑義。問題是這些專著都完成在十月十日《民報》被「封禁」以後，也是章太炎和同盟會發生磨擦之時。那麼，退處講學，是否意味他已「埋首書齋」、「潛心學術」？是否意味他已脫離革命？這就值得探討。我認為章太炎的衰退迹象雖漸呈現，但還不能說他已經「埋首書齋」、脫離革命。

首先，這些專著雖則刊於《民報》「封禁」以後，實際早已屬草，有的且有成稿，並不都是十月十日以後「埋首書齋」所作。例如《新方言》，是一九〇九年八月印於日本東京，一九一〇年又加「修治」，再出「定本」的。而他的起草卻在一九〇六年，即出獄東渡，主持《民報》不久，〈丙午與劉光漢書〉說：「若能精如楊子，輯為一書，上通故訓，下諧時俗，亦可以發思古之幽情矣」⑩①，即指《新方言》而言。此信寫於丙午，即一九〇六年。次年，章氏將「近作《新方言》一卷」，寄送孫詒讓「就正」⑩②，接著，《國粹學報》開始刊載。丁未年第十二號章氏〈與人論國粹學書〉稱：「《新方言》亦著錄訖，自謂精審」。〈再與人論國粹學書〉又稱：「即吾作《新方言》亦尚費歲餘考索」⑬。可知《新方言》撰於一九〇六年，成於一九〇八年。《民報》第二十一號附有〈博徵海內方言告白〉：「僕前撰《新方言》一册，略得三百七十餘條，近復輾轉鈎考，又發現百餘事」，再加修訂，到一九〇九年印出。知《新方言》不是《民報》「封禁」後再寫。

《國故論衡》，一九一〇年初版，其中好多篇目，早在《國粹學報》登過，如〈語言緣起說〉，載丙午年第十二、十三號；〈古今音損益說〉、〈一字重音說〉，載戊申年第七號；而章氏自編的《太炎集》則繫為「丙午」文⑭；〈古音娘日二紐歸泥說〉，載戊申年第五號；〈古雙聲說〉載同年第六號，《太炎集》均繫為「丁未文」；〈原經〉，載己酉年第十號，而《太炎集》繫為「戊申文」。它不全是《民報》「封禁」後所作。

《劉子政左氏說》，一九〇八年由《國粹學報》連載刊完。查章氏〈與人論國粹學書〉稱：「今次得《劉子政左氏說》一卷」。此信載《國粹學報》丁未年第十二號，知一九〇七年即已完稿。

《莊子解詁》，一九〇九至一九一〇年由《國粹學報》刊完，自稱：「會與諸生講習舊文，即以己意發正百數十事，亦或雜採諸錄」，是他在東京講學時所撰。據《朱希祖日記》，講授《莊子》凡六次，一九〇八年八月五日開始，八月二十日結束，《民報》「封禁」，則在十月。

《小學答問》，一九〇九年由錢玄同寫刻，一九一一年出書，章氏自稱係「亡命東京」，錢夏（玄同）、黃侃等「相聚講學」而成。據《朱希祖日記》，講授《說文》凡二十七次，一九〇八年四月四日開始，八月五日結束，中間兼講音韻。九月二十七日，又講《說文》一次，也在《民報》「封禁」以前。

《齊物論釋》，一九一〇年「修治」，而撰寫則始於一九〇八年講授《莊子》之時。

《文始》，一九一〇年成書，在《學林》連載，據章氏《自述學術次第》[105]，撰寫時間應與《新方言》相近。

由上可知，這些學術專著，「修治」、刊出確在《民報》「封禁」以後，而撰述卻早，大都是章太炎初抵日本、主持《民報》時即已屬草，且係歷年治學積累，決非短短二三年所克遽就。當然，「修治」定稿，要花費很大精力，「提獎光復，未嘗廢學」[106]，政治活動的時間減少了。但他在主持《民報》時「未嘗廢學」，《民報》「封禁」後也仍「提獎光復」，不能說他學術著作多了，就已脫離革命。

其次，這些著作，屬於音韵訓詁的「樸學」，而字裡行間，仍不乏「提獎光復」之詞。如《國故論衡》的〈原經〉說：「國之有史久遠，則亡滅之難。自秦氏以訖今茲，四夷交侵，王道中絕者數矣。然猾者不敢毀棄舊章，反正又易，藉不獲濟，而憤心時務時時見於行事，是以待後。故令國性不墜，民自知貴於戎狄，非《春秋》孰綱維是！……孔子不布《春秋》，前人往不能語後人，後人亦無以識前，乍被侵略，則相安於輿台之分。詩云：『宛其死矣，他人是偷。』此可為流涕長潸者也」。滲透爭取民族解放的信念，與反清鬥爭有關。當然，其中含有濃厚的大漢族主義思想和章太炎「用國粹激動種性，增進愛國的熱腸」的「高妙的幻想」。但「提獎光復」，還是不渝。又如《齊物論釋》，章氏後來追敍寫作原由說：「余既解《齊物》，於老氏亦能推明，佛法雖高，不應於政治社會，此則惟待老、莊也，儒家比之，邈焉不相逮矣」⑩⑦。也不是不注意「政治社會」的單純學術著作。

這些著作，又多和章太炎的東京講學有關，《民報》「封禁」後，他仍講學不輟，講的確係古籍，確係訓詁音韻，但他也講過歷史研究法⑩⑧。「有時隨便談天，亦復詼諧間作，妙語解頤」⑩⑨，不會不接觸時事。魯迅回憶：「前去聽講也在這個時候，但並非因為他是學者，卻為了他是有學問的革命家，所以直到現在，先生的音容笑貌還在目前，而所講的《說文解字》卻一句也不記得了」⑪⓪。黃侃也說：「其授人國學也，以謂國不幸衰亡，學術不絕，民猶有所觀感，庶幾收碩果之效，有復國之望，故勤勤懇懇，不憚其勞，弟子至數百人」⑪①。章太炎並沒有忘記「兵革」，他的學生也認為他是「有學問的革命家」。

再次，章太炎在《民報》「封禁」後二、三年間，學術著作陸續出版，政治論文是相對地減少了，但並不是沒有；只是有些文篇，沒有輯入手定的《章氏叢書》，有的文篇雖然輯入，又未標明寫作時間或經刪削，以致被人忽視。這裡試舉數例：

一九一〇年三月十日，章太炎主辦的《教育今語雜誌》在東京創刊，作為光復會的「通訊機關」⑪②。重組光復會，使「同盟分勢」，章太炎不能辭其咎，但當時他的鬥爭鋒芒，還是針對清政府。這點，下文還將申述。即從《教育今語雜誌》四冊來說，署的是「共和紀元二千七百五十一年」，不是「清帝紀元」，而是明標「共和」。〈緣起〉說：「真愛祖國而愿學者，蓋有樂乎此也」，叫人要「愛祖國」，愛「中夏」，除「外禍」，「辟邪辭」（第一册）。它又以「提倡平民普及教育為宗旨」，「演以淺顯之語言」，用的是白話文。章太炎在該刊發表的演說和文章有七篇，即：〈中國文化之根源和近代學術的發達〉（第一册）；〈常識與教育〉、〈論經的大意〉（第二册）；〈教育的根本要從自國自心發出來〉、〈論諸子的大概〉（第三册）；〈庚戌會演說錄〉、〈論文字的通借〉（第二册），都是用章氏後來反對的白話文。這些文篇，不如《民報》的「針鋒相對」，也夾雜不少封建糟粕，然而，憂國反帝之詞，仍溢於言表，如〈中國文化之根源和近代學術的發達〉，說是「史學講人話，教主講鬼話，鬼話是要人愚，人話是要人智，心思是迥然不同的」，明顯指斥康有為、梁啟超等宣傳保皇、主張立憲的鬼話，而要從歷史中激起「愛國愛種的心」。〈教育的根本要從自國自心發出來〉，對「只佩服別國的學說，對著本國的學說不論精粗美惡，一概不錄」的盲目崇外，以至「說別國的學說，中國古來都現成的」牽強附會加以批評，和當時政治仍有關聯。

一九一〇年，章太炎在日本主編的《學林》兩輯，也有詆擊儒家今文學派和程、朱宋學的文篇，如〈信史〉謂「儒家好今文者」以為「玄聖没矣，其意托之經，經不盡，故著微言於緯」。章氏指出緯書不可信，不能「信神教之款言」。對康有為等宣揚的三統循環論也進行了批判。〈程師〉借批判廖平以批判康有為的「自擬仲尼」。〈思鄉愿〉對當時士子迷戀程、朱，「敷釋《論語》」，依附《集注》」，認為「不足化民」。〈釋戴〉對戴震在文化高壓政策下，「發憤著《原善》、《孟子字義疏證》」，「明死於法可救，死於理即不可救」為「具知民生隱曲」。這種對康有為等利用今文鼓吹保皇立憲的揭露，以及對踞於堂廟的程、朱信徒的指摘，都起過一定作用。

辛亥革命前夕，章太炎還寫了〈誅政黨〉，對立憲黨人口誅筆伐，刊登在立憲黨活動的檳榔嶼《光華日報》上（詳後）。武昌起義消息傳到東京，「滿洲留日學生」「有主張向日本借兵」時，他又作書正告：「所謂民族革命者，本欲復我主權，勿令他人攘奪耳；非欲屠夷滿族，使無孑遺，效昔日揚州十日之為也；亦非欲奴視滿人不與齊民齒敍也。」「若大軍北定宛平，貴政府一時傾覆，君等滿族，亦是中國人民，農商之業，任所欲為，選舉之權，一切平等，優游共和政體之中，其樂何似」⑪③。申明反清「民族革命」，在於推翻清朝封建專制政府，並對革命以後建立「共和政體」表示嚮往。

當然，還應指出，這時章太炎的政治論文確漸減少，革命意志較前衰退，一九〇八年，他著手編輯《太炎集》，所錄以學術論文為多。關於論文的選定標準，他在給友人的信中是這樣講的：「僕之文辭，為雅俗所知者，蓋論事數首而已，斯皆淺露，其辭取足便俗，無當於文苑。向作《訄書》，文實閎雅，篋中所藏，視此者亦數十首，蓋博而有約，文不掩質，以是為文章職墨，流俗或未之好也」⑪④。「論事數首」，指的是〈駁康有為論革命書〉以及發表在《民報》、《復報》等報刊上的戰鬥作品，章氏以為「無當於文苑」。這些「雅俗共知」，起了重大政治影響的「論事數首」，章氏反以為「淺露」，而詰屈聱牙、索解為難的，卻以為可入「文苑」。以往章太炎在中外反動派的嚴密監視下，用比較隱諱深奧的文字闡述反清思想，是可以理解的；但章太炎在辛亥前夕，追求「流俗或未之好」的所謂「傳世」之文，寫作不再是為了當前的戰鬥，而想留入今後的「文苑」。這不能不說是一個倒退。不過，上述學術著作構思很早、東京講學「提獎光復」、武昌起義「重申反清的事實」，也不容不顧。因此，章太炎在《民報》「封禁」以後「潛心學術」的跡象雖漸呈現，但還不能單從學術專著的刊布說他已經「埋首書齋」、脫離革命。

《民報》「封禁」前後，章太炎和孫中山發生矛盾，此後，又和陶成章重組光復會，鬧派別糾紛，做了一些對革命不利的事。但是否可說章太炎已經背離同盟會宗旨，不主張革命了呢？也不能。

章太炎和孫中山的矛盾形成，發端於一九〇七年，是為了《民報》的經費和續刊問題引起的。孫中山離日前，得到日本政府和股票商鈴木久五郎饋金一萬五千元，以二千元留為《民報》維持費，餘款悉充軍費，遭到章太炎的反對。當時孫中山發動武裝起義，籌辦軍餉，需款孔殷；而《民報》經費確也困難。萍鄉之役以後，「《民報》已不能輸入內地，銷數減半，印刷、房飯之費，不足自資」。章太炎所謂「入社則饔飧已絕，人迹不存，……持此殘局，朝活文章，暮營懸費，復須酬對外賓，支柱警察，心力告瘁，寢食都忘」⑮，似屬實情。黃侃說：章太炎這時「寓廬至數月不舉火，日以百錢市麥餅自度，衣被三年不浣，困阨如此，而德操彌厲」⑯，也非虛語。吳玉章回憶：「《民報》正遭遇到極大的困難。由於經費不濟，章太炎等人幾乎有斷炊之虞。他派陶成章到南洋去募捐，也無結果，因南洋華僑與興中會關係較深，而與光復會素少聯繫。因此章太炎罵孫中山先生不支持他辦《民報》。其實孫中山先生這時到處搞武裝起義都遭失敗，也很困難。章的埋怨徒然暴露了同盟會內部派系之間的裂痕。看到這種情形，我覺得孫中山先生既無過錯，而章太炎也可以原諒」⑰。這樣的評價是公允的。在孫中山離日後、《民報》「封禁」前，章、孫矛盾已經存在了，章太炎的埋怨，暴露了內部派系之間的裂痕，但還可原諒。

值得注意的是，章太炎還在主編《民報》，堅持出版，繼續文字宣傳，展開反清革命，「寢食都忘」，「持此殘局」，並没有向清政府妥協，也没有向帝國主義乞憐。特別是《民報》「封禁」時，章太炎責讓日本內務大臣平田東助，揭露日、清勾結的陰謀，表示「不受權術籠絡」，「不變『革命宗旨』」，「著以威嚇利誘之故，而以《民報》之革命宗旨與滿洲政府所贈利益交換，本編輯人兼發行人寧為玉碎，不為瓦全」⑱。他還親蒞警廳，慷慨陳詞，不怕坐牢，高呼「革命無罪」⑲。這種精神，也很難能。

然而，孫中山離開日本以後，「東京同盟會頗蕭散」，真如「羣龍無首」，劉揆一又「望淺，衆意不屬」。《民報》「封禁」，汪精衛續辦，章太炎斥之為「偽《民報》」，作《偽〈民報〉檢舉狀》，責備孫中山「背本忘約，見危不振」，甚至說是什麼「懷挾巨資」，「干没可知」，公開發表在《日華新報》上，並為新加坡保皇報《南洋總匯報》所轉載，影響很壞。章太炎門户之見很深，没有顧全大局，這是他在辛亥革命前夕的很大錯誤。但在分析錯誤的形成和發展上，尚需考慮下述兩點：

第一，續辦《民報》的是汪精衛，章、孫矛盾的加深，和汪精衛的挑撥有關。一九〇九年，陶成章自南洋回到東京，在〈致鐵仙若愚書〉中說：「東京總會名存實亡，號召不盡，全由一二小人誕妄無恥，每事失信，以至於此耳。弟初到之時，即與克強公商議，不料已先入精衛之言（先已有信云），而精衛亦即隨之而至，以術餌克強，遂不由公議，而以《民報》授之，以精衛為編輯人，由秀光社秘密出版，托名巴黎發行。東京同人概未與聞，為易本義兄所知，告之章太炎先生，太炎大怒，於是有傳單之發。克強既不肯發布公啟，弟往向之索回，不肯歸還。太炎傳單出後，克強屢使人恐嚇之，謂有人欲稱足下以破壞團體故也」⑳。〈致亦達、柱中書〉也說：「克公之言，弟未敢妄議其是非，唯精衛之欺妄，弟已親受之矣」㉑。指出汪精衛在黃興處的挑撥「欺妄」。黃興在〈致孫中山書〉中也談到續辦《民報》「與精衛等商量」㉒；在〈為陶成章等誣謗孫中山事致巴黎《新世紀》書〉又謂：「請精衛君來東任其編輯」，「前已由精衛君將情形函達貴社」㉓。知汪精衛「以術餌克強」，挑撥孫、章，增加裂痕；《民報》的交給汪精衛續辦，復「不由公議」，章太炎事前也不知悉，引起不滿。汪精衛是在章、孫矛盾中起了推波揚瀾的作用的。

第二，續辦的《民報》，托名「法國巴黎濮侶街四號為總發行所」，實則仍在日本秘密印刷，托名地點即《新世紀》發行所。《新世紀》為吳敬恆主編，吳又向為章太炎所鄙視，〈覆吳敬恆書〉、〈再覆吳敬恆書〉就是揭露吳敬恆向敵人「獻策」的。吳敬恆借《民報》「封禁」對章大肆攻擊，章也益為不滿。

《民報》續辦前後，《新世紀》對章太炎的抨擊是多方面的，例如：一九〇九年六月出版的《新世紀》一〇二、一〇三號，對章氏《駁中國用萬國新語説》連續批判。十月十六日出版的《新世紀》一一四號「本社廣告」，謂《民報》第二十五期起，「將以本社為主要之發行所」，「其文皆由我國大撰述家所論述，其價值久著海內，無煩縷告」。注云：「此非指國粹而言，文章當隨時進化，同為天演界中之一端，豈有專求於昔人之古訓詞格，可盡文章之能事者，故好古之陋儒，拘墟於經典而為文，無異侈言商、周之明堂太室，用以研究新世界之建築術也」。注中「國粹」云云，係譏章氏。十二月十八日出版的《新世紀》一一六號「本社廣告」：「《民報》第二十五號已竟告成，由汪君精衛一手所編輯，漢民、民意諸君皆有述作，章太炎氏因未經參與，忽發簡歡之牢騷，妄肆詆諆，罵為偽《民報》。東方黨人皆不直章君之所為，羣起攻斥，因此一段故事，續刊之《民報》一時愈為黨界所歡迎」。「《民報》續刊，汪精衛君作總編輯，而章太炎君不悦。……實為新奇之競爭」。吳敬恆利用《民報》續刊，孫、章矛盾，從中挑煽，以發私憤，章太炎對此自然不能容忍。

章太炎攻擊孫中山，當然不好；汪精衛、吳敬恆的挑煽，也因章太炎本身有弱點，有隙可乘。孫中山所說：「陶（成章）之志猶在巨款不得，乃行反噬；而章之欲則不過在數千不得，乃以罪人。陶乃以同盟會為中國，而章則以民報社為中國，以《民報》之編輯為彼一人萬世一系之帝統，故供應不周，則為莫大之罪。《民報》復刊，不以彼為編輯，則為偽《民報》」⑫④。還只視為內部糾紛。即續刊的《民報》，在第二十六號所載「本社謹白」，分析章太炎所以發布〈偽民報檢舉狀〉的原因，也說是「好信讒言」，以「章君夙反對《新世紀報》，……今茲聞《新世紀》諸君兼任《民報》發行、印刷之事，故斷然反對」。沒有說章太炎已經走向革命的反面。

問題是《新世紀》刊登了章太炎寫給劉師培、何震的信，說是章太炎和端方有關係，「萬金出賣一革命，至為便宜」；一九一〇年，章太炎又和陶成章重組光復會，造成分裂。這兩件大事，卻是剖析章太炎在辛亥革命前夕政治態度的大事，不可不論。

關於章太炎寫給劉師培、何震的信，未曾看到原件照片，不能斷定其中有無篡改，但從信中內容來看，所說「欲出家」、赴印度缺款等等，與章太炎行事相合。至於何震的注則不可靠，因為何震決不會接到章信即行加注，而必定是投敵自首後所加，誇增緣飾，自所必然。這五封信的真偽和章太炎與端方的關係，楊天石等已有專文剖析⑫⑤，這裡不擬贅述。只是就信中所謂「欲出家」、赴印度和向清吏借款事，是否可以判定章太炎已經背叛革命，我認為也是不能，理由是：

第一、五封信寫於一九〇七年十一月至一九〇八年一月間，而在此以後，章太炎仍在《民報》撰文。《民報》第十九號，刊於一九〇八年二月二十五日，自此至第二十四號，章氏都有文章。試舉兩文為例：〈排滿平議〉刊於六月十日出版的第二十一號，文曰：「吾儕所執守者，非排一切政府，非排一切滿人，所欲排者，為滿人在漢之政府。而今之政府，為滿洲所竊據，人所共知，不煩別為標目，故簡略言之，則曰排滿云爾」。「今之所排，既在滿洲政府，雖誅夷漢吏，亦以其為滿洲政府所用而誅夷之，非泛以其為吏而誅夷之，是故誅夷漢吏，亦不出排滿之域也」。指出「今之所排」在「滿洲政府」。〈革命軍約法問答〉，刊於七月十日出版的第二十二號，文曰：「言種族革命，則滿人為巨敵，而歐、美少輕；以異族之攘吾政府者，在彼不在此也；若就政治社會計之，則西人之禍吾族，其烈千百倍於滿洲」。事實證明，章太炎沒有忘懷革命。

第二、章太炎確曾想到印度出家，沒有旅費，向清吏借款，是一大污漬。即便如此，也尚未投敵。陶成章在〈致柱中、若愚書〉說：「太炎作和尚之意實有，至偵探，斷斷無之。彼居東京，每日講學，所出入者止學堂，何有官場特派員，昭昭在人耳目，誣妄太炎先生無益也。」即後來發現的劉師培自白書也只說：「倘明公（指端方）赦其既往之愆，開以自新之路，助以薄款，按月支給，則國學得一保存之人，而革命黨亦失一績學工文之士。以彼苦身勵行，重於言諾，往印以後，決不至於有負於明公」[126]。沒有講章太炎「得款」後投到端方門下。況且，章太炎即使到了印度，也斷不會到印度去幫助清朝，只是使「革命黨中亦失一績學工文之士」。章太炎思想上一度「消極遁世」，行動上卻未公開投敵。

至於重組光復會，是否意味章太炎「背叛同盟」呢？我認為關鍵還要看光復會當時的主要門爭鋒芒是什麼，是清政府還是同盟會？當光復會加入同盟會後，光復會中徐錫麟「志在光復而鄙逸仙為人」，陶成章「亦不憙逸仙」，李燮和「亡命爪哇」，陶、李深結，「遂與逸仙分勢」，裂痕日深，終致重組光復會，和同盟會在南洋爭奪勢力。但他們還是「鼓吹革命」[127]。陶成章在光復會成立後寫給譚人鳳的信，謂「必不汲汲擴張，以教育為進取，察學生之有志者聯絡之，如是而已。又一面經營商業云」和「辦暗殺事宜，以振動華僑」，對孫中山的「地方起兵」則示不滿，陶成章還主張「將太炎公改為教育會會長方為合宜，蓋彼之能力在此不在彼，若久用違其長，又難持久矣」[128]。在革命策略上，不滿於孫中山的側重華南武裝鬥爭；在南洋活動上，「不受同盟會本部節制」，「使同盟分勢」，當然不好，但光復會反的還是清政府，還是以反清「光復」相號召，它沒有睽離「驅逐韃虜，恢復中華，建立民國」的同盟誓言。

章太炎、陶成章對孫中山、黃興發動攻擊，鬧到重組會黨，是不慊人望的。但在實際行動中，他們還是展開反清鬥爭；不久，他們對這一段糾紛公案，也認為「不必攻擊」。陶成章稍後提出：「孫文以後不必攻擊，弟意亦然。而弟之意，即意見不同，宗旨不合者，辯正可也，不辯正亦可也，再不可如前者之《中興報》，日從事於謾罵，不成日報體裁。即個人私德有缺陷者，亦不可多加攻擊。蓋羞惡之心，人皆有之，多所取怨，於所辦之目的宗旨上，毫無所裨益」[129]。把光復會和孫中山同盟會的爭論，只看作「意見不同，宗旨不合」，視為內部問題。後來，同盟會在籌劃廣州黃花岡之役時，光復會即曾「合力籌款」[130]。武昌起義後，章太炎致書孫中山：「同盟之好，未之敢忘」⑬；又追述光復會歷史：「二黨宗旨，初無大異，特民權、民生之說殊耳。最後同盟會行及嶺表，外暨南洋；光復會亦繼續前迹，以南部為根基，推東京為主幹。僕以下材，同人謂是故舊，舉為會長，遙作依歸，素不習南州風俗，惟知自守禮教而已」⑫。他和孫中山之間，還只能說是內部派別糾紛。我們不能張目於個人的攻擊，把章、孫矛盾擴大化；不能把同盟會內部的衝突看作章太炎已經「背叛同盟」；也不能把資產階級革命派政治上不成熟的表現，說是章太炎那時已經不革命甚至反對革命了。

武昌起義勝利，章太炎提出了「革命軍起，革命黨消」的錯誤口號，反對「以一黨組織政府」⑬，並和一些立憲黨人在一起，組織中華民國聯合會，有他的階級根源和思想根源，是否章太炎在辛亥革命前夕，早和立憲黨人沆瀣一氣了呢？也不是的。

武昌起義前夕，章太炎寫了〈誅政黨〉，發表在檳榔嶼《光華日報》上，以為「朋黨之興，必在季世」，「天下之至猥賤，莫如政客」。中國政黨，「非妄則誇」，並「校第品藻」，「發憤筆而誅之」。恰恰「誅」的是立憲黨人。由於這篇文章，《章氏叢書》刊落，流傳絕少，未曾為人注意，有必要引錄說明。

章太炎認為當世黨人「觀其言行，相其文質」，略得七類：

第一類是「治公羊學」，「自鳴得意，謂受殊知，及今猶自焜耀。中更猖獗，欲效高歡故事以弋大官，事機敗露，逋逃異國，利夫蒿里喪元者不能起而辨其誣也，則譸張為幻，以欺黔首，身竄絕域之表，心在魏闕之下。見僑商多金，戢戢如鷹隼，……賄賂之外，復營菟裘」。指的是康有為騙取華僑捐款，昌言保皇，抵制革命。又說：「學未及其師，而變詐過之，掇拾島國賊儒緒說，自命知學，作報海外，騰肆奸言，為人所收，則更名《國風》，頌天王而媚朝貴，文不足以自華，乃以帖括之聲音節湊，參合倭人文體，而以文界革命自豪」[134]。指的是梁啟超於一九一〇年一月在東京創辦《國風報》，宣傳「國會請願同志會」成立的意義，號召各地的立憲分子參加，以擴大請願的聲勢[135]。章太炎指斥這一類是「曲事大璫，以求祿秩」，「昏淫猖詐，古未曾有」。

第二類是「不爭於朝，而爭於市」。「既好貨殖」，「家既不訾，乃求比封君而抗禮王侯，束帛之幣，以賂貴臣，則膺顯秩而備顧問，復大結朋黨，將隱操政權以便其私」。指的是地主、官僚和民族資產階級上層的一些立憲黨人。一九〇八年六月間，廣東士紳代表入京呈遞國會請願書，康有為的「中華帝國憲政會」也聯合華僑中的立憲分子，以海外二百餘埠華僑的名義上書要求開國會，實行立憲。康、梁等更謀賄賂肅親王，拉攏良弼等滿洲貴族為自己使用，「束帛之幣，以賂貴臣」指此。章太炎斥為「選舉徒有空名，民生日即艱苦，王室傾而政出富民」。

第三類是「心醉利祿，一變而談保皇，宗國幅裂，民生多艱，置夏民而為引弓者謀生計，陳義縱高，權衡已喪，將以媚大長，則尤無恥矣。不輦金於朝貴而要藩鎮，與一二黨徒，激揚名聲，以動聽聞，大命一至，若恐弗及」。「高談佛理，竟在欺世」，「至於告密藩鎮，大者鈎黨，殺多士，賊烈女，以快其私」。指的是蔣智由。蔣曾學過佛典。「殺多士，賊烈女」，指「秋瑾案」告密事㊱。蔣智由和梁啟超等組織推動立憲運動的政聞社，章氏曾與之鬥爭。本文斥之為「熱中利祿，無由得進，大結黨徒，聞政主上」。

第四類是「少游學於歐洲，見其車馬宮室衣裳之好，甚於漢土，遂至鄙夷宗邦，等視戎夏」。「上者學文桐城，粗通小學，能譯歐西先哲之書，而節湊未離帖括，其理雖至淺薄，務為華妙之辭以欺人，近且倡言功利，嘩世取寵，徒說者信之，號為博通中外之大儒」。指的是嚴復。嚴復翻譯甄克思（E. Jenks）《社會通詮》（*History of Politics*），比附其說，謂「中國社會，宗法而兼軍國者也」，斷言民族主義不足以救中國，實質上是反對革命，為清政府辯護，立憲黨人又予渲染，章太炎曾撰《社會通詮商兌》以駁之。本文又說：「下者以六籍之文為誣，而信大秦之教，即奉天生〔主〕聖母矣」，「而乃連結身犯重案之人，以成良莠不齊之黨」。指的是馬良。馬良任政聞社總務員，發表〈就任演說〉等鼓吹立憲之作，章氏曾撰〈駁神我憲政說〉、〈馬良請速開國會〉等文批駁。本文指斥這一類是「一則服事豪帥以致科第，且得議郎；一則專樹朋徒以耀聲譽，而求富貴。進無補於國計，退無迹於簡編」。

第五類是「習聞苟偷法政者之言，以為國會可以致富強而便馳騁，於是以請開國會之名，號召黨徒」。「既游京師」，「行必厚贐」，「而乃憑依權豪，附托顯貴」，遂使「識者掩口，海內嗟嘆」。指的是政聞社法部主事陳景仁請速開國會，馬良復致憲政編查館「宣布期限，以三年召集國會」，以及梁啟超派他的密友徐佛蘇去北京活動。一九一〇年春，徐佛蘇在北京參加了請願代表團，和當時的請願代表湯化龍、孫洪伊、林長民等發生聯繫，開展「國會請願運動」。章太炎指斥這一類是以「請開國會」為「起富之道」，「是可謂黨人之黠者，非真為國家」，「何無耻至於斯也」。

第六類是「既入資政之院，品核公卿，裁量宰輔，譏刺內寵，訕謗朝政，一言才出，直聲聞於天下，貴臣動容，黎庶色喜」。「執政病其害己，稍羈縻之，亦帖然以就範圍」。等到「爵秩既賜，謗聲隨衰，貴游一言，則稽首以拜大命，王公一怒，則征營不知死所。甚乃承受意旨，膏唇拭舌，甘禍生民，以效忠政府」。以致「開院一稔，四海困窮，而政府之暴滋甚」。指的是資政員和各省諮議局員。章氏斥為「非權貴適足以要權貴，謗政府適所以求政府」。

第七類是「昵邇豪帥，交歡貴臣，伺候奔走，不惶起處」。「近年朝野競談立憲，新黨亦稍稍復出」，「觀其建鐵路於鄉里，至言好貨者必稱其名，貪饕可以想見」。至於「奪齊民之業，借強國之債，逢迎當塗，以得大郡者，其罪更浮於為師傅者矣」。指的是江浙的張謇、湯壽潛以及爭粵漢、京漢鐵路權利的湘、川、閩、粵仕紳，章太炎斥之為「有黨若此，速中國之亡而已」。

章太炎認為這七類，雖則「操術各異，而兢名死利，則同為民蠹，又一丘之貉也」。事實上，這七類都是立憲派，跟隨革命形勢的發展，立憲派的立憲請願活動也就越益頻繁。章太炎在立憲聲浪喧囂一時之際，在海外華僑聚集、立憲保皇分子一度盤踞之所，發表了〈誅政黨〉，把他們的面貌一一揭露。他没有和立憲分子沆瀣一氣，而是和他們展開鬥爭的。

這時，武裝起義時機成熟，清朝統治面臨崩潰，章太炎指斥立憲派，卻不談武裝革命，說什麼「赫然振作，以恢九服」之後，各政黨「內審齊民之情，外察宇內之勢，調和斟酌，以成政事而利國家，不亦休乎？」反映了他政治上的徬徨和對羣衆鬥爭的不信賴。以致武昌起義勝利，章氏返國後，就和立憲分子一起搞他本來「誅」過的政黨活動。但章太炎在辛亥革命前夕，卻是反擊立憲的。

一九〇七年至一九〇八年間，同盟會在華南沿海和沿邊地區發動了六次武裝起義，光復會也在浙江、安徽發動兩次起義。連續不斷的武裝起義，大為振奮人心，促進了全國革命形勢的發展。但起義的失敗，使同盟會的力量受到挫折，革命黨人內部的分歧和渙散也就明顯加深。等到一九一〇年廣州起義失敗後，同盟會一些領導人中間還出現過悲觀失望的情緒。「舉目前途，衆有憂色，詢及將來計劃，莫不唏噓太息，相視無言」⑬⑦。一些革命黨人喪失信心，不願從事艱苦工作，企圖組織暗殺團體，進行個人恐怖活動；有的還散布不滿孫中山的言論，另組團體。這是當時整個階級鬥爭形勢反映的一個側面，也暴露了中國資產階級的軟弱性，他們的革命機構也只是一個組織渙散、紀律鬆弛的政治聯盟。章太炎在這一時期，和同盟會鬧矛盾，重組光復會，政治論文顯見減少，革命意志較前衰退，他還做了一些對革命事業不利的事。對此，必須正確指出，恰當評論。

然而，也應該看到，辛亥革命前夕，章太炎反清革命的大方向還是沒有變。他與同盟會之間的爭論，也只能說是革命派內部的派別糾紛。對歷史人物的評價，不能求全責備，而應充分占有材料，根據當時的歷史條件和實際情況，予以實事求是的分析。

---

① 蔣維喬：〈中國教育會之回憶〉，《上海研究資料續集》。

② 《太炎最近文錄》。

③ 江介散人：〈革命閑話〉，見《太平雜誌》第一號，一九二九年一月十日發行。

④ 《總理年譜長編》卷上第一四一頁。

⑤ 見《辛亥革命回憶錄》第三集第四頁。

⑥ 民意：〈紀七月十五日歡迎章炳麟枚叔先生事〉，《民報》第六號。

⑦ 章太炎：〈東京留學生歡迎會演說辭〉，《民報》第六號。

⑧ 許壽裳：〈紀念老師章太炎先生〉，《制言》第二十五期。

⑨ 《民報》第一號再版本所記為十月二十日印刷，據鄒魯《中國國民黨史稿》所記，為十一月二十六日出版。

⑩ 宋教仁：《我之日記》第五第二十五頁。

⑪ 孫中山：〈民報發刊辭〉，見《民報》第一號。
⑫ 康有為：《法國創興沿革》，手稿，上海市文物保管委員會藏。
⑬ 梁啟超：六月〈致南海先生書〉，見《梁任公先生年譜長編》「光緒三十三年丁未」條。
⑭ 見《政論》第一號，光緒三十三年九月一日出版。
⑮ 章太炎：〈政聞社員大會破壞狀〉，《民報》第十七號，收入《太炎文錄．別錄》卷二。
⑯ 見《政論》第三號。
⑰ 梁啟超：〈致蔣觀雲、徐佛蘇及社員諸君書〉，光緒三十三年十一月，見《梁任公先生年譜長編》「光緒三十三年丁未」條。
⑱ 蔣智由〈致章太炎書〉二通和章太炎〈覆蔣智由書〉，抄件，南京圖書館藏，見《章太炎政論選集》第四四六—四五五頁。
⑲ 章太炎：〈中華民國解〉，《民報》第十七號。
⑳ 章太炎：〈衡三老〉，《民報》第九號，見《章太炎政論選集》第三三五頁。
㉑ 章太炎：〈革命之道德〉，《民報》第八號。
㉒ 章太炎：〈東京留學生歡迎會演說辭〉，《民報》第六號，《章太炎政論選集》第二七六頁。
㉓ 章太炎：《葑漢微言》。
㉔ 章太炎：〈答鐵錚〉，《民報》第十四號。
㉕ 章太炎：〈箴新黨論〉，《民報》第十號。
㉖ 章太炎：〈討滿洲檄〉，見《民報》臨時增刊〈天討〉，一九○七年四月二十五日出版。
㉗ 章太炎：〈致留日滿洲學生書〉，一九一一年十月十日，《革命逸史》第五冊，〈清肅王與革命黨之

關係〉一文中，見《章太炎政論選集》第五一九—五二〇頁。

㉘《亞洲和親會約章》陶冶公〈跋語〉。

㉙還在五十年代，我知道有《亞洲和親會約章》的英文本和日文本；又從參加過亞洲和親會的陶冶公先生處抄得《約章》的中文本，陶先生還寫有跋語，這裡所引，即據陶先生舊藏。

㉚《太炎先生自定年譜》「光緒二十三年丁酉，三十歲」。

㉛章太炎：《自述學術次第》，稿本，上海圖書館藏。

㉜章太炎：〈送印度鉢邏罕保什二君書〉，見《民報》第十三號，收入《太炎文錄》初編《別錄》卷二。

㉝章太炎：〈記印度西婆耆王紀念會事〉，見《民報》第十三號。

㉞同上。

㉟章太炎：〈送印度鉢邏罕保什二君序〉。

㊱石母田正《續歷史與民族的發現》，東京一九六九年版，見第十章第一九一—二〇三頁。

㊲竹內善朔：〈本世紀初日中兩國革命運動的交流〉，日本《中國研究》季刊第五號第七四—九五頁。李士岑、曲直譯，譯文見《國外中國近代史研究》第二輯。

㊳另查滝沢誠：《權成卿》載章太炎與武田範之間的一次談話中曾說：「我所希望的是在亞洲各國凡有政府者同時革命，被征服者同時獨立。宮崎君（滔天）說中國革命一旦成功，日本也將帶來變化。但我以為日本革命並非當時之急。我很希望讓安南、印度、緬甸等地，從現在的悲慘境地中解脫出來」（第五十三頁）。並錄於此，以供參考。

㊴魏蘭：《陶煥卿行述》，油印稿，陶本生舊藏。

㊵樊光：《辛亥革命光復會領袖章炳麟、陶成章合傳》，油印稿，上海市政治協商委員會文史資料工

作會藏。

㊶ 章太炎：〈五無論〉，見《民報》第十六號，一九〇七年九月二十五日出版，收入《太炎文錄》初編〈別錄〉卷三。

㊷ 章太炎：〈印度獨立方法〉，《民報》第二十號「時評」，一九〇八年四月二十八日出版。

㊸ 《亞洲和親會約章》。

㊹ 同上。

㊺ 見《民報》第二十一號，一九〇八年六月十日出版。

㊻ 章太炎：〈革命軍約法問答〉，《民報》第二十二號，一九〇八年七月十日出版。

㊼ 章太炎：〈答祐民〉，同上。

㊽ 章太炎：〈印度中興之望〉，《民報》第十七號「時評」，一九〇七年十月二十五日出版。

㊾ 章太炎：〈答祐民〉。

㊿ 章太炎：〈革命軍約法問答〉。

51 章太炎：〈官制索隱〉，《民報》第十四號，一九〇七年六月八日出版。

52 章太炎：〈支那印度聯合之法〉，《民報》第二十號「時務」。

53 蘇曼殊丁未十月在上海〈致劉三書〉云：「前太炎有信來，令曼隨行，南入印度，現經費不足，未能預定行期。」見《曼殊全集》第一冊一九七頁。章太炎：〈贈曼殊自題小影〉也說：「余自三十歲後，便懷出世之志，宿障所纏，未得自在。……當於戊申孟夏披剃入山。」見《越風》第十七期。

54 章太炎：〈致蘇曼殊書〉，見《越風》第十七期。

55 此文原載《革命評論》第十號，明治四十年三月二十五日出版，署名「章炳麟」，收入《太炎文錄》

初編〈文錄〉卷二，修改很大。此後，章氏又就《文錄》所載增損為〈贈大將軍鄒君墓表〉。

56 吳敬恆：〈與章炳麟書〉，《新世紀》第二十八號，一九〇八年一月四日巴黎出版。

57 章太炎：〈答吳敬恆書〉，一九〇八年一月三十一日，《民報》第十九號，一九〇八年二月二十五日出版。並附吳敬恆原函，《太炎文錄》未曾錄入，「□□□言之」，「□□□」為「張魯望」。

58 載《新世紀》四十四號，一九〇八年四月二十五日出版。

59 載《民報》第二十二號，一九〇八年七月十日出版，並注曰：「原函見《新世紀》四十四號」。

60 載《新世紀》六十三號，一九〇八年九月五日出版。

61 載《東方雜誌》第三十三卷第一號，一九三六年一月一日出版。

62 以上「官中文書」，書寫式樣及空格，照原件錄出。

63 以上談吃點心情況，略。

64 影行手蹟見孫常煒：《蔡元培先生全集》「遺墨」。

65 蔡元培接到吳敬恆長信後，曾擬〈讀章君所作〈鄒容傳〉〉，未用真名，經寄交吳敬恆後，吳又函覆，以「於駁章枚叔事，不以第三人代表為然」，遂未發表，此後蔡元培又與吳敬恆通函數次（蔡元培：〈覆章氏所作鄒容傳〉稿及一九〇七年至一九〇八年〈復吳敬恆書〉，均見孫常煒《蔡元培先生全集》「遺墨」）。又吳敬恆後來發表的〈吳稚暉述上海蘇報案紀事〉，記與俞明震相晤事，甚簡略，問答亦與上揭〈與蔡名友書〉異，如云：「俞開口即曰：《蘇報》鬧得太厲害了，夢坡我熟人，余昨往，彼適出門，見其會計陳吉甫，先生等勸其溫和乎？太炎先生似乎鬧得亦太凶。余曰：『二人脾氣，恪士先生所知，但朝政如此，亦難怪出言憤激』」等。見《革命逸史》第三集。這些詞句，即為〈與蔡名友書〉所未載。

(66) 見巴黎《新世紀》第七十九號。
(67) 章太炎：〈民報一周年紀念會祝辭〉，《民報》第十號，收入《太炎文錄》卷二。
(68) 章太炎：〈為〈民報〉封禁事移讓日本內務大臣平田東助〉一—三，《新世紀》第七十九號，一九〇八年十二月二十六日巴黎出版；見《章太炎政論選集》第四八四—四八八頁。
(69) 張庸：〈章太炎先生答問〉，載錢須彌《太炎最近文錄》一九一五年四月國學書室本，收入《章太炎政論選集》第二五六—二六五頁。
(70) 鄧實：〈國學講習記〉，《國粹學報》第十九期，光緒三十二年六月二十日。
(71) 許文衡：〈讀國粹學報感言〉，《國粹學報》第六期，光緒三十一年六月二十日出版。
(72) 鄧實：〈匡學微論〉、〈國學通論〉，《國粹學報》第二、三期，光緒三十一年二月二十日、三月二十日出版。
(73) 〈國學講習會序〉，《民報》第七號，一九〇六年九月五日出版。
(74) 《國學講習會略說》，日本秀光社印行，一九〇六年九月出版。
(75) 章太炎：〈東京留學生歡迎會演說辭〉。
(76) 鄧實：〈國學保存會小集序〉，《國粹學報》第一期，光緒三十一年正月二十日出版。
(77) 同上。
(78) 丘逢甲：〈寄贈國學保存會諸君子〉，《國粹學報》第四十二期「題詞」，光緒三十四年五月二十日出版。
(79) 章太炎：《亞洲和親會約章》。
(80) 章太炎：〈東京留學生歡迎會演說辭〉。

81 章太炎：〈論樸學報書〉，《國粹學報》第二十三期，光緒三十二年十月二十三日出版。
82 章太炎：〈變法箴言〉，《經世報》第一冊，光緒二十三年初五日出版。
83 見《國粹學報》第二十六期，光緒三十三年正月二十日出版。
84 鄧實：〈國學真論〉，《國粹學報》第二十七期，光緒三十三年二月二十日。
85 章太炎：〈答朱逖仙問老子徵藏古書書〉，《制言》第二十四期。
86 章太炎：〈致柳翼謀書〉，《史地學報》一卷四期，一九二二年八月出版。
87 鄧實：〈國學通論〉，《國粹學報》第三期。
88 見《制言》第十期，又見《劉申叔先生遺書》卷首。
89 錢玄同：〈劉申叔先生遺書序〉，見《劉申叔先生遺書》卷首。
90 見《制言》第七期。
91 周作人〈民報社聽講〉，見《知堂回憶錄》第二五一二七頁，香港永生印刷公司一九八〇年十月版。
92 據《錢玄同日記》（稿本，北京魯迅博物館藏），章太炎在東京正式講學時間為一九〇八年四月，與《朱希祖日記》同。
93 章太炎在日本講學的早年聽講者，《朱希祖日記》和周作人、許壽裳的回憶中都有記載，朱希祖謂「同學者七人」，連他自己，實為八人，即原在大成中學聽講的龔未生、錢玄同、朱希祖、朱宗萊，和同住「伍舍」的許壽裳、周樹人（魯迅）、周作人、錢家治。
94 據《錢玄同日記》，一九〇九年二月二十日至二十七日，講《漢書》，共十二次；三月十一日至四月八日，講《文心雕龍》，凡四次；三月三十一日，講《毛詩》；四月十五日，講《文史通義》等。
95 見《國粹學報》戊申年第五號末後「報告」內「通訊」中。謂：「貴報以取材貴廣，思得其人，前此蘄州黃君名侃，曾以著撰親致貴處。黃君學問精媁，言必有中，每下一義，切理厭心，故為之介紹，願貴報館加以甄採，必能鈎深致遠，宣揚國光」。

⑯ 許壽裳：〈致林〉表，一九四四年二月，見《新文學史料》，一九八三年第二輯《許壽裳先生書簡抄》。

⑰ 魯迅：〈關於太炎先生二三事〉。

⑱ 章太炎〈東京留學生歡迎會演說辭〉。

⑲ 許壽裳：〈紀念先師章太炎先生〉，見《制言》第二十五期。

⑳ 《朱希祖日記》，稿本，北京圖書館藏。

㉑ 見《太炎文錄》初編〈文錄〉卷二。

㉒ 章太炎：〈與孫仲容書〉，見浙江圖書館：《追悼章太炎先生特刊》，《制言》第三十期有手迹攝片。

㉓ 兩書均收入《太炎文錄》初稿〈別錄〉卷二。

㉔ 《太炎集》，章太炎於一九〇八年手訂，抄本，繫年編錄，北京圖書館藏。

㉕ 章太炎：《自述學術次第》稿本，上海圖書館藏。

㉖ 《太炎先生自定年譜》「宣統二年庚戌，四十三歲」條。

㉗ 章太炎：《自述學術次第》。

㉘ 《朱希祖日記》：「一九〇八年九月十二日」。

㉙ 許壽裳：〈紀念先師章太炎先生〉。

⑩ 魯迅：〈關於太炎先生二三事〉，見《且介亭雜文末編》。

⑪ 黃侃：〈太炎先生行事記〉，原載《神州叢報》一卷一期，後載《制言》第三十一期。

⑫ 魏蘭：《陶煥卿先生行述》油印稿，陶本生先生舊藏。
⑬ 馮自由：〈清肅王與革命黨之關係〉，見《革命逸史》第五集。
⑭ 章太炎：〈與鄧實書〉，見《太炎文錄》卷二。
⑮ 章太炎：〈偽民報檢舉狀〉。
⑯ 黃侃：〈太炎先生行事記〉。
⑰ 吳玉章：《辛亥革命》第九二頁。
⑱ 章太炎：〈為〈民報〉封禁事移讓日本內務大臣平田東助書〉二，見巴黎《新世紀》第七十九號，一九〇八年十二月二十六日出版。
⑲ 張庸：〈章太炎先生答問〉，見拙編《章太炎政論選集》第二五八頁。
⑳ 手迹，原件無月日，湖南哲學社會科學研究所藏。
㉑ 同上。
㉒ 黃興：〈為陶成章誣謗事致孫中山書〉，見《黃克強先生全集》第一一六——一一七頁，臺版，一九七三年十月增訂本。
㉓ 同上第一一八頁。
㉔ 孫中山：〈致吳稚暉書〉，見胡編《總理全集》第四集《遺墨》第六六——六七頁。
㉕ 見《南開大學學報》一九七八年第六期。
㉖ 《建國月刊》十二卷第四期。
㉗ 魏蘭：《陶煥卿先生行狀》。
㉘ 陶成章：〈致石哥書〉，一九一〇年，無月日，手迹。石哥即譚石屏、譚人鳳。

⑫⑨ 陶成章：〈致福哥書〉，一九一〇年十一月五日，手迹。
⑬⓪ 馮自由：《華僑革命史》第九五頁。
⑬① 章太炎：〈覆孫中山書〉，一九一二年一月，見《大中華》二卷十二期。
⑬② 章太炎：〈致臨時大總統書〉，《大共和日報》一九一二年一月二十八日。
⑬③ 〈章炳麟之消弭黨見〉，天津《大公報》一九一一年十二月十二日。
⑬④ 檳榔嶼《光華日報》一九一一年十月二十六、二十八、三十一日；撰述則在武昌起義前。
⑬⑤ 〈國會請願同志會意見書〉，見《國風報》第一年第九期，宣統二年四月初一日出版。
⑬⑥ 章太炎：〈覆蔣智由書〉，見《章太炎政論選集》第四四八—四五二頁。
⑬⑦ 孫中山：〈建國方略〉，見《孫中山選集》上卷第一八〇頁。

第七章 反袁前後

一 「革命軍起，革命黨消」

武昌起義勝利的消息傳到日本，在東京出現了散發的〈中國革命宣言書〉，首指滿洲政府的罪惡，繼言「江漢廓清，日月再現」，從而「特陳大義，以告我四萬萬神明之胄」。提出三點：一，「北方軍士」，「誰非昆弟」，不要「自外於人羣」，「推白刃於同胞」。二，袁世凱黜退後，「自謂無復出山」，今「招之即來」，「能無愧乎」？海軍都是東南人，不要「制命偽朝，受其驅策」，「當知人心所歸，依乎信順」。三，「東西友邦」，應「嚴守中立」。末署「中國革命本部宣言」①，據日本警方調查，「此係章炳麟起草」②。

十一月十一日，章太炎率留日學生十餘人由神户乘輪歸國，在船上對日本人清藤幸七郎闡述政見，說是：「吾等尚未至山呼萬歲之時。前此頗為順利，今後則預計會遭逢難關，必須準備付出非常之苦心。環顧目前中國，無現成之傑出領袖，然時務發展，不能說必不會產生如是偉大人物。一旦華盛頓式的領導人物出現，那就是吾人之幸運；設若一旦出現者是拿破崙式人物，則最終或許竟會導致某種亂世局面。今後，頗有多頭共和制度，法國式統一共和制於中國並不相合」③。對革命勝利後的建制舉棋不定。

章太炎甫抵上海，《民立報》即於十一月十六日刊載其「回國返滬」消息，並撰〈歡迎鼓吹革命之文豪〉社論，稱章氏為「中國近代之大文豪，而亦革命家之巨人」，希望「同胞奉之為新中國之盧騷」。此後，各報對之頗有報導，他還在上海創刊不久的《民國報》上登出〈宣言〉九則，對民國建置提出看法，如「首領只當稱元帥，不當稱大總統」，「各省只應置一都督」等；提出「方今惟望早建政府，速推首領」，以及不贊成在上海設臨時政府。還「以一人之見，品藻時賢」，說是「總理莫賢於宋教仁，郵傳莫宜於湯壽潛，學部莫宜於蔡元培，其張謇任財政，伍廷芳任外交，則皆衆所公推，不待論也。海陸軍主幹者，軍人中當有所推，非儒人所能定。若求法部，惟有仍任沈家本」④，所推人選，有國民黨，也有立憲派和舊官僚。

没有幾天，報紙上登出了章太炎〈覆武昌譚人鳳諸人電〉，內稱：

「革命軍起，革命黨消，天下爲公，乃克有濟，今讀來電，以革命黨人召集革命黨人，是欲以一黨組織政府，若守此見，人心解體矣。諸君能戰則戰，不能戰，弗以黨見破壞大局」⑤。

這就是震動一時的「革命軍起，革命黨消」的「消弭黨見」主張，也是章太炎和同盟會、孫中山鬧矛盾後返國不久提出的。十二月二十五日，孫中山返國，感到情況嚴重，他說：「十二月間，我到上海，有一種很可怪的意氣，此意氣為何？即是一般官僚某某等及革命黨某某等人所倡言的『革命軍起，革命黨消』是也。當時這種言論的意氣充塞日圍，一昌百和，牢不可破，我實是莫名其妙，無論如何大聲疾呼，總喚不醒」⑥。十二月三十日，孫中山主持同盟會本會臨時會議，對「革命軍起，革命黨消」提出批評，宣言說：「武漢事興，全國響應，……軍興以來，智勇之士，雄駿之倫，與時俱起，廊廟之上，戰陣之中，所需正急。吾黨宜廣益其結納，羅致碩人，以閎軍力。惟必先自結合，以成堅固不破之羣。……是則本會之改造，與吾黨之聯合，固逼於利害，忍而不能捨者。而吾黨偏怯者流，乃倡為革命軍起、革命黨消之言，公然登諸報紙，至可怪也。此不特不明乎利害之勢，於本會所持之主義而亦懵懵，是儒生闒茸之言，無一粲之值。言夫其事之起，則此晚近之世，吾黨之起於各省者屢矣，又何待今日？言夫其成功，則元凶未滅，如虎負隅，成敗未可預睹。即曰成矣，而吾黨之責任，豈遂終此乎？中心未遂，盟誓已寒，義士所不忍為」⑦。此後，孫中山還多次提及⑧，可見「革命軍起，革命黨消」當時影響之深。

本來，武昌起義前，同盟會漸形渙散、分裂，同盟會的主要領導人孫中山、黃興、宋教仁等對武昌起義的迅速到來和革命形勢的迅速發展沒有思想準備，革命黨人和立憲派官僚劃不清思想界線，以致許多立憲分子和舊官僚擁入革命行列。立憲分子又從中拉攏分化，促使革命派中原來各派系、集團間的矛盾尖銳，〈胡漢民自傳〉稱：

「國內同志以先生（按：指孫中山）既歸，乃共謀建立政府，舉先生爲總統。時章炳麟、宋教仁已先在滬。章嘗倡言，『若舉總統，以功則黃興，以才則宋教仁，以德則汪精衛』，同志多病其妄。章又造爲『革命軍興，革命黨消』之口號。蓋章以革命名宿自居，恥不獲聞大計。其在東京破壞軍器密輸之舉，黨未深罪之，章仍不自安，陰懷異志。江浙之立憲派人，如張謇、趙鳳昌、湯壽潛之屬，陽逢迎之。章喜，輒爲他人操戈，實已叛黨。鈍初居日本，頗習政黨縱橫之術，內依克强爲重，外亦與趙、張、湯化龍、熊希齡相結納，立憲派人樂因之以進，宋之聲譽乃驟起，故章炳麟才之。然終以黨人故，克强不敢奪總理之地位，鈍初始欲戴爲總統，己爲總理，至是亦不得不服從黨議，然仍主張內閣制」⑨。

胡漢民是隨孫中山返國來滬的，所言除夾雜個人意見外，是有一定依據的，如講章太炎和江、浙立憲黨人的關係，他的組織中華民國聯合會也證明了這點。孫中山後來説武昌起義不久，「少數的革命黨，就被多數的官僚所包圍」，「革命軍興，革命黨消」隨之而起，「當時的革命黨也贊成這種言論」，歷史的教訓，也是深刻的。

二 從附袁到反袁

一九一二年一月一日，孫中山在南京就任臨時大總統，聘任章太炎為總統府樞密顧問，他不願長駐南京，返回上海，組織了中華民國聯合會。

中華民國聯合會是章太炎返國後就開始籌組的，一九一一年十一月十九日《民立報》即刊有〈中華民國聯合會通告〉，言明「以促進中國臨時共和政府成立，暫設臨時外交總機關為宗旨」。十一月二十一日，《時報》又載〈程都督章炳麟來電〉，說明組織聯合會，「並擬在滬開辦《大共和日報》。近以扶助臨時政府之成立，遠以催促共和政府之完全」。十二月十四日，《民立報》又刊登〈中華民國聯合會章程〉，其第二條謂：「本會以聯合全國扶助完全共和政府之成立為宗旨」。

至是，中華民國聯合會舉行第一次會議，章太炎發表演說：「本會性質，對於政府立於監督補助地位」。「中國本因舊之國，非新闢之國，其良法美俗，應保存者則存留之，不能事事更張也」。認為「中國舊有之美俗良法，宜斟酌保存者」，即，婚姻制度宜仍舊，惟早婚則應禁。「納妾」應懸為禁令。二，家族制度宜仍舊。三，「不應認何教為國教」，政教分離，中國舊俗，其僧侶及宣教師，不許入官，不得有選舉權。四，「禁斷」「本國人在中國境內入外國籍者」。五，「承認公民不依財產納稅多額，而以識字為標準」。六，「速謀語言統一，文字不得用拼音」。七，嚴禁賭博、競馬、鬥牛。八，禁止「在公共場所，效外人接吻、跳舞者」⑩。

章太炎認為「中國本因舊之國，非新闢之國，其良法美俗，應保存者則保存之，不能事事更張也」。說是：「專制非無良規，共和非無粃政」，「政治法律，皆依專制而成」⑪。主張中央「特建都察院」，「限制元首」，地方「廢省存道」，而對民主制則示反對；主張「限制財產」，又以「奪富者之田以與貧民」為「大悖乎理」⑫。

章太炎過去反對清朝統治，主張建立中華民國，任《大共和日報》社長，在〈發刊辭〉中，他對共和的看法是：「我中華民國所望於共和者，在元首不世及，人民無貴賤，然後陳大漢之愷悌，盪亡清之毒螫，因地制宜，不尚虛美，非欲盡效法蘭西、美利堅之治也。議院之權過高，則受賄鬻官，莫可禁制；聯邦之形既建，故布政施法，多不整齊。贓吏遍於市朝，土豪恣其兼併，美之弊政，既如此矣。法之稍能統一，而根本過誤，在一意主自由。民德已媮，習俗淫靡，莠言不塞，奇邪莫制，在位者無能改革，相與因循，其政雖變，無救於亡國滅種之兆。中國效是二者，則朝夕崩離耳。」對美、法式的民主政體並不贊成，而對「近見之徒，復欲擁戴虜廷，以持秩序，云共和不可行於中國」則示反對。他還認為「共和政體，以道德為骨幹，失道德則共和為亡國之階」⑬。

南北和議告成，袁世凱上臺，章太炎幻想袁世凱「勵精圖治」，「以厝中夏於泰山磐石之安」⑭。在用人問題上，以為「同盟會人才乏絕，清流不歸」⑮，反對「政黨內閣」，提出「取清時南方督撫有材名者以充閣員之選」⑯。說甚麼：「漢之良相，即亡秦之退官；唐之名臣，即敗隋之故吏」，主張「循舊貫」，用「老吏」⑰，將中華民國聯合會與一些小政團合併，改組為統一黨，以後更與民社等併為共和黨，推黎元洪為董事長。

袁世凱給了章太炎一個總統府高等顧問的空銜。一九一二年十一月，又委任為東三省籌邊使，調出北京，章太炎興致勃勃地跑到東北去「興辦實業」。

章太炎到任後，設東三省籌邊使署於長春，籌備實業基金，集款招股，致函財政部，請將東三省屯墾局存款提作籌邊署屯墾經費⑱。擬《東三省實業計畫書》，提出「設立三省銀行，以圓易吊，使民易知」，和鑄造金幣。「欲鑄金幣，又不可不預濬金源，非開辦金礦，收買金砂，不足以供鼓鑄」。又請「開濬松花江、遼河，去其淤梗」，「以利交通」。還擬「組織報館」，「設會研究」。這時，他也開始覺察袁世凱的不懷好意，也想趁此機會擺脫袁世凱的控制。就如他後來在〈致伯中書〉中所說：「兄本欲避地東三省，跳出漩渦，而小有發展，政府尚不能相容，惟有決計出洋而已」⑲。

一九一三年三月二十日，宋教仁被刺，血的教訓使章太炎震醒起來，他沉痛地〈輓宋教仁〉：「願君化彗孛，為我掃幽燕」。四月，託事南行，南行前與人書中對袁政府官僚「遊宴相牽，勢利相動，出囊橐以買議員，受苞苴而選總統，斯乃寇盜所不齒者，夫安足與謀國是」⑳。

章太炎對袁世凱不信任了，依靠誰去對付這個掌握兵權的軍閥呢？他所想到的還是清朝的舊軍官，民國的新軍閥黎元洪。在鄂致電袁世凱，請去梁士詒、陳宧、段芝貴、趙秉鈞「四凶」㉑，黎元洪看到宋教仁被刺死，「懼及己，益懍懍」，連到北京去參加正式大總統的選舉都不敢，反請章太炎「入都視之」，探聽情況。袁世凱設法籠絡，五月二十五日發令「章炳麟授以勳二位」㉒，「冀以歆動」，還假惺惺地說：「吾以清軍既去，不得已處此坐，常懼不稱，亦安敢行帝制，人之誣我，乃至於是」。章太炎在北京住了七天，於六月四日到上海。

就在此時，章太炎對他的東北「實業計畫」還很關注，曾「提議設籌邊實業銀行」，沒有經費，想向法國借款，但財政總長不肯蓋印，章太炎「實業計畫」落空，感到「大抵政府之與我輩，忌疾甚深，罵亦阻撓，不罵亦阻撓」，「故於十八日電致總督及國務院辭差」㉓，決定「奉身而退」，不再在袁政府做「籌邊使」了。

這時，袁世凱已通過進一步出賣主權，大借外債，和帝國主義共同策劃撲滅革命派的殘餘勢力。他殺氣騰騰地叫囂：「現在看透孫、黃，除搗滅外無本領，……彼等若敢另行組織政府，我即敢舉兵討伐之」。把「亂賊」、「逆首」的帽子加在孫中山、黃興頭上，公然發動內戰。孫中山等被迫應戰，舉兵討袁。從七月十二日湖口獨立，到九月一日南京失守，反袁失敗，孫中山、黃興重被通緝，長江流域各省盡入袁手。

在這場鬥爭中，章太炎抱著一種矛盾的心情，他對孫中山的武力討袁仍不信賴，說是「討袁者亦非其人」㉔，同時，對袁世凱及其爪牙梁士詒、陳宧、段芝貴、趙秉鈞等「四凶」又憤怒指

章太炎：〈致伯中書〉（1913年6月21日）

斥：「四凶不去，終無寧日。委蛇就之，未嘗非策，然亦不應時務。本初（指袁世凱）於革命黨人無不忮忌，非遷就即能幸免也」㉕。「今日之事，政府賄賂公行，割棄領土，實屬罪大惡極」㉖。對袁世凱的「濫借外債，用如泥沙」，也以為「債務已多，抵押已盡，則第二任總統任令何人不能接手，自己之地位可以永固，其用心陰鷙，正與西太后大同」㉗。但他尚未識透袁世凱投降賣國、復辟倒退的反動本質，甚至還認為袁世凱「帝王思想是其所無，終身總統之念是其所有」㉘。

難道袁世凱「帝王思想是其所無」嗎？他竊佔辛亥革命的勝利果實以後，就在尋求帝國主義的支持，妄圖復辟帝制。一九一二年六月，公然破壞《臨時約法》中關於總統發布令須由內閣副署方能有效的規定，接著，又安插自己的爪牙趙秉鈞為國務總理，把內閣完全變成他的御用工具。一九一三年，袁世凱通令全國「尊崇孔聖」，借「祀孔」之名，行帝制復辟之實，袁世凱不是只做「終身總統」，而是想做皇帝；不是沒有「帝王思想」，而是處心積慮肆無忌憚地復辟帝制。這時，以孫中山為首的革命黨中比較激進的一翼對袁世凱「有推倒民治恢復帝制之決心」已經識破，並加以抵制了。章太炎卻為之辯解，說是「帝王思想是其所無」，為之開脫。

非但如此，他還責備孫、黃，特別是污蔑孫中山，說甚麼「項城（指袁世凱）在，或可保長江以內，易以孫、黃，則黃河以北皆失矣」㉙，以孫中山「與項城一丘之貉」㉚，謂宜雙退袁與孫、黃，改建賢哲，僕則承命」㉛。以袁世凱與孫中山、黃興並舉。接著又說：「惟有雙數袁與孫、黃之惡，使正式選舉不得舉此三人」。甚至擔心國會選舉時，如「同盟會一致選孫，勢遂無敵，而中國必有瓜分之禍」。

章太炎要「雙數袁與孫、黃之惡」，對袁不滿，對孫也不信任。而共和黨在袁世凱的授意下，又急電促章入都，章太炎「念京師、上海皆不能避凶焰」，以為共和黨「中正穩健」，「惟此一髮，不可不為張目」，「為中夏留一線光明」㉜，乃於八月「冒危入京師，宿共和黨」。他一方面看到「京邑崎嶇，道路以目」，以為「吾雖微末，以一身攖暴人之刃，使天下皆曉然於彼之凶戾，亦何惜此孱形為」㉝。另一方面，又為「共和黨勢漸擴張，此為可憙」㉞。「連日議員入黨者，已增至三十人矣，驥老伏櫪，志在千里，況吾猶未老耶?」㉟在家信中表示餘勇可賈。

但是，袁世凱對章太炎還是不肯放鬆，對他加緊迫害，不讓自由活動。章太炎被軟禁在共和黨總部，梁士詒、趙秉鈞等還「將揑造證據，置章於死」㊱。

章太炎的「反袁」鬥爭，以失敗告終。

可以說，章太炎在民國初年，思想上曾一度徬徨，曾與封建勢力相妥協，他也組織政黨，展開政治活動，而所依靠和想望的，卻非其人。認為：今欲糾合黨會以謀進取，惟取各黨中革命人材，糾合為一，輔以學士清流，介以良吏善賈，則上不失奮厲之精神，下不失健全之體格，而國事庶有瘳矣。」㊲所謂「學士清流」，也就是一些封建士大夫，以及官僚、資本家。又說：「若為久遠計，凡一政黨，非有實業為中堅，即有俠士為後應，無此即不足以自樹。非實業則費用不給，而政府得以利用之矣；非俠士則氣勢不壯，而政府得以威喝之矣。國民黨有其一，無其一，共和黨則逾不逮，後憂正不知何底也」㊳。「實業」，指資本家；「俠士」，指會黨首領和軍人。那麼，章太炎想依靠的，還是以資本家為中堅，會黨首領與軍人為後應的軍閥政客。正是在這種思想指導下，他很自然地想到了黎元洪。他曾趕到武昌，去找自以為「人望多屬」的黎元洪，並多方為之製造「競選」輿論，說甚麼「黎黃陂功業格天，仁聲彰著，世無其人，則中國終於左衽矣」㊴。在與人書中對黎元洪也每多譽溢，如說：「僕近赴武昌二十餘日，黎公以勉就共和理事相勸，僕亦請黎公為統一黨名譽總理，交又相倚，以為聯合之圖，此本非為黨勢計，但為國會選總統計耳！」㊵說明他去武昌，是勸黎元洪擔任統一黨名譽總理，以為「國會選總統計」的。說甚麼黎元洪「道德太重，任人玩弄」㊶，為黎元洪塗脂抹粉。以為總統改選，「大抵宜推舉黃陂（黎元洪），必不肯任，然後求之西林（岑春煊）」。「黃陂之廉讓，可望責任內閣；西林之果毅，可望廓清貪邪」㊷。黎元洪（黃陂）也好，岑春煊（西林）也好，都是清朝舊官僚、民國新軍閥，章太炎對這些人寄以厚望，他已徬徨歧途了。

三　幽居京師，重訂《檢論》

一九一三年八月，章太炎「時危挺劍入長安」，一方面看到「京邑崎嶇，道路以目」，以為「吾雖微末，以一身攖暴人之刃，使天下皆曉然於彼之凶戾，亦何惜此孱形為」㊸。表示不畏強暴，敢臨虎穴；另一方面，又以「共和黨勢就擴張，此為可憙」㊹，「連日議員入黨者，已增三十人矣，驥老伏櫪，志在千里，況吾猶未老耶？」㊺但是，袁世凱對他還是不肯放棄，對他加緊迫害，不讓自由活動，章太炎被監禁在共和黨本埠，心情十分煩惱。

當時報紙，紛紛記載章太炎入京被禁情況，且雜以傳聞：

「章太炎前日到京，大爲袁世凱所注目，趙秉鈞派四巡警出入監視」㊻。

「袁、趙、梁、陳忌章太炎甚深，除派四巡警出入監視外，又授意御用黨報紙百端污蔑。時某某數報載章屢次托人向袁疏通無效，現匿居共和黨本部不復出，非報熟人不見，窘迫可憐云云。又捏載章致袁書，謂並未與叛徒往來。該報等之意，蓋欲形容章之進退失據，以毀其名。然觀該報等前日曾載章在共和黨演説，措詞激烈云云，則可知章到京後，態度明了，必無搖尾乞憐之事，而該報等有意造謠，自相矛盾，實不值識者一笑」[47]。

「梁士詒因章太炎首斥其奸，目為四凶之一，切齒忿恨，日與趙秉鈞、王賡聚議傾陷之策，聞將揑造證據，置章於死」[48]。

章太炎在「幽禁」之初，心情很不平靜，「心煩意亂」，自感「共和黨財可支柱，氣亦未雄，況誨之諄諄，聽者藐藐，則雖焦音瘖口，猶不足以救亂扶衰」[49]。而「此間警備猶嚴，一切政論，無由發舒」[50]；「心如鼎沸，雖杜門寡交，而守視者猶如故，且欲以蜚語中傷」[51]，也只有「委心任運，聊以卒歲」[52]。曾一度「求死」反抗，又「內念夫人零丁之苦，外思蟄公（蟄仙，湯壽潛）勸戒之言，亦不能不抑情而止」[53]，恨極而謂：「中國必亡，更無他說」[54]，曾〈致袁世凱書〉，「欲出居青島」，也未如願，只能「於窗壁大書『袁賊』二字以洩憤，或掘樹書『袁賊』埋而焚之，大呼『袁賊』燒死矣」[55]。

轉瞬已到一九一四年元旦，他寫了一封〈致黎元洪書〉：「時不我與，歲且更新，烈士莫年，壯心不已，以此為公祝」。自感「羈滯幽都，飽食終日，進不能為民請命，負此國家；退不能闡揚文化，慚於後進。桓魋相迫，惟有冒死而行，三五日當大去。人壽幾何，亦或盡此」[56]。準備「冒死而行」了。

一月三日，章太炎欲乘車離京，為京警所阻。七日，「以大勳章作扇墜，臨總統府之門，大詬袁世凱之包藏禍心」⑰，當時報載：

「章太炎來京日久，日前擇期出京，已行至車站，將起身矣。送行之人，有張伯烈諸人，忽被人干涉，不許其出京，外間喧傳有軍警數人將章載去，不知何往，實則截留之後，章遂回寓。……詎意章回寓之後，忽於七號早前往總統府，堅求謁見，適值總統有事與總理談話，不能晤面。章遂在外與承宣官大鬧，謂：『總統因何不見，現會何人？』承宣官答言總理。章手執團扇柄，團扇之下繫以勳章，足穿破官靴一，在院內瘋言瘋語，大鬧不休。及至熊總理出後，章又大鬧，謂『總統現又會誰？』承宣官答言『向瑞琨』。章大呼曰：『向瑞琨一個小孩子可以見得，難道我見不得麼？』於是又要見總理及梁秘書長。承宣官答言：『今日政治會議開會去了。』章又要見張一麐，張亦往政治會議開會。章又要見各秘書，承宣官無可如何，往各處尋找秘書，各秘書你推我讓，均不慝見」⑱。

《時報》一月十三日也有〈章炳麟大鬧總統府〉，與《申報》略同，惟稍簡。《時報》並有〈時評〉：

「人謂章太炎瘋子，我謂汝曹不放章太炎出京，恐北京人將傳染瘋氣。憶曾譯一小說，有一瘋人院院長，日與瘋人相親近，後亦遂爲瘋人。今諸公擁此章太炎咄來咄去，若爲一大事也者，得無已傳染此瘋氣耶，可怕可怕」⑲。

可見章太炎「幽禁」京都時間「大鬧總統府」影響之大。

章太炎在〈家書〉中，也述及大鬧總統府經過，並囑湯國梨切勿「接受袁賄」：

「吾自一月三日欲行，火車失期，黎公留之。三日至七日前，向袁氏辭行，知其不捨，欲面見與言，在承宣處候至七八點鐘，袁氏忽派憲兵警察十餘人前來相逼，挾至軍事教練處安置。與彼業已破面，惟有以死拒之。而黎公忽受彼運動，令陳紹唐、何雯前往上海接君來京，蓋以家室在北，則無南行之慮。前者君亦欲以是銷其疑忌，今則不復念此矣。陳、何二人，皆招搖撞騙之徒，乘人之危，冀以自利，油嘴造謠，以黑爲白。此次南來，必受政府財賄可知。如果欲面謁，即當嚴拒弗見。彼輩無策，則必請劉禺生、黃季剛勸說，二君亦多過計，其言不盡可聽也。處事有疑，只當請教蟄仙先生，今日公正人，惟有此公，細密人亦惟有此公，其餘皆不足道也。家居窮迫，寧向親朋借貸，下至乞食爲生，亦當安之，斷不受彼嗟蹴之食。陳、何輩若以錢相接濟，尤當嚴厲拒之」[60]。

《家書》中嚴囑不能受賄。一月二十日，遷至龍泉寺，仍被幽禁，袁世凱派子克定送錦緞被褥，為章太炎焚擲，並函袁世凱，說明自己「始以歷史民族主義提倡光復」，「既而文字興禍，摯於上海」，今雖被禁，仍舊「九死不悔」[61]。

五月二十三日，忽致書長婿龔寶銓，說是「來月初旬」，即「隕身之日」[62]。六月初，「槁餓半月，僅食四餐」，進行絕食鬥爭。據說袁世凱「害怕」了，「因諄囑京師警察總監吳炳湘，妥為設法勸導處置，俾不至以絕食隕生」[63]，六月十六日，由龍泉寺移居西牌樓醫生徐某寓中，旋又遷居錢糧胡同。

直到七月以後，他準備將過去撰著修訂成集，八月，囑長婿龔寶銓「速赴滬，將吾所有衣籍什器書籍，一概付運送來京」⑭，心情始稍平靜。

章太炎在「幽禁」之初，康有為正欲「以孔子為國教，配享天壇」，為其復辟活動製造輿論。章太炎看出其別有用心，在一九一三年九月十四日〈家書〉中稱：「近又有人欲以孔教為國教，其名似順，其心乃別有主張，余甚非之」。這時「友人來勸講學」，他特在講學處的壁上「粘著一張通告」：

「余主講國學會，踵門來學之士亦云不少。本會專以開通智識、昌大國性爲宗，與宗教絕對不能相混，其已入孔教會而後願入本會者，須先脫離孔教會，庶免薰蕕雜糅之病。章炳麟白」⑮。

接著，撰〈駁建立孔教議〉，首謂「近世有倡孔教會者，余竊訾其怪妄」，「中土素無國教」，「孔子亦不語神怪，未能事鬼」。繼言「智者以達理而洒落，愚者以懷疑而依違，總舉夏民，不崇一教」，至於「孔子於中國，為保民開化之宗，不為教主。世無孔子，則憲章不傳，學術不起，國淪戎狄而不復，民居卑賤而不升，欲以名號列於宇內通達之國難矣。今之不壞，緊先聖是賴，是乃其所以高於堯、舜、文、武而無算者也」。末謂：「孔教本非前世所有，則今者固無所廢；莫之廢則亦無所復矣。愚以為學校瞻禮，事在當行；樹為宗教，杜智慧之門，亂清寧之紀，其事不便」⑯。

接著，又撰〈反對以孔教為國教篇，示國學社諸生〉⑰，對康有為等的「以孔教為國教」說，嚴辭批駁：

第一，章太炎認為：「中土素無國教，孔子亦本無教名」，「號以儒教，其名實已不相稱」。

第二，章太炎認為：「孔教之稱，始妄人康有為，實今文經師之流毒」。「推其用意，必以歷史記載為不足信，社會習慣為不足循，然後可以吐言為經，口含天憲」。

第三，章太炎認為：康有為等「以孔教為國教」，其意並不專在宗教，過去康有為嘗云：「觀革命黨之用心，非四萬萬人去半不止」，事實不是如此，以孔子為「宗主」，「人人當砥足致禮」，那孔子「乃洪鈞老祖、黃蓮聖母之變名，而主持孔子教者，亦大師兄之異號耳；瀆亂風紀，乃至於此」。

第四，章太炎認為：今之言孔教者，「寄名孔子，所託至尊，又時時以道德淪喪，藉此拯救為說，足以委曲動人」。但「因事生奸，禍害如彼之甚」。「請觀陳煥章自謂在美洲學習孔教二十年，張勳以白徒擁兵，工於刦掠，而孔教會支部長，其言果足以質信，其人果有主教之資格耶？」對康有為、陳煥章、張勳等的利用「尊孔」，戀棧舊制，已予譏評。

當然，章太炎和康有為基於古今文學說的不同，兩人的孔子觀也各不相同。跟隨政治形勢的變化，康有為的孔子觀已由資產階級「改制」的孔子變為封建的孔子；而章太炎則仍認為孔子是「史家宗主」，是中國文化的保存者。他不是單純從學說上抨擊康有為的孔教說，還指斥康有為的「政教相糅」，「勸人作偽」，那麼，他們在民國初年關於「以孔教為國教」的一場論爭，也不是一場單純的學術爭論。

由上可知，民國初年，章太炎和康有為在對待民國和復辟的態度上是有區別的，他們對孔子和孔教的看法也是有差異的。

然而，章太炎這時的政論，已沒有過去那樣的生氣勃勃，他在被袁世凱幽禁期間手定的《章氏叢書》已較「醇謹」，先前的革命之作，也多刊落了。

《章氏叢書》是章太炎在一九一四年被袁世凱幽禁時「手定」的，由上海右文出版社於一九一五年出版，共兩函，二十四册。包括《春秋左傳讀敍錄》一卷、《劉子政左氏說》一卷、《文始》九卷、《新方言》十一卷附《嶺外三州語》一卷、《小學答問》一卷、《說文部首韻語》一卷、《莊子解故》一卷、《管子餘義》一卷、《齊物論釋》一卷、《國故論衡》三卷、《檢論》九卷、《太炎文錄》初編五卷，包括《別錄》三卷。右文社《章氏叢書》出書後，章太炎因它錯字太多，函囑長婿龔寶銓設法交浙江圖書館木刻刊行，函中對《檢論》、《國故論衡》自視甚高，可以交雕，《文始》「且俟後議」，《別錄》「不須亟行」。函云：

「心如(按指康心如,《章氏叢書》右文版,即由康氏兄弟發行)處已交來五百元,想上海家用足支半年,彼欲作甲種再版亦好,但《檢論》既可木刻,原稿須速取回,僕處雖有校本,而彼此郵寄,殊屬不便。今以原稿存杭,初校,再校即據之互對,終校則取刻本寄京,而僕以自所校本覆對,如附郵寄,不須再校初校,再校亦有所據,此爲至便矣。《國故論衡》原稿亦當取回存杭,此書之作,較陳蘭甫《東塾讀書記》過之十倍,必有知者,不須自詡也。《檢論》成後,此書亦可開雕,大略字數與《檢論》相等。(原注:「十二萬字」。)幸有楊惺吾所教刻工,以此付之最善矣。《文集》且俟後議,大氏《別錄》一種,不煩亟印。《文錄》約亦十一、二萬字,錯誤甚多,未及校理,如欲動工,必在明年年底矣。商務合股經營甚好」㊳。浙江圖書館木刻的《章氏叢書》,於一九一九年出版,其中《齊物論釋》重定本、《太炎文錄補編》、《葑漢微言》三種,為右文版所無。

章太炎手定的《章氏叢書》,所收大都是學術專著,《檢論》已經「刪削」(詳後),《太炎文集》也主要收錄一些詩文,而先前登在報刊上的富有戰鬥性的文章,竟多被刊落,如發表在《浙江潮》的〈獄中贈鄒容〉等詩,發表在《蘇報》的〈獄中答新聞報〉,發表在《復報》的〈逐滿歌〉,發表在《民報》的〈覆吳敬恆書〉,以及很多「時評」,《文錄》多未收載。章太炎一方面怕人「忿詈相訐」,而多刊落,如〈秋瑾集序〉,即以為「關係觀雲(蔣智由)名譽」,而在「刪除之中」㊴;另一方面,對《太炎最近文錄》刊載了不少《叢書》沒有編進的政論性詩文、宣言、演説辭、函札,又極不滿意。他所關心的，則是《國故論衡》、《齊物論釋》等「自詡」之作。《文錄》既「俟後議」，《別錄》「不須亟印」。《文錄》多少還收錄一些革命文字，而《別錄》更絕大多數是他在《民報》上發表的文篇。連膾炙人口，為「雅俗所共知」的〈駁康有為論革命書〉，浙江圖書館版也贅稱：「是首本編入《別錄》，今始從右文印本」，「暫時」仍入《文錄》。章氏「慕文苑之文」，又對過去政治論文「取足便俗」已有所不取了。章氏在編定《叢書》時，已粹然欲為「儒宗」了。

魯迅說：「但革命之後，先生亦漸為昭示後世計，自藏其鋒芒。浙江所刻的《章氏叢書》，是出於手定的，大約以為駁難攻訐，至於忿詈，有違古之儒風，足以賂譏多士的罷，先前見於期刊的鬥爭的文章，竟多刊落，上文所引的詩兩首（按指刊登在《浙江潮》的〈獄中答鄒容〉、〈獄中聞沈禹希見殺〉），亦不見於『詩錄』中。一九三三年，刻《章氏叢書續編》於北平，所收不多，而更純謹，且不取舊作，當然也無鬥爭之作，先生遂身衣學術的華袞，粹然成為儒宗」⑩。「先生手定的《章氏叢書》內，卻都不收錄這些攻戰的文章（按：指〈覆吳敬恆書〉、〈再覆吳敬恆書〉等），先生力排清虜，而服膺於幾個清儒，殆將希踪古賢，故不欲以此等文字自穢其著述，……但由我看來，其實是吃虧上當的，此種醇風，正使物能遁影，貽患千古」⑪。

這裡，準備將章太炎把先前出版的《訄書》，「刪革」成為《檢論》，診視他這一時期的思想演變。

如前所述，章太炎於一九〇二年重訂《訄書》，於一九〇四年在日本出版。一九一〇年，章太炎對「《訄書》亦多所修治矣」[72]。今北京圖書館藏有章太炎《訄書》手改本，即一九一〇年改本。他改在《訄書》重印本「共和二千七百四十五年夏四月出版，七年秋九月再版」的本子上（下簡稱為「手改本」）。按「七年秋九月」，當一九〇六年九月，這時章氏已在日本，改筆都是蠅頭小楷。

「手改本」目錄增列了不少篇目：〈訂孔〉第二下，註有〈原儒〉、〈原經〉、〈六詩說〉、〈小疋大疋說〉上下、〈八卦釋名〉、〈孝經說〉；〈原法〉第五下，註有〈原名〉、〈原五宗〉、〈正見〉；〈原兵〉第七下，註有〈徵信〉、〈秦獻〉；〈訂文〉第二十五下，註有〈說刑名〉、〈五朝法〉；〈弭兵難〉第四十四下，註有〈告浙江人〉；〈刑官〉第三十七下，註有〈代議然否論〉；〈消極〉第五十五下，註有〈告王鶴鳴〉；〈哀清史〉第五十九下，註有〈國風〉、〈佹詩〉、〈傷徐錫麟〉、〈告劉光漢〉；末後註〈告劉揆一〉。

「手改本」篇目改動、調整的有：〈原學〉先曾增訂，後又全刪；〈儒墨〉改為〈原墨〉；〈儒道〉全刪，改為〈原道〉上、中、下；〈儒法〉改為〈原法〉，改動很大；〈儒兵〉改為〈原兵〉；〈顏學〉改為〈正顏〉；〈訂實知〉改為〈通讖〉下，後又改為〈非讖〉下，原來的〈通讖〉則作〈通讖〉上；〈平等難〉改作〈商平〉；〈官統〉中改為〈官統〉下，註明即〈官制索隱〉；〈官制〉下改為〈五術〉；〈正葛〉改為〈評葛〉；〈不加賦難〉改為〈譴虛惠〉；〈消極〉改為〈消道〉，後改〈無言〉；〈別錄〉甲改題〈楊顏錢別錄〉，〈別錄〉乙改題〈許二魏湯李別錄〉。

「手改本」删去的篇目則有：〈族制〉第二十，〈封禪〉第二十二，〈冥契〉第三十。

「手改本」增列、調整的篇目，大都在報刊上登載過，表列如下：

手改本增列調整篇目	發表報刊	備註
〈原儒〉	《國粹學報》己酉第十號，宣統元年九月二十日（一九〇九年十一月二日）出版。	收入《國故論衡》卷下。
〈原經〉	同上。	收入《國故論衡》卷中。
〈六詩說〉	《國粹學報》己酉第二號，宣統元年二月二十日（一九〇九年三月十一日）出版。	《國故論衡》卷中《辨詩》。
〈小疋大疋說〉上	同上。	收入《太炎文錄》卷一。
〈小疋大疋說〉下	同上。	同上。
〈八卦釋名〉	同上。	同上。
〈孝經說〉		《太炎文錄》卷一〈孝經本夏法說〉。
〈原名〉	《國粹學報》己酉第十一號，宣統元年十月二十日（一九〇九年十二月二日）出版。	收入《國故論衡》卷下。
〈原五宗〉		

〈正見〉		《國故論衡》卷一下〈明見〉。
〈徵信〉	《學林》第二冊，一九一〇年。	收入《太炎文錄》卷一。
〈秦獻〉	同上。	同上。
〈說刑名〉		收入《太炎文錄》卷一。
〈五朝法〉	〈五朝法律索隱〉，載《民報》第二十三號，一九〇八年八月十日出版；又《學林》第一冊有〈五朝學〉。	收入《太炎文錄》卷一。
〈代議然否論〉	《民報》第二十四號，一九〇八年十月十日出版。	收入《太炎文錄・別錄》卷一。
〈告王鶴鳴〉	《國粹學報》庚戌第一號，宣統二年正月二十日（一九一〇年三月一日）出版。	收入《太炎文錄》卷二。
〈國風〉		
〈佹詩〉		
〈傷徐錫麟〉	〈祭徐錫麟陳伯平馬宗漢秋瑾文〉，載《民報》第十七號，一九〇七年十月二十五日出版。	《徐錫麟陳伯平馬宗漢秋瑾哀辭》，見《太炎文錄》卷二。
〈告劉光漢〉		
〈告劉揆一〉	《民報》第十九號，一九〇八年二月二十五日出版。	收入《太炎文錄》卷二。

手改本增列調整篇目	發表報刊	備註
〈官制索隱〉	《民報》第十四號，一九〇七年六月八日出版。	收入《太炎文錄》卷一。
〈告浙江人〉		
〈原學〉		收入《國故論衡》卷下，內容有改動。
〈原道〉上、中、下	《國粹學報》庚戌第五號，宣統二年五月二十日（一九一〇年六月二十六日）出版。	收入《國故論衡》卷下。

表中各篇，都發表在一九〇六年以後，最後一篇〈原道〉上、中、下，發表在一九一〇年六月出版的《國粹學報》，但〈原道〉輯入《國故論衡》，而《國故論衡》的初刊本則於「庚戌五月朔日出版」，《訄書》「手改本」把《原道》列入目錄，疑早經寫成，由日寄滬，發刊反遲。那麼，「手改本」增訂於「庚戌五月朔日」以前，亦即一九一〇年六月七日以前（內有個別字句為辛亥革命後所補）。

章太炎手改《訄書》，準備增加〈原儒〉、〈原經〉、〈六詩說〉、〈小疋大疋說〉、〈八卦釋名〉、〈孝經說〉等自認為「閎雅」的所謂「傳世」之文，而對這一時期發表在《民報》等的不少戰鬥之作不再收入。有的文篇雖仍保留，內容也已調整，如「重印本」〈儒道〉篇，主要揭露儒家的巧偽，指出：「夫不幸污下以至於盜，而道猶勝於儒。然則憤嗚之夫，有訟言偽儒，無訟言偽盜，固其所也」。「手改本」把《儒道》刪去，改為〈原道〉上、中、下，〈原道〉上保留了〈儒道〉的少數字句，而把上述「偽儒」一段全部刪去了。

有的文篇，「手改本」保留了「重印本」的部分內容，但思想已起變化，如〈訂孔〉。〈訂孔〉篇，「手改本」把「孔氏」都改作「孔子」。「重印本」最後幾句：「雖然，孔氏古良史也」，還只把孔子、左丘明、司馬遷、劉歆等寫在一起，而「手改本」卻增加了一大段：「自老聃寫書徵藏以詒孔子，然後竹帛下庶人，六籍既定，諸書復稍稍出金匱石室間，民以昭蘇，不為徒役，九流自此作，世卿自此墮，不曰賢於堯、舜，豈可得哉！校之名實，孔子古良史也」。最後還加：「微孔子則學皆在官，史乘亦絕，民不知古，乃無定臬」。這種論調，正是源於儒家古文經學派。

章太炎這時已漸走上用古文來反對今文的老路。「手改本」並未立即刊出，章氏後來手定《章氏叢書》，把《訄書》改為《檢論》，就是在「手改本」的基礎上「多所更張」的。

一九一四年，章太炎被「幽禁」時，對《訄書》「重加磨琢」，改名《檢論》。八月二十日〈致龔未生書〉六云：「僕所作文集，經季剛迻寫，甚好。唯篋中尚有改定《訄書》，未能愜意，今欲重加磨琢，此稿亦望先期帶致也」。九月三日，〈致龔未生書〉七云：「篋中尚有《訄書》改本，亦望速寄，擬再施筆故也」。十月十五日，〈致龔未生書〉十一又云：「所有文集及自著書，鈔副留杭亦大好，唯《訄書》改本一册，尚未大定，可即鈔錄大略，原本俟德玄來京時，可速帶上，擬再有增修也」。可見他對《訄書》的注視。本年《自定年譜》也誌：「感事既多，復取《訄書》增删，更名《檢論》」。《檢論》係在《訄書》「手改本」的基礎上再加增删，改動很大。如今根據《檢論》卷目，把它和《訄書》重印本的異同表列於下；又一九一〇年章氏曾手改《訄書》，可說是《訄書》到《檢論》的過渡本，「手改本」情況，也附註於後。

《檢論》卷次	《檢論》篇名	《訄書》重印本編次	主要改動情況	備註
一	〈原人〉	第十六	「葛天」改作「三皇」，其餘改動不大。	手改本與《檢論》基本相同。
	〈序種姓〉上	第十七	「地球」改作「員輿」，删去「宗國加爾特亞者」、「上古亞衣倫圖」以及「穆傳又曰」數段。	手改本與《檢論》基本相同，多幾條註。
	〈序種姓〉下	第十八	末後有改動，全文多修飾。	手改本與《檢論》基本相同。多兩條註文。

一	〈原變〉	第十九	末後「合羣之義其說在〈王制〉、〈富國〉；知人之變，其說在八索」二句刪，全文多修飾。	手改本與《檢論》同。
二	〈易論〉（附〈易象義〉）			
	〈尚書故言〉（附〈造字緣起說〉）			
	〈六詩說〉			原載《國粹學報》己酉第二號，宣統元年二月二十日出版，手改本已列目。
	〈關雎故言〉			
	〈詩終始論〉			

《檢論》卷次	《檢論》篇名	《訄書》重印本編次	主要改動情況	備註
二	〈禮隆殺論〉			
	〈辨樂〉	第五十二	開端「民氣滯箸，筋骨瑟縮，舞以宣導之，作〈辨樂〉數句，《檢論》刪。	手改本與《檢論》同。
	〈春秋故言〉			
	〈尊史〉	第五十六	略有改動。	
	〈徵七略〉	第五十七	未改。	

三			
〈訂孔〉上	第二	析為上、下，改動很大。	手改本已有很大改動，但不同於《檢論》。
〈訂孔〉下			
〈道本〉			
〈道微〉	第四〈儒道〉		手改本刪〈儒道〉，收〈原道〉上、中、下，《檢論·道微》首稱：「章炳麟改道家師說，先為《原道》（見《國故論衡》），次作《齊物論釋》，自以為盡其眇意，遭時不淑，極覽古人處死之道，容或蘄焉」。於是作是篇。
〈原墨〉	第三〈儒墨〉	首段、末段改，又增「附記」。	手改本與《檢論》同。

《檢論》卷次	《檢論》篇名	《訄書》重印本編次	主要改動情況	備註
三	〈原法〉（附〈漢律考〉）	第五〈倫法〉	增改很大，末增「著書定律為法家，聽事任職為法吏」一段，又增〈漢律考〉。	手改本已有很大改動，又不同於《檢論》。
	〈儒俠〉	第六	增改很大，《訄書》原有附〈上武論徵張良事〉，《檢論》刪去。另增「問者曰：〈儒行〉所稱誠俠士也」一大段。	
	〈本兵〉	第七〈儒兵〉	開端「甚矣《陰符經》之謬也」數句，《檢論》刪去，中間增改很大。	手改本改名〈原兵〉，較《檢論》為簡。
	〈學變〉（附〈黃巾道士緣起說〉）	第八	「文明以降，中州士大夫厭檢括苛碎久矣」。《檢論》加一長註，全篇文字改動亦多，又增附錄。	前半與《檢論》同，後半修改後與《檢論》異。
四	〈案唐〉			

	〈通程〉	第九〈學蠱〉	《訄書》首謂：「宋之餘烈，蠱民之學者，程、朱無咎焉。歐陽修、蘇軾其孟也」。《檢論》重作〈通程〉，基本另擬。	手改本〈學蠱〉有改動。
	〈議王〉	第五〈王學〉	原文保留極少，內容亦異。	
四	〈許二魏湯李別錄〉	第六十二〈別錄〉乙	正文少改動，惟湯斌傳後，章炳麟曰，《訄書》作：「烏虖！孔子已失諸宰予，世傳興田常作亂，孫、黃於湯斌，亦少弛矣」。《檢論》作：「往者二程授邢恕，邵雍、章惇，卒為大奸。孫、黃於湯斌，亦少弛矣」。	手改本已改今題。
	〈哀焚書〉	第五十八		手改本略有改動。
	〈正顏〉	第十一《顏學》	末後《訄書》作「雖然，自荀卿而後，顏氏則可謂大儒矣。」《檢論》改，正文也有改動。	手改本已改今題，改動處與《檢論》同。

《檢論》卷次	篇名	《訄書》重印本編次	主要改動情況	備註
四	〈清儒〉	第十二	全文改動很大，如刪去《訄書》「六藝，史也」下一段，又於方東樹《漢學商兑》下增：「東樹亦略識音聲訓詁，其非議漢學，非專誣讕之言。然東樹本以文辭為宗，橫欲自附宋儒，又奔走阮元、鄧廷楨間，躬行佞諛，其行與言頗相反」等大段註文。《檢論》又增：「及翁同龢、潘祖蔭用事，專以談聞召諸小儒學者，務得宋、元雕槧，而昧經記常事，清學始大衰」。並增註文，其他修改亦多。	手改本有改動，與《檢論》異。
	〈學隱〉	第十三	改動很多。《檢論》文末增有：「章炳麟曰：諸學皆可以馴致躬行。近世有樸學者，其善三：明徵定保，遠於欺詐；先難後得，遠於徼幸；習勞思善，遠於偷惰」等一大段。	手改本已改，與《檢論》大體相同。
五	〈民數〉	第二十一	略有改動。	手改本較《檢論》增加一段，增幾句。
	〈方言〉	第二十四	《檢論》文末增有「右〈方言〉篇，亡清庚子、辛丑間為文，時念清亡在邇。其後十年，義師亦竟起於武昌，然正音之功，卒未顯著」跋文一段。	手改本改動與《檢論》有異。

五	〈訂文〉（附〈正名雜義〉）	第二十五		手改本改動較多，與《檢論》有異。
	〈述圖〉	第二十六		手改本有改動，與《檢論》有異。
六	〈正議〉			
	〈商平〉	第二十八〈平等難〉	有修改。	手改本改今題，修改處與《檢論》同。
	〈原教〉	第四十八〈原教〉下	改動較大。《訄書・原教》原分上、下，《檢論》錄其下篇。	手改本改動較大，與《檢論》有異。
	〈爭教〉	第四十九	《檢論》把《訄書》第五十九〈憂教〉八百餘字併於本篇之後。	手改本有修改，與《檢論》有異。〈憂教〉保留，字句亦有更易。

《檢論》		《訄書》重印本編次	主要改動情況	備註
卷次	篇名			
六	〈訂禮俗〉	第五十一	《檢論》開端加「清既竄西安歸，民俗服御，益不衷守，新故者咸莫能正」。《訄書》共列九事，《檢論》增加：「往世賤木綿非無木綿也」和「古者本有草屨」二事，凡十一事。	手改本較《檢論》多一長註，其餘大體相同。
	〈通法〉	第三十一	有增損。	手改本有修改，與《檢論》有異。
七	〈官統〉上	第三十二	內容全異，基本重擬。	手改本有修改，與《檢論》有異。
	〈官統〉下	第三十三〈官統〉中	有增損，「《考工記》始言九卿或言六卿三孤」一段，即為《檢論》所增。	手改本即擬將〈官制索隱〉改作〈官統〉下，後收入《太炎文錄》。
	〈五術〉	第三十四〈官統〉下	刪「議院」一術為「五術」。	手改本改今題，有增刪。

七			
〈刑官〉	第三十七	有修改。	手改本與《檢論》同，多一註文。
〈譴虛惠〉	第三十九〈不加賦難〉	有修改。	手改本改今題，修改處與《檢論》亦有異。
〈相宅〉	第五十三	《檢論》增加一段，說明係錄舊文，並有「其後十年，清主退，南北講解，孫公不能持前議，將建金陵」等一段。	
〈地治〉	第五十四	《檢論》首加「章炳麟在清末作〈地治〉」。	
〈明農〉	第四十	有修改。	手改本有修改，與《檢論》同。
〈定版籍〉	第四十二	《檢論》首加「清之末」三字，末刪〈均田法〉。	手改本有修改。

卷次	《檢論》篇名	《訄書》重印本編次	主要改動情況	備註
七	〈懲假幣〉	第四十三〈制幣〉	《檢論》開始加：「人主雖神明，非能聲為律身為度也，錢府雖技巧，非能轉塵埃為黃金也」一段，內容亦異。	手改本原擬刪去，旋又保留，與《檢論》有異。
	〈無言〉	第五十五〈消極〉	《檢論》首加「章炳麟在清末為〈無言〉」數語。	手改本改今題，有修改。
八	〈楊顏錢別錄〉	第六十一〈別錄〉一	略有修改。	手改本改今題，與《檢論》有異。
	〈雜志〉	第六十	略有修改。	手改本有修改，與《檢論》略有異。
	〈哀清史〉	第五十九	《檢論》首加「清既逌西安逾二年，章炳麟議其亡徵，乃為議曰」數語。另附《近史商略》，對宋、遼、金、元、明五史進行評議，並謂：「近史為清史者，初定敍目，觀其紕繆，蓋亦多矣。」	手改本有增改，刪去《中國通史略例》。

八	〈對二宋〉			《訄書》原無，撰於一九一三年宋教仁被刺以後。
九	〈非所宜言〉	第三十五	略有修改，如「張湯、趙禹之徒起」改為「董仲舒、公孫弘之徒起」。	手改本有修改，與《檢論》同。
	〈思葛〉	第三十六〈正葛〉	有修改，末謂：「章炳麟少時為〈正葛篇〉，……晚涉世變，益窺古人用心，徵之事狀，關羽常撓吳、蜀盟好之志，宜不與武侯同心，然其材可輔可用也」一段。	手改本改題〈評葛〉，後又全刪。
	〈伸桓〉			《檢論》原無。
	〈小過〉			《檢論》原無。
	〈大過〉（附〈光復軍志序〉）			一九一四年撰，《光復軍志》撰於一九一三年孟冬。
	〈近思〉			《檢論》原無。

《檢論》好多篇文章的修改，與「手改本」基本相同，如〈原人〉、〈序種姓〉上、〈原變〉、〈原墨〉、〈學隱〉、〈刑官〉、〈明農〉等。《檢論》標題更改的，很多參據「手改本」，如〈許二魏湯李別錄〉、〈正顏〉、〈商平〉、〈五術〉、〈讉虛惠〉、〈無言〉、〈楊顏錢別錄〉。也有新增的篇文，「手改本」已經列目，如〈六詩說〉。因此，《檢論》是在「手改本」的基礎上重行增訂的，「手改本」可視為《訄書》重印本到《檢論》的過渡。但也有好多篇目為「手改本」所無，如〈易論〉、〈尚書故言〉、〈關雎故言〉、〈詩終始說〉、〈禮隆殺論〉、〈春秋故言〉等。章太炎增補這些儒家經書「故言」，表明他力圖使《檢論》「補前人所未舉」，發明「先聖」之「故言」。這樣，《檢論》中「國故」增加了，學術性增強了。

《檢論》又把《訄書》好多文篇刪除：「重印本」原有「前錄」兩篇，即〈客帝匡謬〉、〈分鎮匡謬〉，《檢論》刊落了；「重印本」最後一篇〈解辮髮〉，「手改本」還保留，《檢論》刪除了。新增各篇，又多「感事」之言，言論漸趨消沉，如〈非所宜言〉謂：「言有高而不周務者，不可以議政，雖卑之切於人事，已非其人，非所宜言也。言之，或以距人而自固其奸之宅，亦猶等於犯分陵賢而已矣」。〈小過〉謂：「宅京既久，漸益染其淫俗，諸所以為抗音噧言者，乃在挾持執政，視財賂為通塞，物或間之，琛幣公行，甘言熲生，向者茸技之官，奔亡之虜，游食於北都者，乘其阽危，陽與為好，而陰蠹害其事，於是盟敗約解，人自相疑，且聲彰於遠近，而大勢崩矣」。〈大過〉謂：「民國既興三年，教學日媮，商賈多誑豫，在官者皆為須臾秩祿，亡久長心」。「今先時創謀者，雖頗凋喪，其他或以小器易滿，不能知憂思，而涉變復，知患難者，尚四五人。誠令追迹前事，念始謀之不易，與一身顛沛屏營之狀，宜有儆然動容，潸焉浥涕者矣」。〈近思〉謂：「如曾、左、張（之洞）、劉（坤一）者，上不敢為伯王，而下猶不欲為饋贈割賂之主。此之易行，而猶幾不可睹，則中夏之迹，殆乎熄矣！」已有些「既離民衆，漸入頹唐」了。《檢論》存錄《訄書》各篇，內容也多刪革，如〈學隱〉增加「樸學之善三」，〈訂孔〉對「仲尼名獨尊」加以稱譽，對儒家的忠恕之道也予發揮。增加的篇文，在九卷本的第二卷，幾乎都是儒家經籍的「故言」；其餘即使有些總結辛亥革命失敗的言論，也多「潸焉浥涕」的「感事」之言。說明「手改本」服膺清儒的迹象已漸顯露，《檢論》又增「故言」，想以之改為「傳世」的「文苑」之作，「殆將希蹤古賢」，力求「醇謹」了。

從《訄書》初刻本、重印本、手改本到《檢論》的修訂，反映了章太炎思想遞變的迹象，他曾經由贊助維新到投身革命，也曾經由「拉車向前的好身手」到「既離民衆，漸入頹唐」，從而對他先前所發表的論著有所增衍、修飾、改易、刪削。一九一四年，章太炎手定《章氏叢書》，把先前登在期刊上的戰鬥文章每多刊落，而注視「流俗或未之好」的「傳世」之文，這是很遺憾的。由於《訄書》是章太炎論政論學的代表作，它的增訂又反映了章太炎不同時期的思想演變，從而比較詳細地把它的增訂篇文、內容列表說明，並予剖析。

然而，章太炎儘管在民國成立以後，一度對袁世凱有幻想，也曾攻擊過孫中山，而時隔不久，覺察袁世凱「攘竊國柄，以遂私圖」，就憤怒斥責，致被幽禁。釋放後，也還參加過反對北洋軍閥的鬥爭。他「本光復前驅」，以為「中華民國由我創造，不忍其覆亡」，欲「與天下共擊破壞共和者」，畢竟還是「先哲的精神」。

民國初建時，孫中山寫給蔡元培的信中，曾談到康、章的異同：

「關於內閣之設備及其組織用人之道，弟意亦如是，惟才能是稱，不問其黨與省也。但此時則不能不收羅海內名宿，來教所論甚明。然其間尚有當分別論者。康氏至今猶反對民國之旨，前登報之手蹟，可見一斑。倘合一爐而冶之，恐不足以服人心，且招天下之反對。至於太炎君等，則不過偶於友誼小嫌，決不能與反對民國者作比附。尊隆之道，在所必講，弟無世俗睚眦之見也」⑬。

康有為反對民國，反對共和，章太炎卻不是這樣，過去和孫中山的矛盾，也只是「友誼小嫌」。孫中山從對待共和、對待帝制的根本問題上釐明他們之間異同，是符合實際的。

---

① 日本外務省檔案《各國內政關係雜纂》支那之部〈革命黨關係〉乙秘第一七一四號，明治四十四年十月十八日接受，秘受第三二七六號。

② 十月十八日（八月二十七日）日本外務省接到報告：「十七日午後四時左右，來小石川區小石向臺町三町目四十二番地宮弁鐘次郎經營之印刷所。知右件印刷一千份。係章炳麟起草，估計印完

分發給其他同志」。見日本外務省檔案《各國內政關係雜纂》支那之部〈革命黨關係〉乙秘第一七一四號，明治四十四年十月十八日。

③ 清藤幸七郎：〈致內田良平〉，見《北一輝著作集》第三卷第一七八——一七九頁。

④ 見《民國報》第二號，一九一一年二月一日出版。

⑤〈章太炎之消弭黨見〉，見天津《大公報》一九一一年十二月十二日第三三九三號。

⑥〈要造成真中華民國〉，黃季陸編《總理全集》，成都近芬書屋一九四四年七月版。

⑦ 鄒魯：《中國國民黨黨史稿》第七九—八〇頁，「吾黨偏怯者流」，宜指章太炎。

⑧ 孫中山於一九二〇年和一九二四年再次提出，如在一九二四年一月二十日中國國民黨第一次全國代表大會開會時說：「我們受了滿清官僚什麼欺騙呢？因為一般同志頭腦太簡單，見得武昌起義後，各省一致贊成革命，以前反對革命的官僚也贊成革命，由是少數的革命黨，就被多數的官僚所包圍，那般官僚說：『革命軍起，革命黨消』，當時的革命黨也贊成這種言論。於是大家同聲附和，弄到現在只有軍閥的世界，沒有革命黨的成績」。同上第一卷三一九—三二〇頁。

⑨《胡漢民先生遺稿》，釋文第四四一頁，臺灣中華書局一九七八年十一月版。

⑩《大共和日報》一九一二年一月五日、六日，又見〈統一黨第一次報告〉，一九一三年京師印書館鉛印本；《太炎最近文錄》收入時，文字有更改。

⑪ 章太炎：〈大共和日報發刊辭〉，見《章太炎政論選集》第五三七頁。

⑫ 章太炎：〈中華民國聯合會第一次大會演説辭〉，見《章太炎政論選集》第五三三頁。

⑬ 章太炎：〈致伯中書〉一，見《章太炎政論選集》第五八四頁。

⑭ 章太炎：〈致袁世凱論治術書〉，見《章太炎政論選集》第五八四頁。

⑮ 章太炎：〈上大總統書〉，同上第六一二頁。
⑯《民立報》，一九一二年六月二十五日。
⑰ 章太炎：〈內閣進退論〉，同上第六〇六頁。
⑱ 章太炎東三省籌邊等情況，見《東三省籌邊公署檔案》，《吉林省政府檔案》。
⑲ 章太炎：〈致伯中書〉三，見《章太炎政論選集》第六五二頁。
⑳ 章太炎：〈致伯中書〉一，見《章太炎政論選集》第六四五頁。
㉑《民立報》一九一三年五月十四日。
㉒《民立報》一九一三年五月二十七日。
㉓ 章太炎：〈致伯中書〉四，見《章太炎政論選集》第六五五頁。
㉔ 章太炎：〈致伯中書〉九，同上，第六六六頁。
㉕ 章太炎：〈致伯中書〉三，同上第六五二頁。
㉖ 同注㉔。
㉗ 章太炎：〈致伯中書〉八，見《章太炎政論選集》第六六一頁。
㉘ 章太炎：〈致伯中書〉八，同上。
㉙ 章太炎：〈致伯中書〉二，同上第六五〇頁。
㉚ 章太炎：〈致伯中書〉八，同上第六六一頁。
㉛ 章太炎：〈致伯中書〉九，見《章太炎政論選集》第六六六頁。
㉜ 章太炎：〈致伯中書〉十一，同上第六七二頁。
㉝ 章太炎：〈致伯中書〉十三，同上第六七五頁。

㉞章太炎：一九一三年八月十七日〈家書〉。
㉟章太炎：一九一三年八月二十六日〈家書〉。
㊱《民立報》一九一三年八月二十三日。
㊲章太炎：〈致伯中書〉一，見《章太炎政論選集》第六四四—六四五頁。
㊳章太炎：〈致伯中書〉十四，同上第六七七頁。
㊴章太炎：〈與上海國民黨函〉，同上第六八〇頁。
㊵章太炎：〈致伯中書〉二，同上第六五〇頁。
㊶章太炎：〈致伯中書〉十二，見《章太炎政論選集》第六七三頁。
㊷章太炎：〈致伯中書〉八，同上第六六一頁。
㊸章太炎：〈致伯中書〉十三。
㊹章太炎：一九一三年八月十七日〈家書〉。
㊺章太炎：一九一三年八月二十六日〈家書〉。
㊻《民立報》一九一三年八月十八日。
㊼《民立報》一九一三年八月二十日。
㊽《民立報》一九一三年八月二十三日。
㊾章太炎：一九一三年九月二日〈家書〉。
㊿章太炎：一九一三年九月十四日〈家書〉。
51 章太炎：一九一三年九月十八日〈家書〉。
52 章太炎：一九一三年九月二十八日〈家書〉。

53 章太炎：一九一三年十月十七日〈家書〉。
54 章太炎：一九一三年十一月四日〈家書〉。
55 《癸丙之間言行軼錄》。
56 徐一士：〈章炳麟被羈北京軼事雜記〉，《逸經》第十一期，一九三六年八月五日出版。
57 魯迅：《關於太炎先生二三事》。
58 《申報》一九一四年一月十四日。
59 《時報》一九一四年一月十三日「時評」二〈特請章太炎〉。
60 章太炎：一九一四年一月十二日〈家書〉。
61 許壽裳：〈紀念先師章太炎先生〉，《制言》第二十五期。
62 見《章太炎書札》，抄本，溫州圖書館藏。
63 徐一士：〈章炳麟被羈北京軼事雜記〉。
64 章太炎：一九一四年八月十一日、十六日〈致龔未生書〉，龔覺生舊藏。
65 見《古史辨》第一冊顧頡剛〈自序〉引。
66 見《章太炎政論選集》第六八八—六九三頁。
67 同上第六九四—六九七頁。
68 章太炎：〈致龔未生書〉十五，手蹟，龔未生先生藏。
69 章太炎：一九一五年五月九日、二十六日〈家書〉。
70 魯迅：〈關於太炎先生二三事〉，見《且介亭雜文末編》。
71 魯迅：〈因太炎先生而想起的二三事〉，同上。

⑫《太炎先生自定年譜》「宣統二年庚戌，四十三歲」。

⑬孫中山：〈覆蔡元培書〉，一九一二年二月十二日，見《孫中山全集》第三冊第十九頁，中華書局一九八二年版。

第八章　政壇徘徊

一　出遊南洋

一九一六年六月六日，袁世凱死。七日，副總統黎元洪代理大總統，章太炎「作書請見，並求解警」。接著，致國會議長湯化龍等電：「國事多艱，殷憂猶在，叛人未戮，昏制未除。」自己「尚在羈囚，無能陳力，轉危為安，唯望諸公精進」①。又致電軍務院撫軍岑春煊、參謀李根源、秘書章士釗：「義師雲合，獨夫殞命，非獨天祚中華，固由人謀之力」。「轉危為安，端賴諸公努力」②。

六月十日，章太炎「始得出入自便」③。

六月二十四日，岑春煊電覆章太炎「預期與公一夕談為至快」④。章太炎於七月一日，回到上海，三日，浙江國會議員開會歡迎，章太炎「起立演説」，以為「今日中國，尤不宜有政黨」，說是「痛念前塵」，竟至「失聲哭」⑤。接著，他即準備應岑春煊之邀，前往肇慶。

這時，袁世凱雖死，他的舊羽直系馮國璋、皖系段祺瑞仍握實權，在帝國主義操縱下，相互間又進行爭權奪利的鬥爭。章太炎一度把希望寄託在西南軍閥岑春煊身上，從而南行，於八月底至肇慶。

這時，岑春煊正在和龍濟光混戰，不以「國事為重」。結果，龍濟光出走，陸榮廷進入，朱慶瀾為省長，當時報載「兩廣都司令岑春煊現因粵事經已解決，所有軍事手續，一律收束完竣，故特定期一號即將都司令部宣告撤銷」⑥。

章太炎「見南方無可與謀者，遂出遊南洋羣島」。九月二十九日，由香港抵達新加坡，受到華僑的熱烈歡迎。當地報紙紛紛登載，譽為「中國文豪」，著名僑商陳楚楠、簡英甫、胡仲選、陳永福等二十餘人親往迎接⑦。他由新加坡而檳榔嶼，由庇能而怡保、吉隆坡、爪哇等地，多次發表演說，主要內容是：

第一，贊揚南洋華僑對祖國的關懷，無論政治改革、排滿革命，都作出貢獻。並報告國內政治情況，他說：「人在異鄉，本有同舟共患之勢，南洋各地本無所謂朋黨也，以康長素及孫中山、陶煥卿等，迭次南來，漸有所謂黨會；而一般熱心之華僑，各以愛國熱忱，奔走呼號，不遺餘力。其後有保皇黨、同盟會、光復會三派，辛亥以後，保皇黨已無復存，其餘承各黨員之囑咐復改組為國民黨、共和黨，最後又有進步黨。入其間，在發願入黨者各有深心，然爭端亦因之而起。夫各黨並立，彼此以政見不同，互招異議，此固無可譏議者，然前此南洋各黨之機關報所攻訐者，與國家大計，或有重要的關係，往往於今個人私德上，指摘謾罵，致使此黨，化公憤而為私仇。且人之私德既無實證，初則指斥小過，終復加以誣蔑，而是非混淆，黑白撓亂，此於道德智慧，皆進步阻礙之最深者。茲幸共和再造，凡我華僑，無論屬於何黨，要其願入黨會之心，皆因愛國而起耳。目下黨見已漸消除，有互相提攜之望，斯則鄙人愜心慰志之事也」。繼言「消除黨見」，謂：「抑鄙人猶有言者，清除黨見，非即不黨之謂，蓋欲清除各黨之畛域，而成一大民黨也。茲北京議會中，各黨已漸聯合，此間各黨苟能聯合進行，則南洋各島，當永為吾中華民黨根據也」⑧。

第二，指出袁世凱雖死，「而帝制黨在」，勉勵華僑應知民國建立之不易，「撫今追昔，不忘瘡痍。」他說：「袁亡而帝制黨在，一類陰險反側之徒，或仍附帝黨為惡。且今之帝黨，其仇疾民黨，有甚於清之亡國大夫矣。清之亡國大夫，雖無祿位，猶足自保，不必與民黨為難。今之帝黨，自知惡積罪盈，永難齒於人類，非與民黨相仇，急圖報復，必無存活之理。試觀現時政界人物，雖有民黨，亦有帝孽，將來權勢偏倚，借壓人民，吾人民何以自處，是不得不於最欣喜之國慶紀念日略為慮及也。吾中國人之特性，可與共患難，不可與共安樂，每作一事，略有成效，即將前此艱難困苦情形淡然若忘。民國二年之失敗，正坐此耳。從今以後，遂永無民國二年之復轍耶？則不能保也。要知中華民國四字，斷絕之日已久，使袁氏至今尚在，八十日後，即是帝國紀念日矣。今日所以復覩中華民國者，皆從留血拚命而來，譬愛子失而復得，手足斷而後續，既得既續之時，不能不追念方失方斷之苦。願諸君撫今追昔，不忘瘡痍，毋使今日之國慶紀念，復為民國元年之國慶紀念，庶幾慶祝不在一時，而可與千古矣」⑨。

第三，反覆強調華僑應重視教育。他在南洋多次報告，講得最多的是重視教育，籌設中學，瞭解中國史地、文化。如說：「南洋各島華僑，不下數百萬，誰無子弟，誰甘奴隸，欲子弟不淪為奴隸，則教育尚已。近知華僑所設小學，已達百餘所，畢業亦頗有人，但小學知識究屬有限，今欲高大生徒之志趣，非籌設中學不可，中學生徒額設二百名，每年經費不過三、四萬，事尚輕而易為，其校長及教員，須敦請祖國學行優良者為之，所有課程，可就教育部規定者，斟酌地方情形，略為變通辦理，而於本國歷史、本國地理及普通法學，尤宜注重。蓋海外辦學與內地辦學不同。內地辦學，務使生徒知世界大勢；海外辦學，並宜使生徒知國內情形。故中國地勢、物產、風俗人情與夫歷代之活動興亡，及聖賢豪傑各事業，均宜深曉，知前者則不至視歸祖國為畏途，知後者則能發起志願，不甘下就。至於普通法學，更為自為保衛所必需，有此知識，人自不敢以非法加我矣。諸君子熱心愛國，對於教育一項，如能籌設中學，俾底於成，則為福南洋子弟，當非淺尠。」⑩

他在吉隆坡演説，也強調教育，主張推行普通語，設立中學，養成僑胞之永久愛國心，説：「兄弟南來，雖為日無多，亦略識此間狀況。今日所切望於南洋僑胞者，大興教育是矣。何者？

非教育不能養成僑胞子弟之永固愛國心，非教育不能破除資本家貧富階級之陋習，非教育不能作在外謀生之保障，非教育不能望享外國法律平等之看待。大教育之道非一端，而以國民教育為要素。海外僑民之教育之道非一端，而以國民教育為要素。海外僑民之教育與國內平民教育又稍殊。近年南洋教育雖略有進步，然尚須研究一個完全辦法，方不負出資興學者之苦心。凡教育之最要者，莫如多設小學，而僑民小學之最要者，必須用普通語為教授，而尤其要者，則宜從速籌辦中學，誠以中學乃國民教育之人才製造廠也。我國人尚有一種天然之積病，在乎言語不能統一，交通上既形窒礙，感情上亦生出許多誤會。在國內南北省如是，在海外各埠亦然。至南洋僑胞，以閩、粵人為最衆，惟常以方言不同，交接亦不甚親洽，廣府語與客語差別，甚或有謂客家非廣東人者，此團體所以不能固結，而社會與國家，亦均受情形之牽累也。查馬來半島所設之小學，不下數十，各以方言為教授尚多，苟循此不改，終難望多得普通知識之僑民，故今日欲改良教育，非從小學入手，一律以國語教授不可。欲造成共和國民資格，非從速籌辦中學不可也。」

又說：「吾向聞南洋華僑子弟，偏重西文，多有不識祖國為何名，本身為某省某縣人者，此非其子女之過，實為父兄者不講國民教育之過。惟設立中學，則有地理歷史之教科，使知其身與祖國有密切關係，自能感發其愛國心，而養成其國民之資格也。前時革命黨人南來，提倡救國主義，雖已喚起一般華僑之愛國心，然熱誠為黨人所喚起者在一時，若今後少年人之愛國心為中學所養成者，則永久不變也。吾故謂非教育不能養成僑胞子弟之永固愛國心者此也」⑪。

章太炎在檳榔嶼訪遊極樂寺時，又演講小乘、大乘之區別。

章太炎自稱這次南行的主要目的是「聯絡黨派」。當時報載，他自稱：「余此行以聯絡黨派為最大宗旨，擬將舊之國民、進步、共和各黨，組合為一大團體，名曰中華民黨聯合會，會中設三大本部：一設於北京、一設於上海、一設於星洲，設支、分部於各處，而三大本部之中，復設一總機關以統轄之。所以要設三本部者，因恐將未有第二袁氏出而解散其本部，則支、分部同歸於盡。癸丑之役，可為前車。若有三本部，則北京之本部，縱令為野心家所解散，而上海、星洲之本部，固無恙也。上海之本部，萬一不幸而被解散，則星洲之本部，係中國勢力所不及之地，仍無恙也。本部無恙，則支、分部不致同時瓦解」⑫。

章太炎這次南洋之行，在僑胞間起了很大影響，他每次演講之後，報刊上總有各種反映，如《振南報》謂：「章太炎先生之抵叻也，商、學界開筵歡迎者連日不絕，亦有多持冷觀態度者」⑬。如謂：「章太炎先生之來濱，都人士咸願望見文旌以為榮」⑭。如說：「章君炳麟為我國文學泰斗，聞其大名者，咸欲覩其風采。……當時大發偉論，約有二小時之久，洋洋萬言，難以盡錄，要不外注重教育、化除意見等，語多動聽，切中華僑興利除弊之旨」⑮。

章太炎的南洋之行，時間雖短，但也頗具影響，因他在《自編年譜》中僅有「余見南方無可與謀者，遂出遊南洋羣島，歲晚始歸」三句，其他記載也缺，致鮮為人知。今據南洋當時報紙試作敍述，以補缺漏。

二　護法之役

章太炎在辛亥革命前後，和孫中山發生矛盾，由非議孫中山到重組光復會，由「同盟舊人」到和立憲黨人沆瀣一氣，由反對孫中山到為袁世凱所利用，一九一七年，他又和孫中山合作，參加了護法運動。

一九一七年七月，張勳復辟時，孫中山即號召護法。段祺瑞在日本帝國主義支持下，重任北京政府的國務總理，拒絕恢復《臨時約法》和國會，孫中山即以維護《臨時約法》為號召，於同月率駐滬海軍到廣州，聯合「暫行自主」的滇桂軍閥，於八月在廣州召開國會非常會議，成立護法軍政府，被選為大元帥，領導滇軍、粵軍以及部分桂軍、黔軍、湘軍、川軍等抗擊北洋軍閥段祺瑞的軍事進攻。在這護法之役中，章太炎隨同孫中山南下，參加了這項運動。

章太炎和孫中山，在辛亥革命前和孫中山有過爭論，由非議孫中山到重組光復會，函電相爭，影響不好。民國成立，孫中山任臨時大總統，聘任章太炎為總統府樞密顧問，他在〈覆蔡元培書〉中，談到他的「組織用人之道」：

「關於內閣之設備及其組織用人之道，弟意亦如是，惟才能是稱，不問其黨與省也。但此時間不能不收羅海內名宿，來教所講甚明。然其間尚有當分別論者，康氏至今猶反對民國之旨，前登報之手蹟，可見一斑。倘合一爐而治之，恐不足以服人心，且招天下之反對。至於太炎君等，則不過偶於友誼小嫌，決不能與反對民國者作比附。尊隆之道，在所必講，弟無世俗睚眦之見也」⑯。

康有為反對民國，反對共和，章太炎卻不是這樣，過去和孫中山的矛盾，也只是「友誼之嫌」。孫中山從對待共和、對待帝制的根本問題上釐明他們的異同，是符合實際的。但，這時章太炎不肯和孫中山合作，不願長駐南京，返回上海。二月中旬，在討論建都問題時，主張建都北京，拆了孫中山、黃興的臺，五月，黃興條陳國民捐和勸辦國民銀行辦法，章又以為「勒迫必自之生」，加以反對。南北和議告成，袁世凱上臺，他幻想袁世凱能「厲精法治」，「以厝中夏于泰山磐石之安」⑰。中華民國聯合會與一些小政黨合併，改組為統一黨，以後更與民社等併為共和黨，推黎元洪為理事長，接著，任東三省籌邊使，直到宋教仁被刺，對袁世凱不信任了，再行反袁又被幽禁。數年的動盪，他又回歸到和孫中山合作。

當章太炎在一九一六年由京南返時，孫中山也在上海，曾兩電黎元洪「規劃約法，尊重國會」；章太炎也認為「約法、國會，本民黨固有之物，為袁氏所摧殘」，主張維護⑱。此後，他多次和孫中山一起參加會議，如七月十一日，出席黃興為準備北上兩院議員舉行的餞行宴會；七月十五日，出席駐滬粵籍議員的歡迎會；七月二十八日，出席孫中山招待中日兩國人士的宴會。他大都「起立發言」，基本主張，與孫中山尚相契合。八月，章太炎南赴肇慶，「視雲階」（岑春煊），更「出遊南洋羣島，歲晚始歸」。孫中山又致電黎元洪，認為章太炎「碩學卓識，不畏強御，古之良史，無以過之，為事擇人，竊謂最當」，推舉章太炎為國史館長⑲。

一九一七年三月，段祺瑞召集督軍團在北京開會，商討對德宣戰。五月七日，國會討論參戰案；十月，段祺瑞組織「公民請願團」等，包圍國會，毆辱議員。章太炎與孫中山兩次聯名致電黎元洪，要求嚴懲「偽公民犯法亂紀之人」，「嚴懲暴徒之名」，「勿令勢要從旁掣肘」⑳。六月七日，張勳率兵北上，與段派集議，電黎「調停須先解散國會」。孫、章聯電陸榮廷等南方各省督軍、省長，指出「調停戰爭之人，即主張復辟之人；擁護元首之人，即主張廢立之人」。「叛人秉政，則共和遺民必無噍類矣」㉑。又聯名致電陳炯明，「國會為民國之命脈，調和乃綏寇之資糧」，「今者羣益鴟張，叛形已著，黃陂（黎元洪）與之講解，實同降伏」㉒。

七月一日，張勳復辟。三日，章太炎和海軍總長程璧光等「集議孫公邸中」，「協議掃穴犂庭計劃」㉓。接著，與孫中山、廖仲愷、朱執信、何香凝乘海琛艦由上海啟程赴廣州，於七月十七日抵粵。

章太炎隨同孫中山抵粵後，「有人以其於西南大局甚有關係，特投刺請謁，詢問來粵之宗旨，及討逆之計劃」。章太炎答以：

「余此次偕孫中山來粵，所抱之希望頗大，簡言之，即切實結合西南各省，掃除妖孽，新組一真正共和國家，但不知西南各省，有此能力遂此希望否？至中國今日是非不明，順逆不分，攪得一團充分之大糟，那還成一個國家。而南北各省，討逆之聲，日震於耳鼓，幾成一種之普通口頭語，試質之討逆者之心理上，確能判別得順逆二字清楚否？蓋先判別誰是逆不逆，始可認定討不討。至在今日是非不明之時代，將以何物爲判別順逆之標準，此我國民不得不研究也。夫共和國家，以法律爲要素，法存則國存，法亡則國亡，合法者則爲順，違法者則爲逆，持一法字以爲標準，則可判別一切順逆矣。故討逆之舉，即爲護法而起，惟不違法之人而後可以討逆，否則以逆爲順，或以逆討逆，成爲大逆不道之世界如今日者。今日救亡之策，即在護法，護法即先討逆。余此次與孫中山來粤，即欲切實結合多數有力者，大起護法之師，掃蕩羣逆，凡亂法者必誅，違法者必逐，然後真正共和之國家，始得成立。所謂法治精神，人民幸福，庶有實見之一日」㉔。

說明此次「偕孫中山來粤，所抱之希望極大」，「討逆之舉，即為護法而起，惟不違法之人而後可以討逆」。

永豐、同安、豫章三艦抵達黃埔，孫、章一起前往迎迓，廣東各界開歡迎海軍大會，孫中山、程璧光到會，章亦參加。

九月一日，國會非常會議選舉孫中山為中華民國軍政府大元帥，章太炎任護法軍政府秘書長，〈大元帥就職宣言〉就是章太炎起草的。〈宣言〉中說：「民國根本，掃地無餘，猶幸共和大義，浹於人心，舉國同聲，誓殲元惡」。誓「與天下共擊破壞共和者」㉕。

章太炎隨孫中山南下後，往來於香港、廣州，想爭取龍濟光等參加護法軍，後因護法軍政府中派系鬥爭激烈，章太炎「欲西行」，孫中山勸以「不當先去以失人望」。章表示願為軍政府去爭取外援，到雲南聯絡唐繼堯。當他抵達昆明後，和孫中山函電往返，孫中山希望章太炎「時慰箴言」，勸唐繼堯「即日宣布就元帥職」，「分兵東下」；章也多次向唐進言，促唐東下，但「唐終託故不出」。

護法軍政府後來成為南方軍閥的政權，孫中山也被排擠，但章太炎起草的〈宣言〉，至今猶感虎虎有生氣。他「幽禁」解脫不久，即奔走南方，環懷國是，也是值得稱道的。

三　聯省自治

一九一九年，反帝反封建的五四運動爆發，人民革命運動逐漸發展，章太炎的思想逆轉了，由反對軍閥割據逐漸演變為贊成軍閥割據，主張「聯省自治」。「聯省自治」，是湖南軍閥譚延闓、趙恆惕提出，並得到西南、中南一些軍閥響應，而為章太炎贊同宣揚的。

初，一九二〇年六月十一日，湖南南軍隨吳佩孚後撤，逐步前進，湘督張敬堯無力抵抗，由長沙逃往岳州。十二日，南軍趙恆惕佔領長沙，章太炎《自定年譜》稱：「病中聞湘軍克長沙，喜甚，躍起，以電賀組安。且言雲階於此，為能晚蓋」。組安，譚延闓，他的《致譚延闓電》發於六月十五日，原電為：

「迭承通電，知貴軍累戰皆捷，近聞收復長沙，敵師鼠竄，湘州南嶽，重秀而明，非特爲湖南雪此沉冤，亦爲揚子江全域爭存人格。自克强云亡，石屏繼逝，常恐直道將泯。得公振起，大義復申，遯聽凱聲，曷勝鳧藻。是役也，西林前日誤湘之罪，似亦可以晚蓋。果如新沐彈冠，勿滋舊穢，張魏公初附汪、黄，後更與會之立異可也。匡維之責，猶在大賢」㉖。

對譚延闓加以贊揚。

七月，譚延闓發表治湘宣言，主張「湘人治湘」、湖南自治。不久，譚延闓又派專使來滬，迎接章太炎赴長沙。十一月一日，又通電全國，提出「此後各省以武力戡禍亂，不如以民治奠國基，仍宜互結精神，實省自治」。又以湘軍全體將領名義通電宣布，湖南將以率先實行自治，「以樹聯省自治之基」。

章太炎緊接著在十一月九日的北京《益世報》上發表〈聯省自治虛置政府議〉，一開始就說：「民國成立以來，九年三亂。近且有借名護法，陰謀割據者」。對以前參加的護法運動已經懷疑了。

他又說：「自今以後，各省人民宜自制省憲法，文武大吏，以及地方軍隊，並以本省人充之；自縣知事以至省長，悉由人民直選；督軍營長以上各級軍官會推。」以為「近世所以致亂者，皆由中央政府權藉過高，致總統、總理二職為夸者所必爭，而得此者又率歸於軍閥。」「今宜虛置中央政府，但令其頒給勳章、授予軍官之職；其餘一切，毋得自擅。軍政則分於各省督軍，中央不得有一兵一騎。外交條約則由各該省督軍省長副署，然後有效。幣制銀行則由各省委託中央而監督造幣，成色審核、銀行發券之權，猶在各省」。他把行政、外交、軍事、財政等權力放在各省，「政府雖存，等於虛牝，自無爭位攘權之事。」

他認為「中央政府權藉過高」，「所以致亂」，主張「虛置中央政府」，「軍政則分於各省督軍」，甚至外交「事涉某省者，皆由該省督軍省長副署負其責任」。這種政治主張，恰恰符合部分軍閥政客為保持地方割據、反對民主革命的需要。

次年一月三日，章太炎又發表〈與各省區自治聯合會電〉，主張「使地方權重而中央權輕」，以為「各省自治為第一步，聯省自治為第二步，聯省政府為第三步」㉗。

一月七日，四川劉湘等通電「四川自治」，章太炎又致電劉湘、但懋辛：「自湖南先言自治，而貴省以高屋建瓴之勢，應於上遊，風聲所播，東被海堧。此後下江各省，豈敢後人」，譬為「非特川省一方之福，而我揚子江人皆被其賜矣」㉘。

此後，他又擬撰多篇力言聯省自治的文稿，如〈各省自治共保全國領土說〉㉙，謂：「自古幸成單一國家者，以力征服，以德懷濡，必更三四十年而後定之，然不久亦無不分離者」。至於「今之人，德固不古若也，力亦不古若也」，「假令有古人之才，而兵械又足以濟之，則人民必無孑遺，而帝制又將再起。是故以義則不容成單一國也」。又有〈弭亂在去三蠹說〉㉚，說什麼「今之曾居元首者，無過三種人材，一者梟鷙，二者狂妄，三者仁柔耳。梟鷙者處之，則有威福自專之患，而聯邦或為所破；仁柔者處之，則有將相上逼之慮，而聯邦不為分憂；狂妄者處之，勢稍強則或與梟鷙者同，勢稍弱則又與仁柔者同矣」。民國成立以來，自袁世凱「梟鷙」竊國，到此後的歷任總統，或者「狂妄」，或者「仁柔」，以致軍閥混戰，權不己操，章太炎也是有所感而言之的。但他這種「聯省自治」，卻又走向了另一極端，反而符合了軍閥割據的需要。

章太炎主張「聯省自治」，是希望「聯省自治」以削弱以致取消中央集權。他把民國以來的戰亂頻繁，歸結為中央集權，以為有中央集權還不如没有為好。說什麼「近世所以致亂者，皆由中央政府權藉過高，致總統、總理二職為夸者所必爭，而得此者，又率歸於軍閥」，他不可能認識到軍閥混戰，「爭位攘權」，是中國推翻帝制後社會經濟的變動等因素造成的，是帝國主義侵略中國扶植各自的代理人造成的，反而歸罪於中央政權的存在，他的思想已跟不上形勢的發展了。

章太炎的「聯省自治」，反映了他對當時北洋政府霸佔中央政權的不滿，但又和他不久前追隨孫中山的統一主張背道而馳。孫中山在廣州就任非常大總統時，章太炎就以為「非法」，並以「聯省自治不可反對為獻」㉛，這樣，便只能符合一些不願屈從北洋統治的地方軍閥的需要。繼湖南之後，四川、貴州、浙江等省也曾相繼宣言自治，章太炎也隨著致電、致函，不斷鼓吹，當然，這種「聯省自治」，是不會久長的，章太炎也只是為地方軍閥所包圍利用，反映了他思想上的逆轉而已！

四　「辛亥同志俱樂部」

一九二四年一月二十日，中國國民黨第一次代表大會在廣州開幕，孫中山擔任主席，到會代表一六四人，其中有共產黨人李大釗為大會主席團成員。一月二十三日，中國國民黨第一次代表大會通過〈宣言〉，接受了中國共產黨提出的反帝反封建的主張。在〈宣言〉第一部分中，總結過去革命鬥爭的經驗，分析和批判了當時社會上流行的各種錯誤的政治流派，包括立憲派、聯省自治派、和平會議派和商人政府。〈宣言〉第二部分以革命精神重新解釋了三民主義。〈宣言〉第三部分包括對外、對內政策，主要內容為取消不平等條約，確定人民的自由權利，改善人民生活等。一月三十日，中國國民黨第一次代表大會選舉中央執行委員和監察委員，執行委員中有廖仲愷、胡漢民等，共產黨人李大釗、毛澤東等也被選入。

章太炎卻在這時，致電湖南省議會，叫他們堅持「省自治之說」，說是「湘省自治，萬不可任其取消」㉜，還在上海主持聯省自治會，致函各省「熱心聯治」㉝，他不滿意中國國民黨的改組和〈宣言〉，反對國共合作，與周震麟、管鵬、焦子靜、茅祖權、田桐、居正、馮自由、馬君武、但燾、謝良牧、劉成禺等發出了〈護黨救國公函〉，反對國共合作，攻擊共產黨。〈公函〉首先指出「吾國原始民黨以同盟會為最先」，「衆志成城，赫然振發，於是有辛亥光復之役」。民國成立，「同盟餘烈猶未全衰」。等到袁世凱覆亡，「民黨已四分五裂，幸各黨皆有同盟舊友為之綱紀」。自從「護法至今」，「各省意志，常非一軌，甚乃抗兵相攻，自生仇讐」。「為是感念舊交，力遒來軫，冀以同盟舊人，重行集合團體」云云㉞。這個「護黨救國公函」是為了反對國民黨改組而發，是為了反對共產黨加入而發。

或者認為〈護黨救國公函〉尚乏明確反共言論，不能以此認為章太炎已經「反共」。事實上，馮自由在引錄此函時已經說明：

「民十三，國民黨改組容共，舊同盟會員某等以共黨首領陳獨秀、李大釗、譚平山等立心不軌，於民黨根本及國家前途將有不利，嘗屢列舉共黨禍國殃民種種事實，請求孫總理設法取締，希圖挽救。……章太炎、田桐、居正、周震麟、馬君武、管鵬、但燾、焦子靜、謝良牧、茅祖權、劉成禺及余等事先已惄然憂之，乃於民十三冬假上海南洋橋裕福里二號章寓開會討論挽救之策，咸主張非號召同盟舊人，重行集合團體，不足以匡濟危局，羣推太炎撰稿領銜」㉟。

說明〈護黨救國公函〉是為了「國民黨改組容共」而「請求孫總理設法取締」，號召「同盟舊人，重行集合團體」的。

或者以為章太炎之所以「撰稿領銜」，是受了馮自由等的慫恿，從而反對國共合作的。查馮自由確由粵來滬，暗中活動，報紙上也有馮自由來滬活動的記載，此後居正等亦來滬上，「乃於民十三冬，假上海南陽橋裕福里二號章寓討論」，由章氏領銜寫出，應該說，馮自由等是給予章太炎以影響的㊱。章太炎受人影響，舉筆疾書撰文通電，也是時有所見，但從這篇〈護黨救國公函〉來說，卻不是單純受了別人的影響。

章太炎這時力主「聯省自治」，「聯省自治」既為中國國民黨第一次代表大會所批判，他在這次大會之後，發表的反共言論，也說明他的「護黨救國」，不是單純的受人慫恿，不是他的「偶然執筆」。

一九二五年二月十日，章太炎在〈致李根源書〉中說：「此間自中山入都以後，同人即知其難久，有願將辛亥同志重尋舊盟者，鄙意亦以為然」㊲。十幾天以後，在上海「聚辛亥同志」，「設立一俱樂部」㊳。他與張繼商酌，「嫌同盟會未能包涵，先設辛亥革命同志俱樂部，蓋並光復、共進諸會及灤州派與同盟會同治於一爐，然後不嫌狹隘」㊴。當時報紙也有記載：

「章太炎、唐少川等組織之辛亥同志俱樂部，籌備多時，業已宣告正式成立。現規定每星期聚餐一次，以資交換意見。昨據章君語人云：『此次組黨活動，醞釀甚久，其初各方意見，擬即乘時合組一黨。據唐君少川意見，以爲不妨即命名國民黨，但因其恐與現在之國民黨相混，未能成立。又有人主張襲同盟會之舊名者。但以此次組合，既係集合南北革命同志，南方同志如光復會、共進會等，雖俱與同盟會直接間接有關，而北方如馮玉祥、張紹曾輩，則與同盟會可謂絲毫無關。故經衆商定不如命名稍取混統，其先擬名辛亥革命同志俱樂部，後逕將革命二字删去。現在此種組織，尚爲初步，至正式組黨，尚須有待，因同志北行者多，擬俟返滬後再商』云」㊵。

此後，即以辛亥同志俱樂部的名義發出議政電函，如五月三日，草〈為辛亥同志俱樂部糾正段祺瑞廢止法統通電〉㊶。

章太炎和人一起組織辛亥同志俱樂部，其中心主張還是「聯省自治」，反對改組後的國民黨。

章太炎「聯省自治」主張嚮往的是中南、西南，特別是湖南，湖南省長趙恆惕也就邀請章太炎「赴長沙主考知縣」，辛亥同志俱樂部唐紹儀等設宴歡迎，討論「大局」。「有重要之討論」㊷。

九月二十二日，章太炎抵達漢口，蕭耀南等往其寓處謁晤。過岳陽時，吳佩孚「親赴站迎迓。」到長沙，趙恆惕率官員至車站迎章，招待周到。

他一到長沙，就「聲明在考試縣長期內，謝絕各界酬酢」。所擬考題為〈宰相必起於州部〉，策題為〈問區田防旱，自漢迄清行之有效，今尚適用否〉㊸。考試情況，當時報紙有詳細報導：

「考試程序，分甄錄試、初試、覆試，甄錄試、初試以筆試行之，覆試以口試行之。甄錄試目爲論文及關於地方行政之簡問兩項。初試試目，則爲憲法大綱、現行行政法令、設案判斷、草擬文牘四項。覆試則由主試委員任意口試。各項科目，須均滿七十分以上，方能取錄。現在章委員長既到，遂定二十六日舉行甄錄試，由省長親自蒞場，點名給卷，其考試規則，已先期公布矣。——

「縣長考試，於今日（二十六日）舉行甄別試」㊹。

甄錄試取一百六十二人，出「聯省實行，制定國憲，對於國會制宜，應採兩院制乎？擬採一縣制乎？試說明之」等四題，「初試之後尚有一次覆試，即以口試行之」。「其取錄名額，決定不過六十人，以免仕途擁擠」㊺。十月四日，考試完畢，取錄三十人。次日，章太炎又在湖南省議會演說「聯省自治」。他關心的還是國民黨第一次代表大會批判了的「聯省自治」。

如上所述，章太炎組織辛亥同志俱樂部，是為了反對國民黨第一次代表大會的決議，既對「決議」的反對「聯省自治」不滿，又對「決議」的聯共聯俄不滿。他從湖南回到上海後，更在演說中公開反對共產黨，說是「我們現在所要反對的，就是要反對共產黨，共產黨是否適合我們的國情，還在其次；現在的共產黨，並非共產黨，我們可以直接稱他『俄黨』。他們不過藉著『共產主義』的名目，做他們活動之旗幟。什麼『共產』、『不共產』，那簡直是笑話。」「最後，凡是借外人勢力來壓迫中華民族，我們應當反對他，這便是我們最後的責任」㊻。章太炎看到「聯共聯俄」，視共產黨為「俄黨」，肆予攻擊了。

或者認為《醒獅》是反對共產黨的刊物，懷疑「記錄有誤」，其實章太炎的反共言論，並不只見於《醒獅》一處，並不只是在上海國民大學所講〈我們最後的責任〉中看到。在他寫給友人的信件和文章中也時有所見，如在本年十二月二十二日〈覆羅運炎〉說是北方「共產之說，已是實行」，叫嚷要除「赤化」㊼。

非但如此，他還和人組織「反赤救國大聯合」，以章太炎、徐紹楨、鄧家彥為理事，通電全國各報刊，一開始即稱「赤禍日熾，漢奸日行；以改革經濟為虛名，而招致外患為事實，不亟剪除，國將不國」，特組此會，「以反對赤化，保障國權，實行民治為宗旨，以聯合全國各界同志，實行本宗旨為工作」云云㊽。在第一次幹部會上，章太炎主席，討論「宣言草案」，說什麼「居今之世，反對赤化，實為救國之要圖」，提出「三事相期許：一曰保持國家獨立，凡一切侵略、一切誘惑、一切強權均須排除，依國際平等之原則，與各友幫攜手互助；二曰發展民治精神，凡不正當之勢力、不合理之政治、不安寧之狀況，力求革除，團結民衆，共趨法律軌道之上；三曰實行社會政策，以調和勞資之衝突；普及適宜之生計，改良工人之待遇，俾假借共產學說者，無由施其煽惑」㊾，此項「宣言」，經討論修改後公布。

四月二十八日，「反赤大聯合」又開幹事會，到有章太炎、馮自由等，討論組織分會章程草案及草擬致駐北京蘇俄大使加拉罕電。在所擬「反赤救國大聯合宣言」中，一開始即稱：「自赤俄假社會革命之名，行對外侵略」之實，再申「反對赤化，實為救國要圖」㊿。八月十三日，又發出通電，反對北伐。

章太炎有深厚的民族主義思想，自稱「民族主義如稼穡然，要以史籍所載人物、制度、地理、風俗之類為之灌溉，則蔚然以興矣。不然，徒知主義之可貴，而不知民族之可愛，吾恐其漸就萎黄也」㊿，所以他重視歷史，強調民族主義。他這一時期的反對共產黨，反對「國共合作」，是和他的民族主義思想有關，和當時蘇聯與共產黨的關係有關，因而他說共產黨可稱之為「俄黨」；另一方面，也由於當時國內形勢的發展，使他不能適應，並且越走越遠，從而在中國國民黨改組，提出「聯共、聯俄」後不能接受。孫中山提出北上宣言，主張廢除不平等條約及召開國民會議，「以謀中國之統一與建設」，並主張先召集一預備會議，以決定國民會議之基礎條件及選集方法。預備會議限由實業團體、商會、教育會、大學、各省學生聯合會、工會、農會，共同反對曹錕、吳佩孚各軍及政黨等代表組成之。章太炎再次發表「改革意見」，重申「行政委員制」，「其員額少則五人，多則七人，不必兼領部務」。他說：「辛亥以後，吾輩所辛苦經營者，正為排滿耳，其於民主共和，固非其所汲汲也」。「而以再立帝制，適為專制肇禍，是故歸之共和，非盲從法、美政制也。今者人情所向，亦不過為撲滅曹、吳，曹、吳雖敗，而合法政府無自產生，又觀曹、吳所以能為亂者，則北洋派之武力統一主義為之根本，今不去其根本，而徒以解決曹、吳為快，從有北洋繼之，則仍一曹、吳也，是故歸之行政委員制，以合議易總裁，則一人不能獨行其北洋傳統政策，非盲從瑞士、蘇俄政制也」㊾。沒有多久，發出〈護黨救國宣言〉，組織了辛亥同志俱樂部。

章太炎和當時的革命形勢不適應，卻在湖南返滬之時，對自稱浙、閩、皖、贛、蘇五省總司令的孫傳芳有興趣了。他準備和江、浙等五省旅滬仕紳組織「五省協會」，「其目的似在協助及監督五省總司令之行動，一面以五省人民之力，以建議五省興革之事」㊸。他還親赴南京，擔任修訂禮制會會長，和孫傳芳「起立致辭」。

章太炎反對國共合作，反對北伐，終致在地方軍閥的包圍下，成為他們的「護法大將」，他也認為「今日國內的問題」，在於「注意如何對付共產黨」㊹，以致企圖組織「反赤救國大聯合」，步趨向右了。

五、學術陵替

章太炎政壇徘徊，思想右傾，學術的建樹也遠不如前，他慨嘆當時「學術之陵替」，而他自己的學術，卻也陵替了。

章太炎在這一時期，政治活動不少，還組織和參加了一些政治團體，相對來說，學術上卻漸陵替；當然，他也曾組織過和參加過學術團體和活動。

一九一七年三月，章太炎在上海發起亞洲古學會，「欲聯同洲之情誼」，「溝通各國之學說」，以「研究亞洲文學、聯絡感情為宗旨」。他在第一次大會上發表演説，「今欲保存吾洲之古學，惟有溝通各國之文字為著手，然此事殊難，行之非易，予擬當創一種共用之語，以為彼此聯絡情誼之準備。如是則古學可興，而國家亦可得其裨益」⑤⑤。

四月八日，亞洲古學會開第二次大會，通過章太炎所擬「暫定簡章」，學會旳「宗旨」是「以聯合同洲情誼、昌明古代哲學為宗旨」。「責任」有四：「一、本會有將亞洲書籍互相輸送之責任」；「二、本會有對待亞洲人士互相敬愛之責任」；「三、亞洲大事，本會有通信于亞洲人之責任」；「四、有侮慢損害亞洲各國及亞洲人者，本會有勸告匡正之責任」。章太炎在會上發表演說「就佛教上略加研究」，謂「同洲宗教雖殊，而以道德為根本，則頗屬一致，是其精神上之關係，誠有不能磨滅者。發揮而光大之，夫豈其難。今者亞洲古學會之發起，其為全洲思想界聯絡之一大樞紐歟」⑤⑥。

五月下旬，亞洲古學會開第三次大會，「議決發行機關雜誌」，由章太炎為總編輯⑤⑦。

七月一日，亞洲古學會開第四次會，決定發起《大亞洲》雜誌，擬分六門，一、圖畫；二、論說；三、紀事；四、時評；五、雜著；六、古籍提要⑤⑧。旋因章太炎隨孫中山赴粵，亞洲古學會未見續開，《大亞洲》也未見刊行。

章太炎在東京主持《民報》時，曾發起組織亞洲和親會，這時又在上海組織了亞洲古學會。前者在「宗旨」中明確指出「本會宗旨，在反抗帝國主義，期使亞洲已失主權之民族，各得獨立」。而亞洲古學會則旨在「聯同洲之情誼」，「研究亞洲文學」，和過去鮮明的反帝不同了。

章太炎在辛亥革命時期，講究佛學，是有缺點的，但他還是要「用宗教發起信心，增進國民的道德」，現在卻主要是佛學哲理的講解了，這不能不說是漸漸「退居於寧靜的學者」。

章太炎這時也曾做過雜誌的社長，這就是《華國月刊》，一九二三年九月十五日在上海創刊，分「通論」、「學術」、「文苑」、「小說」、「雜著」、「記事」、「公布」、「餘興」等欄。由他任社長，他的學生汪東任編輯兼撰述。刊登了章氏詩文頗多。在他所撰〈華國月刊發刊辭〉中說：「挽近世亂已亟，而人心之俶詭，學術之陵替，尤莫甚於今日」，當今「居位者率懵不知學，苟聞其說，則且視為迂闊而無當。學者退處於野，能確然不拔，自葆其真者，抑又絕鮮」。自稱：「往者息肩東夷，講學不輟，恢廓鴻業，卒收其效。民國既建，喪亂婁更，栖栖南北，席不暇暖，睹異說之昌披，懼斯文之將防，嘗欲有所補救，終已未偟」。對汪東的創辦刊物表示嘉賞，以為「儻國故之未終喪，迷者之有復，馳騖者之喻所止，謂茲編之行，速於置郵，宜若可以操券」㊾。他回顧「往者息肩東夷」，講學辦報，感慨當前「喪亂婁更」，想「甄明學術」，但是，他已沒有東京講學、辦報時的鋒芒，而感慨時務，「哀莫大于心死」，嘆息「學術之陵替」，他自己的思想也漸「陵替」了。

這裡還可以從下述事例中，看到他的「學術之陵替」。他在一九〇六年出版的《國粹學報》連載〈諸子學略說〉上曾說「孔子之教，惟在趨時，其行義從事而變」以至「孔子譏鄉愿，而不譏國愿，其湛心利祿又可知也」等「批孔」之辭，其實他是針對康有為等的以孔子為素王而有感而發的。後來，此文也沒有收入《章氏叢書》。

《諸子學略說》刊出後，章氏學生黃侃曾向他詢問，文中「孔子竊取老子藏書，恐被發覆」，出自何典，章氏只是支吾其辭。一九二一年，柳詒徵又在同年十一月出版的《史地學報》第一卷第一期上發表〈論近人講諸子之學者之失〉一文，對〈諸子學略說〉進行批評，章氏見報後，回覆柳詒徵，略謂：

「頃於《史地學報》中得見大著，所駁鄙人舊說，如云『孔子竊取老子藏書，恐被發覆』者，乃十餘年前狂妄逆詐之論，以有弟兄啼之語，作逢蒙殺羿之談，妄疑聖哲，乃至於斯。是說向載《民報》，今《叢書》中已經刊削，不意淺者猶陳其芻狗，足下痛與箴砭，是吾心也。感謝感謝，……

「鄙人少年本治樸學，亦唯專信古文經典，與長素輩爲道背馳，其後深惡長素孔教之說，遂至激而詆孔。中年以後，古文經典篤信如故，至詆孔則絕口不談，亦由平靜觀論，深知孔子之道，非長素輩所能附會也。而前聲已放，駟不及舌，後雖刊落，反爲淺人所取」[60]。

應該說，對過去行文偶有失實進而糾正，這是可貴的，也正是專信古文的「樸學」實事求是的風範。但當年他批判康有為（長素），卻是生氣勃勃的，如今卻因個別失檢，而深感「前聲已放，駟不及舌」，也說明了他的「學術陵替」。

章太炎畢竟是「樸學大師」，他的「學術陵替」，卻也符合了一些軍閥、官僚以至「懷舊」

的知識分子的需要，這裡可以舉出下列兩例：

其一是應孫傳芳之聘，「參與投壺」和擔任修訂禮制會會長。

魯迅在〈關於太炎先生二三事〉中評述章太炎說：「既離民衆，漸入頹唐，後來的參與投壺，接收饋贈，遂每為論者所不滿，但這也不過白圭之玷，並非晚節不終」。有些人沒有細繹文意，認為章太炎參加過孫傳芳主持的「投壺古禮」，其實不然。

投壺，本來是古代宴會的禮制，也是一種遊戲，以盛酒的壺口作目標，用矢投入，以投中多少決勝負，負者須飲酒。一九二六年，盤踞蘇皖浙贛閩五省的軍閥孫傳芳為了提倡「復古」，想把「中國固有文化」的「禮制」來「感人心而易末俗」⑥1，和江蘇省長陳陶遺發起在南京舉行「投壺古禮」。事先擬訂〈投壺新儀緣記〉，說什麼「吾國以禮樂為文化之精神，今欲發揚文化，非以修明禮樂不可。但禮樂之範圍至廣，求其在今日最可通行者，莫如投壺」⑥2，公布了「投壺新儀」順序，由司相引主人出立東階下，大賓、衆宴在西階下立定，再依次鞠躬、送酒、歌詩、投壺、鼓吹、宴舞等。

投壺是在一九二六年九月六日舉行的，據當時記載：「大賓本請章太炎，因有事未能來，臨時改請姚子讓，大儐為楊文愷，衆賓為寧垣諸要紳，下關、浦口兩商埠督辦、國省立學校校長、五省軍民長官代表等。衆儐為江寧鎮守使、南京衛戍司令，師旅長、總部各處長、政務財政教育實業各廳長、警務處長、省會警察廳長、簡任階級之各局處長等，連同各界參觀人士，約共二百數十人」。旋即行投壺禮㊳。可知雖曾邀請章太炎「參與投壺」，章實未去。

那麼，魯迅是否「傳聞失實」呢？也不是的。「參與投壺」，並不等於「參加投壺」，魯迅在其他著作中也提及此事，如《趨時和復古》說：「後來『時』也趨了過來，他們就成為活的純正的先賢，但是，晦氣也夾屁股跟到，……孫傳芳大帥也來請太炎先生投壺了」。〈致曹聚仁〉說：「太炎先生曾教我小學，後來因為我主張白話，不敢再去見他了，後來他主張投壺，心竊非之」㊴。只說孫傳芳「請」章太炎投壺，和章太炎「主張投壺」，沒有說他親自「參加」。

然而，章太炎雖未參加投壺，卻曾應孫傳芳之邀，於「投壺古禮」舉行後兩天，即八月八日，到南京擔任修訂禮制會會長。九日，在聯軍總司令署參加修訂禮制會成立會，孫傳芳主席，章太炎「起立致辭」，其言曰：

我國古昔，甚尊視禮制，自君主政體革命後，知識界即屏而不談。在洪憲時代，頗有議及之者，然其主張，尊卑之分太嚴，我輩實不敢贊同，以過猶不及，流弊易生，勢必成爲帝制之糟粕也。今日之學校，既置禮教於不講，而強權者黷武相競，又迄未得睹統一之效，在此種潮流中，修訂禮制，固爲當務之急。然實亦甚非易事。鄙見以爲不必過尊古制。古制在今日，多有窒礙難行者，而一般社會之習慣，則已博訪周知，盡量容納。卑之無甚高論，將來議有端緒，著爲典章，多使一般社會覽而易知，知而易行，使國民知我國尚有此禮制，爲四通八達之大路，則禮制終有難成之日。總而言之，一欲易於遵行，一欲滌盡帝國主義而已」⑥⑤。

當然，這裡也得具體分析，章太炎不贊成「過尊古制」，主張禮制要「易於遵行」。減損繁文縟節，並以之「滌盡帝國主義」。但他戀棧於「禮教之國」，夤緣於軍閥之門，不能說不是「白圭之玷」；而章太炎在辛亥革命時期「用國粹激動種性，增進愛國的熱腸」的「高妙的幻想」，又經緣飾，魯迅自然要「心竊非之」了。

其二是他應省教育會之約，在上海講授「國學」。

一九二二年四月至六月，章太炎應江蘇省教育會之邀，在上海講授「國學」，共十講，每星期一次，四月一日開講，「聽者共約三、四百人」，首講〈國學大概〉，一為「國學之自體」，包括「經史非神話」、「經典諸子非宗教」、「歷史非小說傳奇」諸節；二為「治國學之法」，包括「辨書籍真偽」、「通小學」、「明地理」、「知古今人情之變遷」、「辨文學應用」等。分三次講完。接著講〈國學之派別〉，分「經學之派別」、「哲學之派別」、「文學之派別」諸節。最後講〈國學之進步〉，分「經學以比較知原求進步」、「哲學以直觀自得求進步」、「文學以發情止義求進步」。

章太炎在滬講學，報紙大肆宣傳，又有記錄登出，當時頗有評議，如邵力子有〈志疑〉一文，以為「太炎先生似乎有兩種積習未能全除：一、好奇；二、惡新」。認為章氏「要講古今人情變遷隨處皆可引例，何必創為『郡縣時代治國不必齊家』的奇論」。又說：「太炎先生頗有不滿意於白話文和白話詩的表示。固然他和別的頑固派不同，他知道無韵的新體詩也有美感，他知道《尚書》是當時的白話文，他知道白話文能使人易解，他並非一概抹殺。但我正因為他知道了這些而還要特別提出不慊於白話文和白話詩的話，所以說他不免有惡新的成見」。「近年來，很有人怕白話文盛行，國學即將廢絕，其實看了國學講演會底情形便可釋此杞憂。國學講演會底聽衆，據我所知，很有許多人是積極地主張白話文的。做白話文與研究國學決不相妨，太炎先生一定能知此理罷」㊻。

裘可桴：〈政治制度和政治精神〉對章太炎「治國者必先治家」的詮解也提出異議，說是「從太宗本身看，傳第九章『其家不可教而能救人者無之』一語，也不能根本打破」。又說：「太炎先生說：經史所載都是照實寫的白話，足見太炎先生很重視白話文，不過他的意見，是說現在的國語，只能描摹北方人口語的真相，不能描摹南方人口語之真相，這也是實在情形。我只祝頌太炎先生享二三百年高壽，那時會議席上，人人能操國語，沒有一些土白，筆錄的人一定把口語的真相，描摹盡致，那時太炎先生必不說這話了」㊼。

章太炎講演，《申報》有記錄㊽，曹聚仁也將記錄整理，於本年十一月一日由上海泰東圖書局鉛字排印，以《國學概論》為題出版，記錄較《申報》為詳，間有《申報》所錄而為《國學概論》刊落的。此外，另有張冥飛筆述的《章太炎先生國學講演集》，一九二四年平民印書局版。

章太炎的演講，當時起過影響，曹聚仁、張冥飛整理的《國學概論》等也流傳甚廣。應該說，這次講演，對國學的淵流、派別、特點等詳加剖析，對研究中國哲學、史學、文學的人是很有教益的，其中也有他本人的很多治學心得，不乏真知灼見。記錄的刊行，也是一份很好的古籍遺產，但和辛亥革命前的東京講學相比，聽講的人卻和東京講學時學員因慕章太炎是「有學問的革命家」而前來受業不同，卻是在軍閥混戰、內憂孔急的情況下在上海受業，因而聽講的人既遠不如東京講學時學員的成就，而且日漸減少。如第一次講學，「報名者有六百餘人之多，臨時到會者又有一二百人，而該會會場狹小，僅能容納三百五十餘人，致後到者均不及招待」⑲，因而第二次講學，即移至可容納一千人之中華職業學校附設職工教育館內開會」⑳，但是，到六月一日第九次講學時，聽講者僅七、八十人㉑，人數逐漸減少。聽講的人最初為章太炎的聲譽所吸引，並非真的要學習「國學」，因而這次講學，究竟培養了多少人才，也就很難統計了。

再從江蘇教育會所以舉辦這次講學的目的來看，他們的講學「通告」是這樣寫的：

「敬啟者：自歐風東漸，競尚西學，研究國學者日稀，而歐戰以還，西國學問大家，來華專事研究我國舊學者，反時有所聞，蓋亦深知西方之新學說或已早見於我國古籍，藉西方之新學，以證明我國之舊學，此即爲中西文化溝通之動機。同人深懼國學之衰微，又念國學之根柢最深者無如章太炎先生，爰特敦請先生莅會，主講國學，幸蒙允許。」㉒。

說是為了「歐風東漸」，「深知西方之新學說或已早見於我國古籍」，準備「藉西方之新學，以證明我國之舊學」。這種論調，與張之洞等的「舊體西用」說又何其相似。主持講學的人是為了「歐風東漸」，「研究國學者日稀」，而設此講席，章太炎也是在這樣的情況下應邀演講，和過去東京講學時的背景、效果迥不相同了。

章太炎解脫「幽禁」以後，儘管南北奔走，懷環國事，但他的思想已逐漸迎不上形勢，特別是一九二四年中國國民黨第一次代表大會提出「聯共、聯俄」主張以後。他的學術也已陵替了。但是，這一時期，他學術上也有一件在當時起過影響的大事，那就是他所擬定的注音字母的頒布。

先是，章太炎在講授文字音韻時，為了便於切音，擷取篆字或籀文的偏旁，手定紐文三十六、韻文二十二，作為教學的工具。一九一二年，曾開讀音統一會；一九一五年，又設注音字母傳習所。一九一六年八月，北洋教育界人發起國語研究會。一九一七年二月十八日，「在宣武門外學界俱樂部，開會討論進行方法，蒞會者皆研究教育社會有名之人，議定名「中華民國國語研究會」⑬。蔡元培實預其事，並將簡章抄呈教育部立案。一九一七年三月十六日奉批：「研究本國語言選定標準，以備教育界之採用，用意深遠，洵可嘉許，所呈簡章九條，亦切實可行，應即准予備案」⑭。

當讀音統一會召開，章氏弟子魯迅、許壽裳等出席了會議，他們聯名在會上提議以章氏手定的切音工具作為注音符號，這五十八個符號略加增删以後，就被確定為一套全國現行的注音符號。它對統一漢字讀音有過不少的貢獻。至是，教育部通電各地，「將注音字母正式公布，以便傳習推行。」內云：

「查統一國語問題，前清學部中央會議業經議決，民國以來，本部鑑於統一國語，必先從統一讀音入手，爰於元年特開讀音統一會討論此事。經該會會員議定，注音字母三十有九，以代反切之用，並由會員多數決定常用諸字之讀音，呈請本部設法推行在案。四年，設立注音字母傳習所，以資試辦，迄今三載，流傳漫廣。本年全國高等師範校長會議議決，於各等師範學校附設國語講習科，以專教注音字母及國語，養成國語教員爲宗旨。該議決案已呈由本部採錄，令行各高等師範學校遵照辦理。但此項字母未經本部頒行，誠恐流傳既廣，或稍歧異，有乖統一之旨，爲特將注音字母正式公布，以便傳習推行，爲此訓令該廳遵照，公布周知」⑦⑤。

注音字母是給漢字注音的，在字典上或課本上用來給漢字注音是適用的，但它每個字母卻像一個獨立的漢字，不便於草寫或連寫，如ㄑ、ㄥ、ㄋ、ㄎ、ㄊ、ㄘ，正體還可以辨別，草寫起來就容易混淆。同時，一部分字母代表兩個音素，拼寫起來也有限。儘管如此，它一直沿用了三十多年，在漢語拼音字母誕生以前，仍不失為一套勉強能行的拼音工具。注音字母的頒行，正是章氏被「幽禁」前後、學術陵替之初討論和頒行的。

---

① 章太炎：〈致國會諸議員電〉，見《申報》一九一六年六月十三日。

②章太炎：〈致軍務院電〉，同上。
③章太炎〈覆〈中華新報〉編輯呂復書〉，見《中華新報》一九一六年六月二十八日「緊要新聞」。
④岑春煊：〈電覆章太炎〉，《中華新報》一九一六年六月二十八日「公電」、〈太炎先生克日南歸電〉。
⑤〈歡迎章太炎先生紀聞〉，《中華新報》一九一六年七月四日「緊要新聞」。
⑥《時報》一九一六年十月三日。
⑦新加坡《國民日報》一九一六年九月三十日。
⑧〈章太炎先生演説辭〉，新加坡《國民日報》一九一六年十月四日。
⑨〈章太炎先生演説誌〉，新加坡《國民日報》一九一六年十月十七日。
⑩〈章太炎先生演説辭〉，新加坡《國民日報》一九一六年十月四日。
⑪〈章先生吉隆演説記〉，新加坡《國民日報》一九一六年十月三十一日。
⑫〈章太炎在爪哇言論〉，《國民日報》一九一六年十一月九日。
⑬〈歡迎章先生餘談〉，《振南報》一九一六年十月四日。
⑭〈章太炎先生演説〉，新加坡《國民日報》一九一六年十月十日。
⑮〈怡保歡迎章太炎〉，見新加坡《國民日報》一九一六年十月二十日。
⑯孫中山：〈覆蔡元培書〉，一九一二年一月十二日，見《孫中山全集》第三册第十九頁，中華書局一九八二年版。
⑰章太炎：一九一二年三月〈致袁世凱論治術書〉，見《章太炎政論選集》第五八四頁。
⑱章太炎：一九一六年七月三日在浙江國會議員歡迎會上演説，見《中華新報》一九一六年七月四

日。

⑲《中華新報》一九一六年十二月十四日。

⑳《時報》一九一七年五月十二日。

㉑《時報》一九一七年六月十日。

㉒同上。

㉓《時報》一九一七年七月四日。

㉔〈章太炎之討逆解〉，《時報》一九一七年七月二十八日。

㉕見《章太炎政論選集》第七四四——七四五頁。

㉖《申報》一九二〇年六月十八日「本埠新聞」〈章太炎致譚延闓電〉。

㉗《申報》一九二一年一月六日〈章太炎與各省區自治聯合會電〉。

㉘《申報》一九二一年一月十五日「本埠新聞」〈章炳麟覆重慶劉一但電〉。

㉙手稿，潘承弼藏，見《章太炎政論選集》第七五四——七五五頁。

㉚手稿，潘承弼藏，同上第七五六至七五九頁。又，一九二二年六月二十五日《申報》又載章太炎的〈大改革議〉，以為「一、主聯省自治；二、主聯省參議院；三、主委員制」。

㉛《太炎先生自定年譜》「中華民國十年」。

㉜《申報》一九二四年三月二十一日「本埠新聞」〈章太炎勸湘省堅持省憲〉；原電見《申報》，一九二四年三月二十四日「國內要聞」〈長沙通訊〉。

㉝《申報》一九二四年七月二十九日「本埠新聞」〈聯省社籌備會記〉。

㉞〈章太炎等之護黨救國公函〉，見馮自由：《革命逸史》初集第六一至六二頁。

㉟同上。

㊱一九二五年春，章太炎組織辛亥同志俱樂部，馮自由也組織了中國國民黨同志俱樂部，發出宣言，見後。

㊲章太炎：〈致李根源書〉五一，見《近代史資料》一九七八年第一期，下同。

㊳徐仲蓀：〈紀念太炎先生〉，見《制言》第二十五期。

㊴章太炎：〈致李根源書〉五三。

㊵《申報》一九二五年三月八日「本埠新聞」〈辛亥同志俱樂部正式成立〉。

㊶《申報》一九二五年五月八日「本埠新聞」〈辛亥同志俱樂部通電〉。

㊷《申報》一九二五年九月十六日「本埠新聞」〈章太炎即日赴湘〉。

㊸《申報》一九二五年九月二十八日「國內專電」〈長沙電〉。

㊹《申報》一九二五年九月三十日「國內要聞」〈湘趙考試縣長之鄭重〉。

㊺《申報》一九二五年十月五日「國內要聞」〈湘南考試縣長之初復試〉。

㊻《醒獅周報》第五十八號，一九二五年十一月十四日出版。

㊼《申報》一九二五年十二月二十三日「本埠新聞」〈章太炎復羅運炎書〉。

㊽《申報》一九二六年四月十一日「本埠新聞」〈反赤救國大聯合通電〉。

㊾《申報》一九二六年四月十六日「本埠新聞」〈反赤大聯合幹事會記〉。

㊿《申報》一九二六年五月六日「本埠新聞」〈反赤大聯合會幹事會記〉。

51 章太炎〈答鐵錚〉，《民報》第十四號，見前。

52《申報》一九二四年十一月十五日「本埠新聞」〈章太炎再發表改革意見書〉。

53 《申報》一九二五年十二月三日〈五省協會成立有待〉。
54 《申報》一九二六年一月三十一日〈章太炎與梁士詒之時局觀〉。
55 《時報》一九一七年三月五日〈發起亞洲古學會之概況〉。
56 《時報》一九一七年四月九日。
57 《時報》一九一七年五月二十二日〈亞洲和親會之例會〉。
58 《時報》一九一七年七月二日〈亞洲古學會開第四次常會記事〉。
59 章太炎:〈華國月刊發刊辭〉,《華國月報》創刊號。
60 章太炎:〈致柳翼謀書〉,《史地學報》第一卷第四期,一九二三年八月出版,又〈諸子學略說〉發表在《國粹學報》,這裡誤為《民報》。
61 孫傳芳在江蘇修訂禮制會上「致辭」,見《申報》一九二六年八月十二日「國內要聞」〈江蘇修訂禮制會記詳〉。又本年一月十三日章太炎五十九歲生日,孫傳芳和江蘇省長陳陶遺送對聯、酒、餐,並派員代表致祝,見《申報》一九二六年一月十四日「本埠新聞」〈章太炎昨日壽辰之熱鬧〉。
62 《申報》,一九二六年八月二日「國內要聞」〈孫陳提倡之投壺新儀〉。
63 《申報》,一九二六年八月八日「國內要聞」〈寧當局舉行投壺新儀記〉。
64 見《魯迅書信集》第三八〇頁,人民文學出版社一九七六年版。
65 《申報》一九二六年八月十二日「國內要聞」〈江蘇修訂禮制會記詳〉。
66 見曹聚仁:《國學概論》附錄第一至十二頁。
67 同上。
68 《申報》記錄章氏十次演說,我已輯入《章太炎年譜長編》第六六七至六八八頁。

(69)《申報》一九二二年四月四日〈願聽章太炎先生講學者注意〉。

(70)《申報》一九二二年四月八日〈章太炎今日繼續開會〉。

(71)《申報》一九二二年六月十一日「本埠新聞」〈章人炎九次講演〉。

(72)《申報》一九二二年三月二十九日〈省教育會講章人炎先生講國學〉。

(73)《時報》一九一七年三月十日〈國語研究會之現狀〉。

(74)《時報》一九一七年四月十七日〈教育部允准國語研究會備案〉。

(75)《時報》一九一九年一月八日〈公布注音字母〉。

第九章　不是晚節不終

一　蘇州講學

一九二七年一月三日，章太炎六十壽辰，作〈生日自述〉：「蹉跎今六十，斯世孰為徒，學佛無乾慧，儲書不愈愚。握中餘玉虎，樓上對香爐。見説興亡事，拏舟望五湖」①。

二月十七日，北伐軍占領杭州。十八日，占領嘉興。上海發動第三次武裝起義，參加總罷工的工人三十六萬人。孫傳芳部上海防守司令李寶章用野蠻手段屠殺起義工人和羣衆。這時寓居上海的章太炎卻很少公開露面，報上也不見到他的「通電」、「宣言」，先前擔任的國民大學校長也已辭退②，只有「以新僧運動為標語之法苑開幕」時，章太炎始一到會，報載：

「前日（二月十三日），以新僧運動爲標語之法苑開幕，記者承邀，乃乘輿往觀。……二時開會，到會者有章太炎……等六十餘人。先由新僧奏佛樂，太虛法師率中外信徒上香祝福。次由大虛致開會，太炎演說，當以佛教之大施主義以救人救世。西人夏士别利及日人田山水心相繼宣講，以時間過長，各處函電祝詞數十通，均不及宣布」③。

章太炎在〈生日自述〉中所說「學佛無乾慧，儲書不愈愚」，真在那裡「學佛」了。想「以佛教之大施主義以救人救世」了。報紙上看到章太炎列名的另一「啟事」是「今經名相昆雲使者蔡北倉先生」，誇獎蔡北倉是什麼「素研相術」「吉凶禍福，所言皆能實驗，無一空談」，和他一起署名的有太虛法師和信佛的丁福保④。章太炎在「蘇報案」發生被捕入獄後，因別的書籍不易送入，而佛學著作卻可閱讀，從而「學佛」。出獄東渡，主編《民報》，也寫了一些佛學論文，致有人譏為「佛聲」，但那時他生氣勃勃地為反清革命而鬥爭的，這時年事已高，壯志漸消，只是研究學理，「見說興亡事，拏舟望五湖」了。

當然，章太炎致力最深、時間最久的還是儒家經籍。晚年，對《春秋》、禮制又予潛研。

章太炎早年在詁經精舍跟隨俞樾就讀時，曾撰《春秋左傳讀》，自稱：「余幼專治《左氏春秋》，謂章實齋六經皆史之語為有見。……方余之有一知半解也，《公羊》之說，如日中天，學者煽其餘焰，簧鼓一世，余故專明《左氏》以斥之，然清世《公羊》之學，初不過一二人之好奇，康有為倡改制，雖不經，猶無大害，其最謬者，在依據緯書，視《春秋經》為預言，則流弊非至淹史實，逞妄說不止」⑤。此後，治《左氏》不輟，自稱：「治《春秋》近四十年。始雖知《公羊》之妄，乃於《左氏》大義，猶宗劉、賈。後在日本東京，燕閑無事，仰屋以思，乃悟劉、賈諸公，欲通其道，猶多附會《公羊》，心甚少之。亟尋杜氏《釋例》，文直辭質，以為六代以來重杜氏而屏劉、賈，蓋亦有因。獨其矯枉過正之論，不可為法，因欲改定《釋例》而未能也。民國以來，始知信向太史。蓋耕當向奴，織當問婢，《春秋》本史書，故盡漢世之說經者，終不如太史公為明白。……又知《左氏春秋》本即孔子史記，雖謂經世魯史，傳出孔子可也。簡練其義，成此《答問》，雖大致略同杜氏，然亦上取荀、賈，以存大義，劉、賈有得，亦不敢輕妄焉」⑥。按《春秋左氏疑義答問》，收入《章氏叢書續編》，後又由章氏國學講習會排印單行本。從上述〈與吳絸齋書〉中，可知他治《左氏》，本專信漢代劉、賈經說，不信杜氏，後來知西晉「杜氏《釋例》，文直辭質」；更信《左氏》為史書，「劉、賈有得，亦不敢輕棄」。不宗全為西漢劉、賈所囿，主張實事求是。

章太炎〈與徐哲東論春秋書〉也談自己治《春秋》經過，說：

「《春秋左傳讀》乃僕少作，其時滯於漢學之見，堅守劉、賈、許、潁舊義，以與杜氏立異，晚乃知其非。近作《春秋左氏疑義答問》，惟及經傳可疑之說，其餘盡汰焉。先漢賈太傅、太史公所述《左氏》古文舊說，間一及之，其《劉子政左氏說》，先已刻行，亦間牽摭《公羊》，於心未盡慊然」⑦。

章太炎治《春秋》，宗《左傳》，不信《公羊》，戊戌政變後，康有為仍用《公羊》以言改革，章氏更予詆斥。晚年，也有發展。一九三五年，廖平弟子李源澄曾函章氏，說是「《禮》與《春秋》，如車依輔，《禮》如法令之條文，《春秋》如管理之判詞」，貽書章氏。章氏覆以「自揣平生所獲，與井研絕殊，然亦相知久矣。」「井研」，即廖平，章太炎早在一八九九年，即撰〈今古文辨義〉，對廖平經說提出異義，並「甚願廖平之大變也」，前面已經談到，今見李源澄所言，復以「《春秋》因時制以成其例，非特《左氏》知此，雖《公羊》亦知之」。「《公羊》雖不窺國史，於舊傳猶有所聞，是以其言云爾。」至於「仲舒之徒，未嘗參考《左氏》，乃云文家五等，質家三等，以就其改制之說，豈獨誣《春秋》，亦誣公羊子矣。」「乃如王魯改制之說，又《公羊》本文所無有。漢世習今文者，信其誣罔，習為固然。《白虎通》多采今文師說，《五經異義》雖備古今，要其所謂古文說者，亦特不本經傳，而本師家新義。由是言之，以《禮》證《春秋》，亦何容易」⑧。

没有多久，接李源澄書，表示「不惑於改制三統之說」，又覆一書，謂：「《左氏》之與《公羊》，其書自有優劣，而足下重微言，輕事實，以《春秋》是經非史，以《左氏》為檔案，是猶有趙、莊、劉之見也」。以為「以《春秋》是經非史者，悉晚世經師之遁辭，自劉逢祿始張大之，足下何取焉」。「《春秋》者，夫子之文章，非性與天道也。成名垂後，講授日淺，即有之，安得所謂微言」⑨。知章氏晚年，研究《左傳》較前有發展，但對今文學者的「張大」微言，還是詆斥的。

章太炎對《尚書》、《禮記》也繼續探究，撰有〈古文尚書拾遺〉以及探究《喪服》、《儒行》等的文篇。

章太炎晚年又在蘇州講學。

一九三二年，金天翮、陳衍、李根源、張一麐在蘇州發起講學，由金天翮致書章太炎，請蒞蘇講學。秋，章太炎由滬赴蘇，初在公園縣立圖書館講學，勉勵青年要學范仲淹的「名節厲俗」、顧炎武的「行己有恥」。接著，在滄浪亭歡迎大會上講〈儒行要旨〉、〈大學大義〉、〈經義與治學〉、〈文章源流〉等，約一月。以為「扶微業輔絕學之道，誠莫如學會便」。於是聽講人士決定組織國學會。章太炎在一九三三年一月寫的〈國學會會刊宣言〉述其事：

「余去歲游宛平，見其儲藏之富，宮墻之美，赫然爲中國冠弁，唯教師亦信有佳著，若於薰藸雜糅，不可討理，惜夫聖智之業而爲跖者資焉。或勸以學會正之，事緒未就，復改轍而南，深念扶微業、輔絕學之道，誠莫如學會便。其秋，蘇州有請講學者，其地蓋范文正、顧寧人之所生產也，今雖學不如古，士大夫猶循禮教，愈於化俗。及夫博學孱守之士，亦往往而見……昔范公始以名節厲俗，顧先生亦舉『行己有恥』爲士行準。此舉國所宜取法，微獨蘇州，顧沐浴膏澤者，莫蘇州先也。於是範以四經而表以二賢。四經者，謂《孝經》、《大學》、《儒行》、《喪服》；二賢者，則范、顧二公」⑩。

他特別提出「範以四經」、「表以二賢」，范仲淹、顧炎武「以名節厲俗」，談「行己有恥」，對外患日深、內政孔憂的情況下，有利於激勵名節；《孝經》、《大學》、《儒行》、《喪服》的學習，也旨在使學者注意舊道德的培養。

一九三三年一月，國學會在蘇州成立，「以討論儒術為主，時有所見，錄為會刊」，推李根源為主任幹事。章太炎時寓上海，亦列名會籍，並撰宣言以明「源起」，說是「斯會也，其於中國，猶太山之礨空而已，尚未得比于王季之睢陽、袁晉之涼州諸子也。持以弘毅，何遽不可行遠。凡事有作始甚微，其終甚巨者。仲尼云：『人能弘道』與會諸子，其勉之哉！」⑪

國學會成立後，章太炎雖仍寓上海，仍往來蘇州、無錫，多次講學。如三月十四日，在無錫國學專門學校講〈國學之統宗〉，說是：「今欲改良社會，不宜單講理學坐而言，要在起而能行。周、孔之道，不外修己治人，其要歸於六經」，說是「專講氣節之書，於《禮記》則有《儒行》」，《儒行》之外，《孝經》、《大學》、《喪服》也需誦讀，這四種書，「實萬流之匯歸」⑫。強調誦讀《儒行》等「四書」。

章太炎本來對宋學並不贊同，這時也有所改變，曾在無錫國學專門學校講〈適宜于今日之理學〉，以為「理學之範圍甚大，今日講學，當擇其切於時世以補偏救弊者而提倡之」。無錫本東林學派發源之地，如今無錫，「工廠如林」，商業繁盛，「吾意設教者當取白沙一派」⑬，推崇明儒陳獻章。

一九三四年秋，章太炎由上海遷居蘇州，冬，以「與國學會旨趣不合」，在蘇州發起章氏國學講習會。次年四月，又在蘇州舉辦章氏星期講演會，每期聽者頗多，有講演記錄印行。

九月，《制言》在蘇州創刊，章太炎任主編，章氏國學講習會發行。撰發刊宣言，以為當前「國學所以不振者三」，一是「毗陵之學反對古文傳記」，二是「南海康氏之途以史書為帳簿」，三是「新學之途以一切舊籍為不足觀」。前二者指莊存與、劉逢祿復興的今文經學和康有為的援今文以言改良，三是指胡適、顧頡剛的「疑古惑經」。自稱，「集國學會時」，「未嘗別作文字」，如今《制言》創刊，「稍以翼講學之缺」⑭。準備將所撰詩文，刊登《制言》。

九月十六日，章氏國學講習會正式開講，發起人為朱希祖、錢玄同、黃侃、汪東、吳承仕、馬裕藻、潘承弼等，贊助人有段祺瑞、宋哲元、馬相伯、吳佩孚、李根源、馮玉祥、陳陶遺、黃炎培、蔣維喬等。章氏自述辦學經過和宗旨說：

「余自民國二十一年返自舊都，知當世無可爲，講學吳中三年矣。始曰國學會，頃更冠以章氏之號，以地址有異，且所招集與會者，所從來亦不同也。言有不盡，更與同志作雜誌以宣之，命曰《制言》，竊取曾子《制言》之意」⑮。

會址設蘇州錦帆路五十號，以「研究固有文化、造就國學人才為宗旨」⑯。講習期限二年，分為四期，學程為：

第一期：小學略説　經學略説　歷史略説　諸子略説　文學略説

第二期：説文　音學五書　詩經　書經　通鑑紀事本末　荀子　韓非子　經傳釋詞

第三期：説文　爾雅　三禮　通鑑紀事本末　老子　莊子　金石例

第四期：説文　易經　春秋　通鑑紀事本末　墨子　呂氏春秋　文心雕龍

規定「凡有國學常識，文理通順，有志深造者，無論男女，均可報名聽講」。當講習會籌備期間，曾得到段祺瑞、吳佩孚等的支持。段祺瑞謂：「勾吳之地，復見鄒魯之風，裨益人心，轉移風俗，權輿於此，逖聽之餘，欽佩何似！」⑰吳佩孚認為「當茲道德陵夷，學術蕪雜，人心維危，所關至巨。太炎先生經術湛深，今之馬、鄭，嘉惠士林，予以津逮，於學術心術，影響甚多」⑱，馬相伯且撰文倡導云：「值風雨如晦之秋，究乾坤演進之道，體仁以長，嘉會為羣，網羅百家，鑽研六藝，綱紀禮本，冠冕人倫。行見鄭公鄉里，蠻觸不知，董子帳帷，賢良多策。頌斯盛舉，樂我遐齡」⑲。

章氏國學講習會初設時，據沈延國稱：「各地學子，紛紛負笈來蘇。據學會中統計，學員年齡最高的為七十三歲，最幼的為十八歲，有曾任大學講師、中學國文教師的，以大學專科學生占大多數，籍貫有十九省之不同。住宿學會裡，約有一百餘人。由先生（章太炎）主講，並由門人朱希祖、汪東、孫世揚、諸祖耿、王謇、王乘六、潘承弼、王牛、汪柏年、馬宗薌、王紹蘭、馬宗霍、沈延國、金毓黻、潘重規、黃焯任講師，並且增設特別演講，請先生老友王小徐、蔣竹莊及家君（指沈瓞民）等擔任，會務由章夫人、孫世揚總其事。每星期二，先生躬親講席，宣揚勝義。對於『經學』、『史學』、『子學』、『文學』作有系統的講述，最後教授《尚書》，句句精審」⑳。

章太炎晚年著書講學，「既離民衆，漸入頹唐」了。

頹唐，是對當前政治的不滿意、不適應，而逐漸消失了過去的革命銳氣，並不意味他已走向反面；頹唐，是對事物看不順眼而不願多問政治，也不意味他已「兩耳不聞窗外事」。頹唐，也會在政治上頹唐，而學術上卻不「頹唐」，每想另有作為。頹唐，也會在一度頹唐之後，遇到災難深重之時又不「頹唐」，轉而大聲疾呼。章太炎晚年，賦詩自述：「且說興亡事，拏舟望五湖」㉑，在蘇州講學，組織國學會，欲「甄明學術，發揚國光」，一九三三年，刻《章氏叢書續編》於北平㉒，「所收不多，而更純謹，且不取舊作，當然也無鬥爭之作，先生遂身衣學術之華衮，粹然成為儒宗」。

然而，對章太炎晚年的「頹唐」，也得具體分析。

章太炎在日本帝國主義侵略日深，民族危亡日急的情況下，講古籍，創讀經，還作了〈論讀經有利而無弊〉的報告，失去了過去的革命朝氣，而是叫學子潛心古籍，過去「七被追捕，三入牢獄，而革命之志終不屈撓」的朝氣已漸消失，與此相較，可說是頹唐了。然而，他的所以「講古籍、創讀經」，也有其「不得已」之處，也有其時代特點。不能只看〈論讀經有利而無弊〉的標題，而應考慮他作這篇報告的時代特點及其報告內容認真考察，不能簡單地從報告命題就說他「尊儒倒退」。

且先從〈論讀經有利而無弊〉的報告內容來看㉓：

〈論讀經有利而無弊〉「分三段論之」：一、〈論經學之利〉，首謂：「儒家之學，不外修己、治人，而經籍所載，無一非修己、治人之學」。「是故無論政體如何改易，時代如何不同，而修己之道，則亙古如斯」。「要之，讀經之利有二：一、修己；二、治人。治人之道，雖有取舍，而保持國性實為最要。」

二為〈論讀經無頑固之弊〉，認為「經學本無所謂頑固」。「經史本以記朝廷之興廢，政治之得失，善者示以為法，不善者錄以為戒，非事事盡可法也。」「若夫經典利民，自有原則，經典所論政治，關於抽象者，往往千古不磨，一涉具體，則三代法制，不可行於今者自多。即如封建之制，秦、漢而還，久已廢除，亦無人議興復者」，「今謂讀經為頑固，證於何有？驗於何有？且讀經而至於頑固，事亦非易，正如僧徒學佛，走入魔道者，固不數數見也，何為因噎廢食而預為之防哉！」

三為〈論今日一切頑固之弊反賴經學以救〉。認為「有知識之頑固者」，是「泥古不化之謂」；「有情志之頑固者，則在別樹階級，不與齊民同羣，聲音顏色，拒人於千里之外」。前者「易開」，後者「難料」。最後以為「救之之道，舍讀經末由。」如《論語》「已可陶熔百千萬人。夫如是，則可以處社會，可以理國家，民族於以立，風氣於以正。一切頑固之弊，不革而自祛，此余所以謂有千利無一弊也。」

他認為「儒家之學，不外修己、治人」，「經籍所載，無一非修己、治人之事」。誦讀經籍，有利於修己、治人。從總的綱領、「保持國性」來說，是不變的；而「一涉具體」，則隨著時代不同，自有更易。照此說來，他不是迷戀經籍，泥古不變，而是在繼承傳統道德的基礎上，考慮當前的特點，「修己、治人」的。他不是說古代的制度「事事盡可法也」，而是「一涉具體，則三代法制，不可行於今者自多」，可知他不是完全迷戀古制，不是泥古不變，而是注意時代特點的。

他認為「經典利民，自有原則」，並不是叫人無「原則」地盲目崇拜。他講讀經，以為「經史本以記朝廷之興廢，政治之得失」，從而引史為鑑。這是他尊奉的古文經學家「經史」之說。他在主持《民報》時，曾說：「故僕以為民族主義如稼穡然，要以史籍所載人物、制度、地理、風俗之類為之灌溉，則蔚然以興矣。不然，徒知主義之可貴，而不知民族之可愛，吾恐其漸就萎黃也」㉔。「想從經史中找尋鼓吹民族主義的根據。晚年講學，除論述讀經有利而無弊」外，又多次演講「歷史之重要」。他在蘇州教導學生學習范仲淹、顧炎武，也是希望他們繼承范仲淹的「名節厲俗」和顧炎武的「行己有恥」。這在國難深重、外敵入侵的情況下，鼓勵「名節」、「知恥」，無疑是有益的。即如在晚年的強調學習《儒行》、《孝經》、《大學》、《喪服》「四書」，也是基於民國以來，軍閥混戰，道德敗壞，有所感而企圖從「四書」來「移風易俗」的。這種想法，雖較古舊，似也不能不考慮他提出的社會背景。

這裡，還可從章太炎晚年的強調讀史看他的「經世之念」。

章太炎一貫主張利用史籍宣傳民族主義，當日本帝國主義蠶食鯨吞、步步進逼之時，呼籲愛國愛史，號召救亡禦侮。他從歷史上證明日本侵占的土地是中國的領土，是霸占，是侵略。早在所寫〈臺灣通史題辭〉中就曾強調「臺灣者，實中國所建置」㉕，對馬關條約後的「割臺」深表憤慨。日本帝國主義發動侵華戰爭，製造「九一八」事變，扶植「滿洲國」傀儡政權，章氏「以歷史及掌故等言，證明東三省屬中國」，指斥「日本攻東三省，實明知取非其有，故遁其辭曰自衛；又不可，乃文其罪而造滿洲國。人民不服，而有義勇軍。非明明偽造耶」㉖？日本進窺熱河，章太炎又與馬相伯發表聯合宣言，「根據史實證明與滿洲無關」，並「申達日內瓦，昭告世界」，從歷史上證明「東三省為中國領土，不容分割」㉗。

另一方面，章太炎宣講「歷史之重要」，呼籲愛國愛史。如一九三三年三月在一次講演中說：「夫人不讀經書，則不知自處之道；不讀史書，則無從愛其國家。即如吾人今日欲知中華民國之疆域，東西南北究以何為界，便非讀史不可；有史而不讀，是國家之根本先拔矣」。「昔人讀史注意一代之興亡，今日情勢有異！目光亦須變換，當注意全國之興亡，此讀史之要義也」。他以「疑古之史學」，「當在細微之處吹毛求疵」，是「魔道」。當前民族危亡，要「愛其國家」，「注意興亡」，才是「讀史之要義」㉘。

一九三四年，又講演〈論讀史之利益〉，說：「舊史致用之道有二：上焉者察見社會之變遷，以得其運用之妙；次則牢記事實，如讀家人舊契，產業多寡，瞭如指掌」。接著，對中國邊疆史地從歷史上進行考察，說明東三省早為我國領土，憤怒地說：「民國以來，國人對於史事亦甚疏忽矣，或且鄙夷舊契，不屑觀覽，甚有懷疑舊契者，於是日蹙百里，都在迷離惝恍之中。使人人而知保守其舊契，家國之事，當不至此」㉙。又有〈略論讀史之法〉，以為應「先明史之本體，次論史之優劣，三示讀史之宜忌。」並以「妄論古人之是非」、「借古事以論今事」為「讀史之所忌」㉚，要求激發民族感情，救亡禦侮，說：「若自人民言之，今日權不在民，固無救之之道，惟民族主義日日淪浹胸中，雖積之十百年，終有爆發之一日。宋亡民不能救也，逾七八十年而香軍起；明亡民不能救也，逾二百七十年而民國興，此豈揭竿斬木之為力哉，自民族主義在其胸中，故天下沛然響應也」㉛。還是想用史籍宣傳民族主義。

章太炎強調讀史，他的史學思想，是和其政治活動緊密相連的，他晚年，哀痛國土淪喪，揭櫫愛國愛史，自稱：「鄙人提倡讀史之志，本為憂患而作。頃世學校授課，於史最疏，學者諱其傖陋，轉作妄談，以史為不足讀，其禍遂中於國家」㉜。鼓吹民族主義，反對帝國主義，不失為一個愛國的史學家。

二　抗日救亡

章太炎較早孕有民族主義思想，東京講學、主編《民報》時，組織亞洲和親會，提出了「反對帝國主義以自保其種族」的口號。民國成立後，外患日急，軍閥混戰，各派軍閥的背後，又為不同帝國主義所操縱，章太炎雖很難認識他們相互勾結的本質，但對帝國主義的欺壓中國人民，卻是堅決反對的，即使在他政壇徘徊的時刻，也是如此。一九二五年五月三十日，上海英租界巡捕開槍鎮壓遊行羣衆，章太炎於六月一日與人聯名致電北平臨時執政、國會非常會議等：

「五月三十日，上海各校學生因反對外人越界築路及加碼頭捐事，遊行演說，至英租界，被拘四十餘人，因復擁至南京路英巡捕房，要求釋放。英捕交涉未已，任意開槍，傷學生及路人三十一名，當場死者四人，重傷致斃者七人。……是則租界吏役擅殺華人，一切可以保護治安藉口，恐雖專制君主，亦無此殘戾也。某等以爲，英捕而不治罪，固不足以肅刑章；英捕而果治罪，亦未必足以防後患。惟有責成外交當局，迅速收回租界市政，庶幾一勞永逸，民慶再生。……」㉝

對英國巡捕的暴行極為憤慨，提出「迅速收回租界市政」。

一九三一年，日本帝國主義占領我國東北，章太炎在與人書中，對當時政府官僚的畏葸怠玩極為不滿，說：「東事之起，僕無一言，以為有此總司令，此副司令，欲奉、吉之不失，不能也。東人睥睨遼東三十餘年，經無數曲折，始下毒手，彼豈不欲驟得之哉，因伺舋而動耳！欲使此畏葸怠玩者，起而予東人爭，雖敝舌瘏口，焉能見聽，所以默無一言也」㉞。又說：「東方事鄙人仍守前議，以為遼西、熱河必不可棄，棄則河北皆危。張學良始則失地，今幸固守錦州，亡羊補牢，可稱晚悟」㉟。

「九一八」事變後，日本帝國主義侵占遼寧、吉林、黑龍江等省。至一九三二年一月，東北全境淪陷，章太炎和一些社會知名人士聯合通電，呼籲抗日救亡，收回失地。一九三二年一月十三日，與熊希齡、馬相伯等組織中華民國國難救濟會，發表通電：「聯合全民總動員，收復失地」。指出：「國為四萬萬人民公器，國民黨標榜黨治，決非自甘亡國」。請求「負起國防責任，聯合全民總動員，收復失地，以延國命」㊱。

一月十九日，章太炎又與張一麐、沈鈞儒等聯名發出通電，「請國民援救遼西」，說是東北「義勇軍以散兵民團合編，婦女老弱，皆充負擔之役」，「若舉國盡然，何患敵之不破。而當局素無鬥志，未聞以一矢往援」，「然則國家興亡之事，政府可恃則恃之，不可恃則人民自任之」㊲。

一月二十八日夜間，日本侵略軍向上海閘北一帶進攻。駐守上海的十九路軍在全國人民抗日高潮的推動下，奮起自衛，開始了淞滬抗戰。章太炎〈書十九路軍禦日本事〉，論曰：「自民國初元至今，將帥勇於內爭，怯於禦外，民聞兵至，如避寇仇。今十九路軍赫然與強敵爭命，民之愛之，固其所也」㊳。

章太炎目睹日本帝國主義侵略，民族危機極為嚴重，大書篆軸：「吳其為沼乎！」憤怒之下，二月二十三日，北上見張學良，報載：「章太炎二十三午攜眷由滬乘四川輪來青，定二十四日赴濟轉津」㊴。在天津，與段祺瑞「從容論事」㊵。二月二十九日，至北平。

三月四日，《大公報》記者訪問章太炎，章氏認為「政府意志散漫，迄無一定計劃。對日本之侵略，只有戰之一路。」報載：

「（北平特訊）章太炎先生自民五政變赴滬，專事著述，不問政治。近以國難日急，十九路軍抗日滬濱，舉國振奮，收復東北失土，此正其時，特於上周重來舊都，訪問綏靖主任張學良氏，代東南民衆呼籲出兵。記者昨日上午十一時訪章氏於花園飯店旅次，叩詢一切。昨章氏正與友人縱談，比見記者，欣然委座。玆將其所談及記者所問各點，匯記如次：

「年來政情不安，外侮逼至，東北首先淪陷，淞滬又落敵手，政府當局意志散漫，迄無一定之計劃。軍事一部分，關係秘密，當然不能發表。對外方針，無論如何，必須昭告國內國外，庶君民知所遵循，而各國亦可綜而爲力。乃自滬戰發生後，因首都南京感受威脅，於是西遷洛陽。爲謀抵抗不得已而出此，民衆當無間言，但二中全會，議決又以西安爲陪都，則對外恐陷於示弱。國難會議之召集，爲征集國內各方救國意見，共抒國難，立意固佳；然政府自己毫無辦法，結果恐議論一場，無補於實際。個人觀察，今後之政府內部，惟有力使充實，以免真正走到日人譏我『無組織』之地步。對日本之侵略，惟有一戰。中國目前只此一條路可走，不戰則無路，惟坐而待亡。戰勝無論已，不幸則衄，至少亦可轉換世界之觀聽，予以同情之援助。國際間表示始終無力者，實即基於我之方針不定，如以昔日外交上太唱高調，更使各國態度模稜，不敢遽作表示也。本人此次來平，曾分訪張漢卿、吳子玉諸氏，全國輿論界應一致督促政府共促此事之實現。本人在平擬作較長時間之勾留，最近期內，暫不返滬云云」㊶。

章太炎在北平，曾至燕京大學和北京師範大學演講。在燕京大學講的是〈論今日切要之學〉。以為「今日切要之學」是：一，求是；二，致用。說：「明代的知識分子，知今而不通古；清代呢？通古而不知今。所以明人治事的本領勝過清人，因為明人還能致用，清代雖要致用亦不可能」。號召青年洞察目前的社會經濟和歷史的演進，以拯救國家的危亡㊷。

為北京師範大學研究院的歷史科學門及文學院的國文系和歷史系講〈清代學術之系統〉，略謂：「清代的詩本不甚好，詞亦平平，古文亦不能越唐、宋八大家之範圍，均難獨樹一幟。至於學力方面的學術，乃清代所特長，亦特多；如小學、經學、史學、算學、地理學等，均甚有成績。」接著，講述清代地理、算學、史學、小學、經學等㊸。為了策動華北各地將領抗日，曾以歷史上的愛國將領和民族英雄故事「去打動他們」。

先是，日本帝國主義侵占東北製造的傀儡政權「滿洲國」，於三月九日在長春成立，扶溥儀為「執政」，年號「大同」，（一九三四年三月自稱「滿洲帝國」，「執政」改稱「皇帝」，年號「康德」。）鄭孝胥任「總理」。三月十四日，國聯派調查團來華，由李頓率領，國民黨政府派的國聯代表團代表是顧維鈞。四月十七日，章太炎致函顧維鈞：「僕謂服務外交者，非徒以辯論壇坫，亦當稍存節概？洪皓、左懋第，或囚或殺，未嘗有悔，請效他們的『以死自矢』。」認為顧維鈞此行，為日人所忌，其極不過一死耳。犧牲一身，而可以彰日人之暴行，啟國聯之義憤，

為利於中國者正大，豈徒口舌折衝，所可同比耶？㊹

五月末，章太炎南返，經濟南至青島，曾在青島大學演講，對「行己有恥，博學於文」兩句意見詳加論述。「尤對『恥』字發揮意見頗多，引證亦多」㊺。這也是因為國難當頭，特別提出「行己有恥」，鼓勵保持民族氣節。

這時，日本帝國主義侵略日深，自發動「九一八」事變，侵占東北三省後，一九三二年十二月八日，又砲擊山海關，熱河危急。日帝胡說「熱河為滿洲國之一部分」。章太炎與馬相伯發表聯合宣言（即「二老宣言」），從歷史上確證「東三省屬中國無疑」，指出「論古來歷史，漢時已有遼東（原注：『今錦州』）、玄菟（原注：『今東邊道』）二郡；明時亦設遼東都指揮司，駐瀋陽。是其地原為中國內地，非藩屬」。指斥「日本攻東三省，實明知取非其有，故遁其辭曰自衛；又不可，乃文其罪而造滿洲國。人民不服，而有義勇軍。非明明僞造耶」㊻。

《申報》登載此〈宣言〉後，末謂：「案此為中國第一流學者聯合對外宣言，將能代表其數千弟子、名教授、科學家及教育界正服務者。為擁護中國固有主權，向全世界作公正宣言，證明東三省當屬於中國，尚希全國同胞，一致奮起自救」㊼。此項宣言，影響頗大。

二月十八日，章太炎又與馬相伯聯合宣言，據當時報載：「暴日強占東三省後，向國聯誣稱，滿蒙本非中國領土，學者泰斗馬相伯、章太炎二氏前曾發表一宣言，根據史事，加以申斥。茲日寇進窺熱河，又誣稱熱河為滿洲之一部分，馬相伯、章太炎二氏，昨日復聯名發表宣言，根據史實，證明熱河與滿洲無關，……該宣言將電達日內瓦，昭告世界」。下錄「宣言」，略謂：「熱河不得為滿洲國之一部分，較東三省更易明白」⑱。

三月三日，日本侵略軍侵占承德，章太炎有〈呼籲抗日電〉：「國民政府成立以來，勇於私鬥，怯於公戰，前此瀋陽之變，不加抵抗，猶謂準備未完。逮上海戰事罷後，邊疆無事者八九月，斯時正可置備軍械，簡練士卒，以圖最後之一戰。乃主持軍事者，絕不關心於此，反以『剿匪』名義，自圖卸責，馴致今日，熱河覺起，才及旬餘，十五萬軍同時潰退，湯玉麟委職潛逃，誠宜立斬；而處湯之上者，不備不虞，坐受敵挫，其罪狀亦豈未減於湯？應請一切以軍法判處，庶幾乎億兆之憤心，為後來之懲戒。且今全國養兵近二百萬，國家危急至此，猶不奮力向前，以圖恢復，平日整兵滅戎，所為何事？應即督促前進，自謀靖獻。如猶逍遙河上，坐視淪胥，此真自絕於國人，甘心於奴隸矣」⑲。

四月一日，章太炎又與馬相伯、沈恩孚發表聯合宣言（〈三老宣言〉）：「全國人民今日急應一致奮起，予政府以有力之督促，務使東北半壁河山，不至自我淪亡，黑山白水，不止就此變易其顏色也」，又說：「吾人今日在另一方面之工作，又應充分發揮其不忍人之心，以赴湯蹈火之精神，予前線將士以物質之補助與精神之安慰，以鼓勵其為民族生存而奮鬥之勇氣」⑳。他在「國難急矣，舉國環顧」之際，憂國憂民，高聲疾呼！四月二十七日，又與馬相伯聯名發電，「警國民毋幸小勝」㉑。

五月二十六日，馮玉祥在張家口就任民衆抗日同盟軍總司令，曾通電全國：「武裝保衛察省而收復失地，爭取中國之獨立自由」52。三十一日，章太炎與馬相伯「同情於馮玉祥宥電之抗日主張」，特為電勉：「執事之心，足以代表全國有血氣者之心；執事之言，足以代表全國有血氣者之言；執事之行，必能澈底領導全國有血氣者之行。某等雖在暮年，一息尚存，必隨全國民衆為執事後盾」53。

八月五日，馮玉祥發出「歌電」，「政權歸諸政府，復土期諸國人」，此後察哈爾一切軍政交宋哲元負責54。八月八日，章太炎與馬相伯聯名發出兩電，一致馮玉祥：「執事以槍口不向內之誓言，俯聽調處，明軒繼任，付託得人，存大信也。失軍得信，執事亦無不利。時局正艱，國亡無日，一身雖退，尚非騎驢種菜之時，所願老驥壯心，勿灰於伏櫪也」。一致宋哲元：「執事喜峰口一捷，功冠諸軍，今繼煥公，蕭規曹隨，人心自順，若謂察省已安則未也，戒之戒之，賀者在門，吊者在閭矣」55。

未幾，章太炎又撰〈十九路軍死難將士公墓表〉，以十九路軍抗戰，「功雖未就，自中國與海外諸國戰鬥以來，未有殺敵致果如是役者也」56，歌頌抗戰將領。又撰〈察哈爾抗日實錄序〉，謂「是時微馮君，寇當鼓行而西，雖蠶食至寧夏，使北方諸省皆邊於寇可也」。表揚馮玉祥察哈爾抗日57。

如上所述，「九一八事變」以來，章太炎呼籲政府收回失地，號召羣衆抗日救亡，表彰抗日將領，指斥投降賣國，他還北上見張學良，南下與社會名流聯名宣言。即使在講學、作報告時，也教導重視中國歷史，證明東三省、熱河為中國古土。他抗日救國的願望是隨著民族危機的日益嚴重而日益發展的。

一九三五年下半年，日本帝國主義進一步控制察哈爾，指使漢奸在冀東成立傀儡政權，國民黨政府堅持不抵抗政策，準備成立「冀察政務委員會」，以適應日本提出的「華北政權特殊化」的要求。在嚴重的民族危機面前，中國共產黨於八月一日發表宣言，號召全國人民起來抗日救國。十二月九日，北平學生遊行示威，高呼「停止內戰，一致對外」等口號。國民黨政府出動大批軍警鎮壓。次日，北平各校宣布總罷課。十六日，學生和市民一萬餘人舉行示威遊行。十七日，平津衛戍司令宋哲元進行壓制，發出〈告學生書〉說是「據確實報告，學生團體中，頗有不少共黨分子，大多數純潔學生，皆受共黨分子所欺騙煽動」，「凡屬明大體、識大義之學生，應立即覺悟，安心求學，勿再為無益之奔走。其少數共黨分子，如仍有軌外活動，哲元為維持秩序、安定人心計，決予以適當之制止」㊿。

當時，章太炎在蘇州，從報上看到北平學生為了抗日救國，遭到軍警壓制，當即向宋哲元發出電報，全文如下：

「北平宋主任鑑：學生請願，事出公誠，縱有加入共黨者，但問今之主張何如，何論其平素。執事清名未替，人猶有望，對此務宜坦懷。章炳麟・馬」[59]。

「馬」，是二十一日。此電發於一九三五年十二月二十一日，電文雖短，但有針對性。他針對宋哲元所說「大多數純潔學生，皆受共黨分子所欺騙煽弄」云云，強烈指出：「學生請願，事出公誠」，反對日本帝國主義侵略，保衛民族利益，何罪之有？「縱有加入共黨者，但問今之主張何如，何論其平素」。「今之主張」，顯指抗日救國，一致對外。

電報發出後兩天，宋哲元即電覆章太炎：

「蘇州章太炎先生道鑑：馬電奉悉。近來學生四出請願，哲元爲維持治安計，僅予以和平之勸導，惟各處報載多有失實之處。茲重以先生之囑，自當遵辦也」[60]。

可見章太炎的電文對國民黨政府有些壓力，對宋哲元也起過影響。

章太炎不但發了〈致宋哲元電〉，對上海學生北上請願也給予支持。據當時報載，十二月二十四日，上海學生北上請願，列車自上海北站開出後，「當晚八、九時許抵昆山站」，國民黨政府加以阻撓，「列車由學生強制開赴蘇州」，當時，「雨雪載途，備嘗艱苦」，而國民黨潘公展等親去誘騙、鎮壓，為此，章太炎特發表談話，一九三五年十二月二十六日，《申報》「本埠新聞」欄登載了這樣一則電訊：

「新聲社二十五日下午七時蘇州電云：章太炎發表談話，對學生愛國運動深表同情，但認爲政府當局，應爲妥善處理，不應貿然加以共黨頭銜，武力制止。尤其政府當局、教育當局，應對飢寒交迫之學生，負責接濟糧食，並沿途妥爲照料等語」。上海學生赴京請願經過蘇州時，章太炎「派代表慰勞，並囑縣長饋食」㉛。對學生愛國運動深表同情。

章太炎過去反對共產黨，到了晚年，日本帝國主義侵略日急，他「瞻顧民族之前途，輒中心忉怛，而未能自已」㉜。臨終前，他在〈答友人書〉中還說：「北平既急，縱令勉力支持，察省必難兼顧，蓋非常之時，必以非常之事應之。今共黨之在晉北者，其意不過欲北據河套，與蘇俄通聲勢耳。此輩雖多狙詐，然其對於日軍，必不肯俯首馴伏明甚」㉝。章太炎並草遺囑：「設有異族入主中夏，世世子孫毋食其官祿」㉞。

儘管章太炎晚年的行動也有使人失望之處，

杭州章太炎墓前

左起河田梯一、湯志鈞、章開沅、近藤邦康（1986年6月）

卻仍保持了民族氣節。

①《太炎文錄續編》卷七下。
②《申報》一九二七年三月五日〈國民大學暨附中招生廣告〉，署名的是校長許世英，教務長則為何炳松。
③《申報》一九二七年二月十五日「本埠新聞」—〈新僧運動之法苑開幕〉。
④《申報》一九二七年六月三日。
⑤《制言》第二十五期。
⑥章太炎：〈與吳緄齋書〉，《制言》第十二期。
⑦章太炎：〈與徐哲東書〉，一九三二年十月六日，見《制言》第六期。
⑧章太炎：〈與李源澄論公羊書一〉，見《章太炎書札》，抄本，溫州市圖書館藏。
⑨章太炎：〈與李源澄論公羊書二〉，同上。
⑩章太炎：〈國學會會刊宣言〉，見《國學商兑》一卷一號，一九三三年六月一日出版。
⑪章太炎：〈國學會會刊宣言〉。
⑫諸祖耿記：〈國學之統宗〉，見《制言》第五十四期。
⑬諸祖耿記：〈適宜於今日之理學〉，見《制言》第五十七期。
⑭〈制言發刊宣言〉，見《制言》創刊號，收入《太炎文錄續編》卷三。
⑮同上。

⑯〈章氏國學講習會簡章〉，見《制言》第一期。

⑰〈贊助章氏國學會書札〉，見《制言》第一期。

⑱同上。

⑲同上。

⑳沈延國：《記章太炎先生》，永祥印書館一九四六年六月版。

㉑章太炎：〈生日自述〉，見《章太炎政論選集》第八二〇頁。

㉒《章氏叢書續編》收《廣論語駢枝》一卷、《體撰錄》一卷、《太史公古文尚書說》一卷、《古文尚書拾遺》二卷、《春秋左氏疑義答問》五卷、《新出三體石經考》一卷、《菿漢昌言》六卷。

㉓〈論讀經有利而無弊〉，係章太炎在一九三五年的演講辭，見《大公報》一九三五年六月十五日、十六日，副題為「章太炎先生講演」，下署「金東雷寄自蘇州」。又見《國風》六卷七—八期、《國光雜誌》第五期。《章氏星期講演會》第三期刊載此篇，署「弟子王謇等記錄」，章氏國學講習會鉛印本。今據《大公報》所載。

㉔章太炎：〈答鐵錚〉，《民報》第十四號。

㉕章太炎：〈臺灣通史題辭〉，見《太炎文錄續編》卷二下。

㉖〈馬相伯、章太炎聯合宣言〉，《申報》一九三三年二月十日。

㉗〈馬相伯、章太炎聯合宣言〉，《申報》一九三三年二月二十日。

㉘諸祖耿記：〈歷史之重要〉，見《制言》第五十五期。

㉙王乘六、諸祖耿記：〈論讀史之利益〉，見《制言》第五十二期。

㉚王乘六、諸祖耿記：〈略論讀史之法〉，見《制言》第五十三期。

㉛章太炎：〈與張季鸞問政書〉，一九三五年六月六日，見《章太炎政論選集》第八六〇頁。
㉜章太炎：〈與鄧之誠論史書〉，見《制言》第五十一期。
㉝章太炎等：〈為上海英租界巡捕慘殺學生之通電〉，《申報》一九二五年六月六日。
㉞章太炎：〈與孫思昉論時事書一〉，一九三二年十月五日，見《章太炎政論選集》第八二四頁。
㉟章太炎：〈與孫思昉論時事書二〉，一九三二年十二月二十八日，同上第八二八頁。
㊱《申報》一九三二年一月十五日「本埠新聞」〈國難救濟會請政府決大計〉。
㊲《申報》一九三二年一月二十二日「本埠新聞」〈章太炎等請國民援救遼西〉。
㊳章太炎：〈書十九路軍禦日本事〉，手迹影行，見天津《大公報》，一九三二年三月五日；又載《國學叢編》一期五冊，一九三三年三月出版；又見《制言》第三十二期。
㊴《申報》一九三二年二月二十四日《臨時專刊》二十三日青島專電。
㊵章太炎：〈合肥段公七十壽序〉，見《太炎文錄續編》卷三下。
㊶天津《大公報》一九三二年三月八日〈章太炎談時局〉。
㊷章太炎：〈論中國切要之學〉演講，載《中法大學月刊》五卷五期。
㊸章太炎：〈清代學術之系統〉講演，柴德賡記，見《師大月刊》十期。
㊹天津《大公報》一九三二年四月十八日〈章太炎函顧維鈞請為洪皓、左懋第〉。
㊺天津《大公報》一九三二年五月三十日〈章太炎昨抵青島演講〉。
㊻《申報》一九三三年二月十日「本市新聞」〈馬相伯章太炎聯合宣言〉。
㊼同上。
㊽《申報》一九三三年二月二十日「本市新聞」《馬相伯章太炎聯合宣言》。

㊾ 章太炎：〈呼籲抗日電〉，《蘇州民報》，一九三三年三月七日。
㊿ 《申報》一九三三年四月二日「本埠新聞」，原題《三老宣言》。
51 《申報》一九三三年四月二十八日「本市新聞」〈九四老人與章太炎電警國人毋幸小勝〉。
52 《申報》一九三三年五月二十六日「本市新聞」〈馮玉祥通電堅主抗日〉。
53 《申報》一九三三年六月二日「本市新聞」〈馬相伯、章太炎電勉馮玉祥〉。
54 《申報》一九三三年八月九日「本市新聞」〈馮玉祥通電結束軍事〉。
55 同上。
56 見《制言》第三十二期。
57 《馮氏叢書》第六種卷首；《制言》第三十二期曾予刊錄。
58 《申報》一九三五年十二月十九日〈宋哲元勸告學生〉。
59 章太炎：〈致宋哲元電〉，手蹟。
60 《申報》一九三五年十二月二十四日「本埠新聞」〈章太炎電宋哲元坦懷對平學生〉。
61 浙江圖書館：《追悼章太炎先生特刊》。
62 章太炎：〈與馬相伯、沈恩孚聯合宣言〉，一九三三年四月一日。
63 章太炎：〈答某書〉，一九三六年六月四日，見《章太炎政論選集》下冊第八七四頁。
64 許壽裳：《章太炎》第一六五頁。

第十章　結束語

一　正確評價

關於章太炎的評價問題，一直存有分歧。

六十年代初，有一場「章太炎思想的階級性」討論，有人認為他是資產階級革命家，有人認為他是地主階級思想家。從辛亥革命的性質來說，一般都認為他是資產階級民主革命，作為辛亥革命的領導人物之一，主編過革命派機關報《民報》的章太炎，應該是資產階級革命家了；然而，章太炎出生於地主階級家庭，他的思想中也有封建糟粕，從而有人認為他是地主階級思想家。那麼章太炎的「階級屬性」，究竟是什麼？

我没有參加這場討論，但從討論中也引起一些思考：一位主張章太炎是地主階級思想家的先生以為他「一味反對經今文學派，經今文學派在維新運動是曾經有進步作用的」。那麼，章氏反對「有進步的一面」的今文經學，應該是「落後」或「反動」的了。

事實真的如此嗎？恰恰相反，章太炎利用古文經學反對今文之時，今文經學已經不能起它「進步」作用了，康有為也已逐漸「由好變壞」了。非但如此，當今文經學具有活力，維新運動代表進步趨勢之時，章太炎卻曾贊助過康有為，並在自己的論著中，一度援用今文觀點，儘管他是古文經學家。

本書第二章已經指出，章太炎在維新運動期間，在《時務報》發表的文章中，曾援用「大一統」、「通三統」今文說，也助資強學會。變法失敗後，章太炎在旅臺期間，還自述「行誼政術」與康有為等相合，對康有為等表示同情。因此，簡單地認為章太炎「一味反對經今文學派，經今文學派在維新運動是曾經有進步的一面」的說法，就值得考慮。只有詳細占有資料，根據當時的歷史條件和他本人的表現認真分析。

也有人在「定」章太炎為某某派的時間，没有考慮章太炎各該論著的撰作或發表時間，只是從自己的主觀願望出發，或為了給自己的立論提供「依據」，甚至把章太炎後來的文章說是先前的「思想」，這樣的立論，當然也是不可靠的。

由於近代中國發展迅速，時代巨輪不斷前進，一個人的思想也時有變化，或者拉車向前，或者逆流而動。正確評價歷史人物，就要看他的實踐是否符合社會發展客觀規律，按照一定的時間、地點和條件加以科學的剖析。面臨著尖銳的階級矛盾和嚴重的民族危機的舊中國，章太炎曾經由贊助維新到投身革命，也曾經由「拉車向前的好身手」到「既離民衆，漸入頽唐」，從而對他先前發表的作品有所增衍、修飾、改易、刪削。一九一四年，章太炎手定《章氏叢書》，把先前登在期刊上的戰鬥的文章每多刊落，《訄書》的改編為《檢論》，也反映了章太炎思想遞變的跡象。

早在章太炎同情維新變法時編集的《訄書》，收錄有〈客帝〉、〈分鎮〉等篇，他自己說當時寫這些文篇是與「尊清者遊，飾苟且之心」。到了義和團運動以後，始作「匡謬」；一九〇二年，重為「刪革」，編作《訄書》「前錄」，成為反清革命運動的重要文獻之一。他的始撰、改訂以至刪削，都留下了章太炎在急遽變化的歷史進程中的思想烙印。而這種事例，幾乎數見不鮮，本書第三、第四、第七章也都有論列。那麽，為著「知人論世」，爬梳佚文，讎校異同，繫年輯錄，就顯得很有必要。

其實，這種情況，不但章太炎如此，其他近代著名思想家也有類似情況：康有為在一八八四年始撰《人類公理》，一九〇一至一九〇二年間寫成《大同書》，他的「大同學説」，就跟隨其思想變化而大相逕庭。譚嗣同的《仁學》，在《清議報》和《亞東時報》分別發表時，編次、內容都有不同，説明他們不是同源①。唐才常受到康有為、梁啟超的影響，在他改訂的論文中，也增列了「儒教真派，厄於劉歆」等命題②。可見，對於中國近代思想家的著作，應該探源比勘，把問題提到一定的歷史範圍之內，實事求是地進行全面的歷史的評價。

為此，我在六十年代初，除校閱《章太炎政論選集》外，從事《章太炎年譜長編》的增訂、考核、繫年、編集工作，翻閱了四十餘年的報紙和多種期刊，也注意到各種手稿、抄件以至不同版本的搜集，企圖做一些比較踏實的工作，以免立論駕空、憑臆估價。

評價章太炎，既不能「阿其所好」，有所回護，也不能抓住一點，不計其餘。

舉例來說，章太炎對共產黨的態度，過去主要根據馮自由《革命逸史》中的〈護黨救國公函〉，有人以為章太炎是受了馮自由等國民黨右派的慫恿，領銜撰文，「實際非其本旨」；有人認為章太炎「一貫反共」。究竟應該如何評價？

章太炎有沒有受到馮自由等的慫恿？有。國民黨第一次代表大會召開前後，馮自由確來滬活動，和章太炎也有接觸，不能說章太炎不受到他的影響。但，如果沒有一點思想基礎，也不容易為人「慫恿」。章太炎對國民黨本來有成見，這時他又主張「聯省自治」，而「聯省自治」，又為國民黨第一次代表大會所批判，他當然存有不滿。此後，他組織的辛亥革命同志俱樂部攻擊共產黨的言論，比〈護黨救國公函〉更為激烈，本書已經指出。難道他的「反共」，就完全是受了馮自由等的「慫恿」？

因此，在國民黨第一次代表大會召開前後，章太炎是反對共產黨的，他雖也曾受馮自由等的「慫恿」，但他當時確對共產黨不滿，他組織的辛亥革命同志俱樂部就公開發表反共言論。

但是，沒有多久，隨著日本帝國主義侵略的加深、民族危機的加重，章太炎對共產黨的看法有所改變。他在通電中既說：「學生請願，事出公誠，縱有加入共黨者，但論今之主張何如，何論其平素」。在〈與人書〉中，又謂「非常之時，必以非常之事應之」，認為共產黨「對於日軍，必不肯俯首馴伏明甚」。那麼，章太炎過去反對過共產黨，後來有所改變。他的反對，儘管也有人慫恿，主要還是他當時政治主張和共產黨背道而馳。他反對過共產黨是事實，不必為之回護；他對共產黨的態度，後來有所改變，也不應抹殺。應該全面地歷史地對人物作出比較客觀的評價。

* * *

章太炎是中國近代愛國的思想家。他在中日甲午戰後基本上贊助維新變法。八國聯軍入侵，民族危機嚴重，他逐漸由維新轉入革命，公開發表〈駁康有為論革命書〉。出獄東渡，主持《民報》，深刻揭露改良派「污邪詐偽」、志在干祿的醜態，積極闡揚推翻清朝、「建立民國」的旨意，憤怒斥責革命投機分子「自慕虛榮」、「私心曖昧」的劣蹟，針鋒相對，文字銳利，「真是所向披靡，令人神往」。

辛亥革命推翻了清朝，但這場革命以妥協而告終，沒有，也不可能徹底完成反帝反封建的任務。章太炎和同盟會早有裂痕，發出過「革命軍起，革命黨消」的言論。組織中華民國聯合會，旋又改為統一黨，對袁世凱存有幻想。不久，袁世凱「攘竊國柄，以遂私圖」。章太炎斥責袁世凱「包藏禍心」，致被幽禁。釋放後，一度參加反對北洋軍閥的鬥爭。

此後，章太炎「卻退居於寧靜的學者，用自己所手造的和別人所幫造的牆，和時代隔絕了」③，但當帝國主義蹂躪祖國，中華民族災難深重的時候，他出來譴責國民黨「怯於禦亂而勇於內爭」；號召團結禦侮，一致抗日。儘管他晚年行為也有使人失望之處，卻仍保持了愛國主義的晚節。

魯迅評述章太炎說：「考其生平，以大勳章作扇墜，臨總統府之門，大詬袁世凱的包藏禍心者，並世無第二人；七被追捕，三入牢獄，而革命之志終不屈撓者，並世亦無第二人。這纔是先哲的精神，後生的楷範」。又說：「既離民衆，漸入頹唐，後來的參與投壺，接受饋贈，遂每為論者所不滿，但這也不過白圭之玷，不是晚節不終」④。是中肯的評價。

章太炎又是著名的學者，他在經學、史學、文學、文字學、諸子學方面都留有著作，或者闡釋經義，或者訓詁名物，留下了寶貴的文化遺產。

章太炎信奉古文經學，古文經學以孔子為史學家，章太炎也重視治史，認為「所貴乎通史者」，應該「一方以發明社會政治進化衰亂之原理為主，則於典志見之；一方以鼓舞民氣，啟發方來為主，則亦必於記傳見之」，早年就想寫出百卷本的通史。辛亥革命時期想以史籍所載人物、制度、地理、風俗之類灌溉民族感情，重視治史。日本帝國主義侵華日急，他又反覆演講史學之重要，除申明東北、熱河是中國的領土外，並力言中國文化之可貴，想從古事古蹟中激起「愛國愛種之心」。

章太炎一些專門性的學術著作，如《文始》、《新方言》、《齊物論釋》諸作，每多訓釋精審，發人未發，在學術上有重大貢獻。

或者說，章太炎鼓吹民族主義，辛亥革命時期組織亞洲和親會，後來反對日寇侵華，揭揚中華民族的反帝勇氣，是非常可貴的，但他有時也有大漢族主義思想，如對滿洲貴族的統治。應該說，章太炎在清末，的確文章中有不少「仇滿」、「排滿」等詞句，有時還言之過甚，如一九〇六年發表在《復報》上的〈逐滿歌〉，但他在武昌起義時，態度已有所改變。在指出他大漢族主義的同時，也得指出他後來的轉變。

或者說，章太炎鼓吹「國粹」，而「國粹」是「落後的表現」。這也得具體分析。章太炎在辛亥革命前，主張「用國粹激動種性，增進愛國的熱腸」，是要人愛惜自己的歷史，「曉得中國的長處」，使「愛國愛種之心」，「風發泉湧，不可遏抑」，為反清革命鬥爭服務，和他晚年的講「國粹」，有所區別。至於他晚年，自有不少不如人意之處，但中國傳統的優秀文化還是應該繼承、發揚的，當然，他所指的「國粹」，有的是否屬於「優秀文化」也可考慮。

或者說，章太炎晚年主張讀經，發表了〈論讀經有利而無弊〉，說是「讀經之利有二：一為修己，二為治人」。「以為救之之道，捨讀經末由」。蘇州章氏國學講習會所授課目，亦有《小學略說》、《經學略說》、《經傳釋詞》，以至《爾雅》、三《禮》等專經講授。是否他晚年的「尊孔讀經」，和提出孔教會的康有為「如出一轍」呢？也不盡然。應該說，章太炎晚年接見中華儒學會，參加蘇州祀孔祭典，講授經籍課目，思想漸入頹唐。但評價時還得聯繫當時的時局和章太炎政治態度綜合考察。這時正值日帝侵華、民族危亡之際，章太炎一直以為孔子是「史家宗主」，是中國文化的保存者，經籍中的古事古蹟可以誘發民族主義，增進愛國的熱腸，於是再度提出。他在〈與人論讀經書〉中，就提到顧炎武目睹明代「空談心性之弊」，而「有讀經會之設」，於是倡導讀經。儘管他說：「以讀經為先」，還要讀《四史》、《通鑑》等，以免「漢族之夷於馬來」⑤。但這是他三十餘年前在《民報》上提出過的課題，現在已經時隔三十多年了，情況變了，他提出的還是過去的舊說，那就有些和時代隔絕。不過就繼承中國傳統文化來說，也有其獨特之見。

他早年的弟子，如黃侃、錢玄同、朱希祖、魯迅、汪東、吳承仕、許壽裳、馬裕藻等早已卓然成家，晚年的弟子，至今還有不少經學、諸子學、史學、文字音韻學名家，活躍在海峽兩岸，在繼承和發揚傳統文化方面作出不小的貢獻。因此，不能因章太炎晚年提出「讀經有利而無弊」而把他和康有為等等量齊觀。

章太炎是愛國的思想家，也是著名的學者，只有詳細占有資料，根據當時的時代和他本人的實踐予以實事求是的評價。

二　幾個問題

關於章太炎輓孫中山聯

「舉國盡蘇聯，赤化不如陳獨秀；滿朝皆義子，碧雲應繼魏忠賢」。有人認為是章太炎的〈輓孫中山聯〉，其實它是當時小報偽造，並不可信。章太炎和孫中山都是「辛亥舊人」，怎會「仇孫」如此之深?章太炎又是著名「國學大師」，怎會自比「閹黨」?稍加理繹，即有問題。

章太炎和孫中山有没有矛盾?有。他還對孫中山公開攻擊過。但一九二五年三月十二日孫中山逝世後，章太炎是怎樣對待的呢?且錄當時報刊數則：

三月十三日，章太炎上午八時餘即到孫宅，「唐少川、章太炎等到孫宅後，即由唐、章及葉楚滄等商議治喪事宜。唐紹儀、章太炎二君，主張在正式政府未成立以前，為紀念孫公之功勳起見，應由家屬及人民以禮行葬，待正式政府成立，再追予國葬，以符孫公生前之主張。並議決四事如下：一，電北京同志，主張以人民的名義，舉行國葬，不宜由段令給予；二，通電全國下半旗誌哀；三，治喪事務所設環龍路四十四號，治喪事務所廣告，推唐紹儀、章太炎領署；四，追悼會俟北京定期，同日舉行」⑥。

三月十五日，孫中山治喪事務所發出通函，「正式請唐少川、章太炎擔任追悼會籌備處幹事員，指示一切」⑦。

四月十二日，上海追悼孫中山大會在西門公共體育場開會，「壁間懸有唐少川、章太炎之輓聯」⑧。章太炎所撰輓聯是：「孫郎使天下三分，當魏德萌芽，江表豈曾忘襲許；南國本吾家舊物，怨靈修浩蕩，武關無故入盟秦」⑨。

這是當時日報報導的原始資料，記載比較直接。根據所述，章太炎在孫中山逝世後，次日清晨即到孫宅，又擔任追悼會籌備處幹事員，具體籌備追悼事宜，「指示一切」，「領署」發布治喪事務所廣告。那麼，即使他和孫中山過去存有芥蒂，也不致在這個時候寫出這樣對聯，不會籌備悼孫，輓聯「反孫」，更不會把孫中山比作魏忠賢，自己甘認「閹黨」，還把它懸在負責籌備的追悼會「靈壁」。再則，章太炎這時明明推崇孫中山「艱苦卓絕」、「確為吾黨健者」，為何「輓聯」如此異趣？況且，章太炎輓孫中山，自另有聯，〈葑漢大師連語〉就經輯錄，即「孫公使天下三分」聯，語氣筆調，顯為章氏當時所撰，絕非「滿朝皆義子」云云。與此同時，章太炎還寫了〈祭孫公文〉，「天生我公，為世鈐鐸，調律專一，吐辭為矱」，頗為稱譽。怎會祭文推崇，輓聯謾罵。

或者說：「孫郎使天下三分」一聯，既懸靈壁，又錄〈連語〉，自屬可信。「滿朝皆義子」一聯，則為孫中山奉安時所撰。此語也不可信。孫中山奉安時，章太炎確有輓聯，但不是「滿朝皆義子」；他還對當時報紙偽造輓聯發表申明，說明輓聯確有偽造，這在最近發現的章太炎〈致報館書〉手蹟和〈輓孫中山〉中可以得到證明。〈致報館書〉原文為：

「逕啟者：鄙人平日交遊雖廣，然凡素來相識，與相識而死不赴告者，皆不以輓聯致弔。數年中或有假借鄙人名義僞作輓聯發之報紙者，如前數年宋子文之母死，譚延闓死，今歲楊銓死，鄙人皆未致輓聯，而外間悉有僞造，流傳人口，淆惑聽聞。又諷議時事之作，鄙人雖時亦有之，然大率多在詩章，辭必雅正，而外間僞作，多猥褻不經之語，尤爲荒謬。甚望此後大報紙欲登錄鄙人輓聯詩句者，必須以墨蹟攝印，使真僞可辨。否則譸張爲幻，變亂是非，甚非大雅君子所宜出也。此致□□報館主筆先生鑑。章炳麟白，八月三十日」。

查楊銓（杏佛）於一九三三年六月十七日在上海亞爾培路（今陝西南路）遇刺身死，知此函寫於一九三三年。章氏謂「數年中或有假借鄙人名義偽作輓聯登之報紙」，並列舉宋子文之母死等為例，可知偽造輓聯時有發現。否則他也不會憤而登報了，「滿朝皆義子」，也正是偽聯之一。

最近發現的〈輓孫中山〉為：

「洪以甲子滅，公以乙丑殂，六十年間成敗異」；

「生襲中山稱，死榜孝陵葬，一匡天下古今同」。

此聯未署月日，以「死榜孝陵葬」來看，正是孫中山奉安時所撰，正是奉安時的真聯。它以孫中山與洪秀全並列，一為太平天國的領導人，一為辛亥革命的領導人，而「六十年間成敗異」，較洪秀全尤為偉大。以孫中山榜明太祖而葬，「一匡天下古今同」，視為民國共和的締造者，是譽是毀，讀者自明。

照此說來，孫中山逝世後，章太炎寫過兩副對聯，一為逝世時，一為奉安後。至於「滿朝皆義子」一聯，則為當時小報偽造，後又錄入《中國現代文學史》，後人不察，以訛傳訛。章太炎和孫中山還有過一段政治公案，他又「每為論者所不滿」，遂致以贋品為真蹟，奉偽聯為鴻寶。

我們決不責怪引用偽聯的朋友，因為他們也是有所本的。同時，這副偽聯流傳也久，且為《中國現代文學史》所徵引，自易淆惑。而《致報館書》等手蹟，我也只是在最近所發現。但這副輓聯的真偽，卻牽涉到對章太炎的評價問題，不容不辨。

章太炎和白話文

章太炎文字古奧，詰屈聱牙，很多人以為他反對白話文，不寫白話文。連學生錢玄同、魯迅也有過章太炎「擯斥」白話文的話⑩。章太炎的反對白話文，似成定讞。

然而，坊間卻有《章太炎的白話文》一書，書名就叫「白話文」，和曹聚仁所記《國學概論》⑪不同，因為前者明署「章太炎的白話文」，後者則是章氏的演講記錄。這又將如何解釋呢?蕭一山說：「末篇乃錢玄同所作；誤收。實則此書採自太炎與錢玄同所辦之《教育今語雜誌》。該雜誌幾全出玄同手，即署名『太炎』者，亦玄同作也，故應名《錢玄同的白話文》」⑫。

這裡又牽涉到《章太炎的白話文》的真偽問題。由於它和章太炎是否反對白話文有關，需先釐明。

查《章太炎的白話文》，吳齊仁編，一九二一年六月二十日上海泰東圖書館鉛字排印本，確實採自《教育今語雜誌》。如一，〈留學的目的和方法〉，為該刊第四册「社說」，原名《庚戌會演說錄》，文末有編者庭堅的「附識」：「這一篇社說，本是中國各省留學日本的高等師範學生，請獨角先生去演説所錄下來的演説稿。」「獨角」是章太炎的筆名。二，〈中國文化的根源和近代學術的發達〉，係該刊第一册「社說」。三，〈常識與教育〉，係該刊第二册「社說」。四，〈論經的大意〉，載該刊第二册。五，〈教育的根本當從自國自心發出來〉，係該刊第三册「社説」。六，〈論諸子的大概〉，也載第三册。七，〈中國文字略說〉，見該刊第四册《論文字的通借》。《教育今語雜誌》，是重組光復會於東京後的「通信機關」⑬，一九一〇年三月十日（陰曆正月二十九日）在日本創刊。封面為章太炎手書，署「共和紀元二千七百五十年正月二十九日發行」。封底刊「編輯兼發行者：教育今語雜誌社；印刷者：秀光社」，社址為「日本東京大塚町五十番地」⑭。

章太炎在《教育今語雜誌》上發表的文章，有的確係講演記錄，如〈庚戌會演說錄〉，既明署「演説錄」，「附識」也注明是「獨角先生去演説所錄下來的演説稿」。但是否可說不是章太炎的白話文，甚至據以作為章太炎反對白話文的例證呢？不能。因為：第一，《教育今語雜誌》是光復會重組後的「通訊機關」，當時章是光復會正會長，重組後的光復會「以教育為進取，察學生之有志者聯絡之」，且擬「將太炎公改為教育會會長」⑮。《教育今語雜誌》辦在東京，章太炎這時也在東京，登載正會長的文章在其「通訊機關」報上，至少要徵得章太炎的同意，發表時又用「太炎」、「獨角」等自己的筆名，也應承認是自己的文章或講演錄。第二，章太炎的講演辭，除此以外尚有多篇，如著名的〈東京留學生演說會演說辭〉，雖未輯入《太炎文錄》，但在他生前，一直為人引用，章太炎對此也無異辭。當初此文在《民報》發表時，章太炎還登「告白」：「接香港各報館暨廈門同志賀電，感愧無量，唯有矢信矢忠，竭力效死，以塞諸君之望，特此鳴謝。」並於次期起主編《民報》，他沒有否定不是他的「演說辭」。第三，一九二〇年，《太炎教育談》在四川出版，署「庚申仲春刊於觀鑑廬」，共二卷，分訂兩册，都是《教育今語雜誌》所載講演。卷一共三篇：一，〈論文字歷史哲理的大概〉，即《教育今語雜誌》第一册「社說」《中國文化的根源和近代學術的發達》；二，〈論文字的通借〉，原載《教育今語雜誌》第四册；三，〈論常識〉，即《教育今語雜誌》第二册《常識與教育》。卷二共三篇：一，〈論羣經的大意〉，即《教育今語雜誌》第三期《論經的大意》；二，〈論諸子的大概〉，原載《教育今語雜誌》第三期；三，〈論教育的根本當從自國自心發出來〉，原載《教育今語雜誌》第三册。這些從《教育今語雜誌》中輯入各文，滙成之書曰《太炎教育談》，署章氏之名。又一九二一年四川印行《太炎學說》上、下兩卷，署「辛酉春觀鑑廬印」。上卷為章太炎演說記錄，除中有掇拾過去演說記號外，有的可能是一九一八年章太炎在四川的講演記錄。這些講演記錄，也用白話。兩書章氏蘇州寓所尚存，可知章太炎是看到其書的，他也没有否認此書不是他的「教育談」和「學説」。第四，《章太炎的白話文》編者實為張靜廬。一九六三年，張靜廬過訪，我問及此書，張曰：「《章太炎的白話文》是我在章太炎上海寓所索得付印的，當時酬以二百元，太炎先生很高興。署『吳齊仁』編者，謂『無其人』也。」那麼，章太炎親自把這些「白話文」交給張靜廬，當然可以署以《章太炎的白話文》書名的。在此書的〈編輯短言〉中還說：「章先生一生親筆做的白話文極少，編者煞費苦心，才收集這幾篇。」《教育今語雜誌》所刊「白話文」，是否全是「親筆」，或係講演記錄，尚可考核，但它既由章太炎親手交給張靜廬，至少他是承認這些是他的作品的⑯。

或者說，《章太炎的白話文》，雖輯自章太炎任會長的光復會的「通訊機關」《教育今語雜誌》，但以內容來看，似乎大都是講稿，〈庚戌會演説錄〉已明確注明是「演説所錄下來的演説稿」了，其他幾篇也可能是別人「錄下來的」。它畢竟是演説稿，又是「錄下來的」，似難確切説明章太炎寫過白話文或贊成白話文。

我認為，章太炎早期，也即倡言革命時期，倒是贊成白話文的，他不但有言論，而且親自寫過白話文。

一九〇五年起，禺山世次郎（黃世仲，字小配）將所撰《洪秀全演義》連載於《有所謂報》和《少年報》，次年在香港發行完整的六十四回本，上有章氏序文：「演事者，則小説家之能事，根據舊史，觀其會通，察其情偽，推己意以明古人之用心，而附之以街談巷議，亦使田家婦子知有秦、漢至今帝王師相之業。不然，則中夏齊民之不知國故，將與印度同列。然則演事者雖多皮傅，而存古之功亦大矣。」又說：「近時始有搜集故事，為太平天國戰史者，文辭駿驟，庶足以發潛德之幽光，然非里巷細人所識。夫國家種族之事，聞者愈多，則興起者愈廣」⑰。他認為演義可使「田家婦子知有秦、漢至今帝王師相之業」，可使「里巷細人所識」，使家喻户曉，「昭宣令聞」，他對「文亦適俗」⑱是贊成的。

一九〇六年六月，章太炎東渡，擔任《民報》主編，十月，在《復報》第五期上發表〈逐滿歌〉，署名「西狩」。中謂：

「可憐我等漢家人，卻被羊豬進屠門。揚州屠城有十日，嘉定、廣州都殺畢。福建又遇康親王，淫掠良家像宿娼。駐防韃子更無賴，不用耕田和種菜。菜來伸手飯張口，南糧甲米歸他有。漢人有時欺滿人，斬絞流徙任意行。滿人若把漢人欺，三次殺人方論抵。……名爲永遠不加賦，平餘火耗仍無數。名爲永遠免丁徭，各項當差著力敲。開科誆騙念書人，更要開捐騙富民。人人多道做官好，早把仇讎忘記了。地獄沉沉二百年，忽遇天王洪秀全，滿人逃往熱河邊，曾國藩來做漢奸。洪家殺盡漢家亡，依舊猢猻做帝王。我今苦口勸兄弟，要把死讎心裡記。……莫聽康、梁誑爾言，第一讎人在眼前，光緒皇帝名載湉。」

姑勿論其思想內容，就其文字形式來看，也是非常「適俗」的歌謠，不能算「文言」。或者認為這首〈逐滿歌〉是章太炎偶一為之，只能說是通俗歌謠，不能說是「白話文」。而事實上，除此以外，我還看到過章太炎親筆撰寫的白話文，那就是如今藏在日本京都大學人文科學研究所的《佛學手稿》。

一九八二年，日本京都大學名譽教授島田虔次先生曾將核校珍藏的章太炎《佛學手稿》攝片見贈。一九八四年三月，我在京都大學作學術報告時，又在狹間直樹教授的陪同下，看到了《佛學手稿》原件。此件裝一函，共九紙。外有灰色信封一個，紙已陳舊，上書《章炳麟手稿》。原稿寫在白單宣紙上，第一頁右角有「內藤」二字，為內藤湖南（內藤武男、內藤虎次郎，一八六六—一九三四年）舊藏。

章太炎《佛學手稿》，共分四題，似為東京講學時所擬。今錄其第一題中一段如下：

一，佛法果應認爲宗教耶？抑認爲哲學耶？

近代許多宗教，各有不同，依常論說來，佛法也是一種宗教，但問怎麼樣喚作宗教，不可不有個界說。假如沒有所信仰，就稱宗教，那麼各種學問，除了懷疑論以外，沒有一樣不是宗教。就是法律學者信仰國家，也不得不給他一個宗教的名號，何況佛法呢？假如說崇拜鬼神，喚作宗教，像道教、基督教、回回教之類，都是崇拜鬼神，用宗教的名號，恰算正當。佛法中原說六親不敬，鬼神不禮，何曾有崇拜鬼神的事實。明明說出『心佛罪生三無差別』，就便禮佛念佛等事，總是禮自己的心，念自己的心，並不在心外求佛。這一條界說，是不能引用了。……

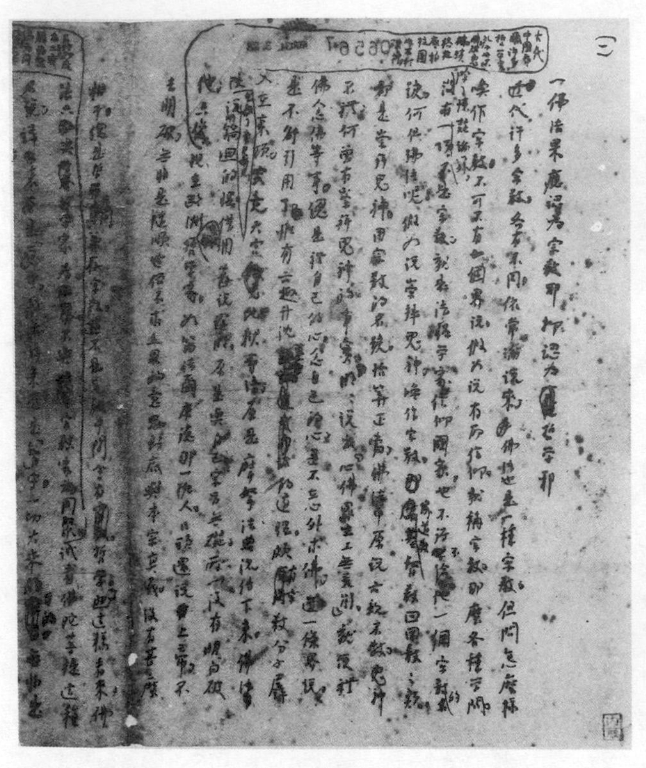

章太炎佛學手稿

這是手稿，是章太炎親筆寫的，還加斷句。在這一段文字中，除標題外，正文內容完全是白話，能說章太炎「反對白話文」嗎？他不但沒有反對，而且自己還寫了「白話」。

那麼，錢玄同、魯迅怎會說章太炎反對白話文呢？我認為，錢玄同在五四運動期間，疑古惑經，提倡白話文，章太炎是會有微詞的。至於魯迅所指，可能和章太炎的講演和與人談論而起。

查江蘇省教育會於一九二二年三月二十九日，在《申報》

刊發〈通告〉，說是「自歐風東漸，競尚西學，研究國學者日稀」，「同人深懼國學之衰微，又念國學之根柢最深者，無如章太炎先生，爰特敦請先生莅會，主講國學。」

章太炎於四月一日開講，四月十五日作第三講，講〈治國學之法〉。當講到「辨文學應用」時，談到白話：

「文章之妙，不過應用，白話體可用也。發之於言，筆之爲文，更美麗之，則用韵語，如詩賦者，文之美麗者也。約言之，敍事簡單，利用散文，論事繁複，可用駢體。不必強，亦無庸排擊，唯其所適可矣。然今之新詩，連韵亦不用，未免太簡。以既爲詩，當然貴美麗，既主樸素，何不竟爲散文。日本和尚有娶妻者，或告之曰：既娶矣，何必猶號曰和尚，直名凡俗可耳。今之好爲無韵新詩，亦可即此語以告之。古之白話，直書於書者，如《尚書》：『莫麗陳教則肄肄不違』，清江艮庭謂多一『肄』字，此因其口吃而疊語之，如《漢書》『臣期期不奉詔』、『臣期期以爲不可』之類，舉直書白話者也。今之曲盡其力，以描摹白話，真不知白話之應用者矣」⑲。

《申報》刊錄較簡，曹聚仁記錄較詳，並在下面增有一段：

「但現在的白話文只是使人易解，能曲傳真相卻也未必。「語錄」皆白話體，原始自佛家，宋代名儒如二程、朱、陸亦皆有語錄，但二程爲河南人，朱子福建人，陸象山江西人，如果各傳真相，應記各異，何以語錄皆同一體的呢？我嘗說，假如李石曾、蔡孑民、吳稚暉三先生會談，而令人筆錄，則李講官話，蔡講紹興話，吳講無錫話，便應大不相同，但記成白話文卻又一樣。所以說白話文能盡傳口語的真相，亦未必是確實的⑳。」

章太炎於六月三日第九次講學，講「文學之派別」時，又提到白話文，《申報》記錄有誤，今錄曹聚仁記錄於下：

「詩至清末，窮極矣，窮則變，變則通，我們在此若不向上努力，便要向下墜落。所謂向上努力就是直追漢晉，所謂向下墜落就是近代的白話詩，諸君將何取何從？提倡白話詩人自以爲從西洋傳來，我以爲中國古代也曾有過，他們如要訪祖，我可請出來：唐代的史思明（夷狄）的兒子史朝義，稱懷王，有一天他高興起來，也詠一首櫻桃的詩：『櫻桃一籃子，一半青，一半黃。一半與懷王，一半與周贄』。那時有人勸他，把末兩句上下對掉，作爲『一半與周贄，一半與懷王』，使與『一半青，一半黃』押韵。他怫然道：『周贄是我的臣，怎能在懷王之上呢？』如在今日，照白話詩地主張，他也何妨說：『何必用韵呢？』這也可算是白話詩的始祖罷！㉑」

曹聚仁把記錄整理成書後，增加了五篇《附錄》，都談白話，其一為邵力子的《志疑》，中曰：

「太炎先生很有不滿意於白話文和白話詩的表示。固然，他和別的頑固派不同，他知道無韵的新體詩也有美感（但不必叫彼做詩），他知道《尚書》是當時的白話文，他知道白話文能使人易解，他並非一概抹殺。但我正因爲他知道了這些而還要特別提出不慊於白話文和白話詩的話，所以說他不免有惡新的成見。關於白話，曹聚仁君有致太炎先生信，我不再多說。關於白話文，他既知道《尚書》即是當時的白話，何以古時的白話文可奉爲經書而現代的白話文便無價值呢？他引了《尚書·顧命篇》和《漢書》載周昌口吃的話，明明應說古書即古時的白話，而並唯白話文方能傳真，卻不料他結論偏不如是。我以爲太炎先生講到〈顧命篇〉等，正應提倡用新式標點來讀古書，因爲『蔑麗陳教則肄肄不違』等句，如果早有了標點，則不必要等到清代江艮庭才能知道是臨死時古本强大的口吻了。太炎先生又疑白話文記述方言各異的口語，不應盡同，似乎他於近人「文學底國語」的主張未曾看過，但我還請太炎先生下一比較的斷語。白話文固然也不能盡傳真相，但比文言文又如何呢？近年來，很有人怕白話文盛行，國學即將廢絕，其實看了國學講習會底情形便可釋此杞憂。國學講習會的聽衆，據我所知，很有許多人是積極地主張白話文的。做白話文與研究國學決不相妨，太炎先生一定能知此理罷！㉒」

由上可知：一，章太炎舉《尚書》、《漢書》以言「古之白話」，他知道白話文能使人易解，「他並非一概抹殺。」二，章太炎說過白話文不是詩，並謂向下墜落，便是白話詩。實際是以「有韵為詩」，樹「白話詩全無韵」而予批評的。三，章太炎認為「白話文能盡傳口語的真相，亦未必是確實的」。四，章太炎深究小學，所謂「非深通小學就不知道現在口頭語的某音，就是古代的某字」云云，章太炎也會談過，照此看來，章太炎對白話文是有看法的，也可說是曾經

「擯斥」的。但他的「擯斥」，既非完全抹殺，又是有其「擯斥」的緣由。可是由於章太炎文字古奧，晚年又流露對當時白話譏諷之辭，還引古書以為證，「把他所專長的小學，用得太廣了」，從而後人每以章太炎為反對白話文的典型。其實章太炎早年為了革命宣傳，為了「適俗」，倒是自己寫過白話文的；晚年對當時的白話頗有微辭，但他還把過去在《教育今語雜誌》上的文字匯為《章太炎的白話文》出版。那麼，不能因章太炎晚年對白話不滿，而簡單地說他「反對白話文」，而忘記了他早年寫過白話文；也不能因他「擯斥」白話而不考慮他「擯斥」的緣由。

章太炎和甲骨文

章太炎早在辛亥革命前，即撰有〈理惑論〉，載《國故論衡》上卷，「曾揭五疑以難吉金」，對於甲骨文字並不信任，謂：「近有掊得龜甲者，文為鳥蟲，又與彝器小異，其人蓋欺世豫賈之徒，國土可鬻，何有文字。而一二賢儒，信以為質，斯亦通人之蔽。按《周禮》有衅龜之典，未聞銘勒。其餘見於〈龜策列傳〉者，乃有白雉之灌，酒脯之禮，粱卵之祓，黃絹之裹，而刻劃者契無傳焉。假令灼龜以卜，理兆錯迎，衅裂自見，則誤以為文字，然非所論於二千年之舊藏也。夫骸骨入土，未有千年不壞，積歲少久，故當化為灰塵，龜甲蜃珧，其質同耳。……鼎彝銅器，傳者非一，猶疑其偽，況於速朽之質，易薶之器，作偽有須臾之便，得者非貞信之人，而羣相信以為法物，不其傎歟？」

章太炎治古文經學，古文經學家重文字訓詁，以《說文解字》為入門之書，以之為治經的範書，甲骨文的發現，對《說文解字》的解釋自有糾止，也就動搖了《說文解字》的權威地位。當甲骨文發現不久、釋文不多的情況下，作為信奉古文的章太炎對之有懷疑，是可以理解的。但從對待甲骨文的態度來說，他就不及和他同忠古文，並為他尊敬的孫詒讓。甲骨文出世不久，孫詒讓就寫了《契文舉例》，成為考釋甲骨文最早的著作。而章太炎卻奉《說文解字》為規範，從對待甲骨文的態度來說，他是不如孫詒讓的先進的。

由於〈理惑論〉的發表，以及章太炎此後一段時間的講授《說文解字》、崇揚《說文解字》，致每為學者所譏，認為章太炎是不信甲骨文的「頑固派」。

其實，跟隨甲骨文的大量發現，和考古發掘的不斷進展，章太炎對甲骨文的態度，在晚年也有改變。

一九三五年六月至八月，章太炎有〈與金祖同論甲骨文書〉四通，在六月二十八日第一書中尚謂：「文字源流，除《說文》外不可妄求，甲骨文真偽且勿論，但問其文字之不可識者，誰實識之」。「甲骨之為物，真偽尚不可知，其釋文則更無論也」。還是尊《說文》為「總龜」，以為「除《說文》外不可妄求」的。然而言甲骨「真偽且勿論」、「真偽尚不可知」，已不是〈理惑論〉那樣的深詆了。第三書又謂：「龜甲且勿論真偽，即是真物，所著占繇不過晴羽弋獲諸瑣事，何足以補商史」㉓。已對「即是正物」立論了，郭沫若為之評述曰：

「比者金君祖同得其手書四通，其前二通均以甲骨文真僞爲主題，所見已較往年大有改進，如謂：『鐘鼎可信爲古器者什有六七，甲骨之爲物，真僞尚不可知』，於鼎彝已由懷疑變而爲肯定，於甲骨則由否認變而爲懷疑，此先生爲學之進境也。再隔若干年，余深信『甲骨可信爲古物者十有六七』之語，必將出於章先生之筆下矣」。「竊觀先生之蔽，在乎盡信古書。一若於經史字書有徵者則無不可信，反之則無一可信。……今先生於劉歆所改竄之《周官》信之，於〈龜策列傳〉所著之『略聞』信之，于邯鄲淳三體石經信之，乃至荒唐如紅崖碑之類亦信之，而獨於彝器甲骨則深深致疑而不肯多假思索，此實令人難解」㉔。

郭沫若以章太炎對甲骨文「所見已較往年大有改進」，還是較為公允的。

同年秋，孫思昉（至誠）至蘇州謁見章太炎，「縱談殊暢，論某公好奇，曰學問之奇衺，至今日而極」，「今則以今文疑羣經，以贗器校正史，以甲骨黜許書，以臆説誣諸子，甚至以大禹為非人類，以堯、舜為無其人，怪誕如此，莫可究詰」㉕。

孫思昉此文在《制言》刊布，並由徐一士〈談章炳麟〉錄交《國聞周報》第十三卷第二十三期（一九三六年六月二十九日出版）刊布。姜亮夫對「今則以今文疑羣經」四語，以為「語氣輕重急徐之間」，與「所聞於先生者，小有同異」。關於「以贗器校正史」，姜亮夫謂：「憶二十二年（一九三三年）上海同福里座中，偶談及先生為某氏跋散氏盤中語，先生曾言許叔重《説文解字》亦採山川鼎彝，故金石非不可治，惟贗器太多，辨別真僞，恐非目前世人學力所能及，故以證文字大體尚可尋其觗理，以證史事終覺不安」。

關於「以甲文黜許書」，姜亮夫謂：「大抵先生於甲文因其來歷不明而疑之，此固治學謹嚴者應有之態度」，此後，孫、姜二人反覆辯論，見徐一士〈太炎弟子論述師説〉，載《一士類稿》。姜亮夫所言，對章太炎似有「回護」，但所述章太炎謂：「《說文解字》亦採山川鼎彝」云云，還是可信的。

照此說來，章太炎治古文經學，信《說文解字》，先前不信甲骨文，此後考古發掘日多，他的思想也有所變化，「由否認變而為懷疑」，不是一成不變的。

---

① 見拙著：《仁學版本探源》，《學術月刊》一九六三年第五期，收入《康有為與戊戌變法》中華書局一九八六年十月版。

② 唐才常：〈論各國變法政教之有無公理〉，原載《湘學報》第五號至第十一號，後來收入《覺顛冥齋內言》卷一，改題〈各國政教公理總論〉，文字內容，有所增損。

③ 魯迅：《關於太炎先生二三事》。

④ 同上。

⑤ 章太炎：〈與人論讀經書〉，《制言》第二十一期。

⑥《申報》一九二五年三月十四日「本埠新聞」〈孫中山逝世之哀悼〉。

⑦《申報》一九二五年三月十六日「本埠新聞」〈孫中山逝世之追悼三〉。

⑧《申報》一九二五年四月十二日「本埠新聞」〈孫公追悼會今日舉行〉。

⑨收入〈菿漢大師連語〉，見《制言》第二十五期。

⑩關於錢玄同、魯迅對章太炎「擯斥」白話文的說法，可參見錢玄同〈致潘承弼書〉（拙編《章太炎年譜長編》第六九三頁），以及魯迅的〈名人和名言〉（《魯迅全集》第六卷第三八六頁）的記載。

⑪《國學概論》是章太炎的講演錄，曹聚仁編，泰東圖書館一九二三年出版。

⑫蕭一山：《清代學者著述表》，商務印書館一九四四年九月贛版。

⑬魏蘭：《陶煥卿先生行述》，油印本。

⑭該刊首載〈刊行教育今語雜誌之緣起〉：「環球諸邦，興滅無常，其能屹立數千載而永存者，必有特異之學術，足以發揚其種性，擁護其民德者在焉。」中國近年「外禍日急，八比告替，兼歐學東漸，濟濟多士，悉捨國故而新是趨，一時風尚所及，至欲斥棄國文，芟夷國史，恨軒轅、厲山為黃人，令己不得變於夷。」「同人有憂之，爰設一報，顏曰《教育今語雜誌》」。其章程第一章「宗旨」稱：「本雜誌以保存國故，振興學藝，提倡平民普及教育為宗旨。」第二章「定名」稱：「本雜誌依上列宗旨，演以淺顯之語言，故名《教育今語雜誌》。」第三章「門類」，共分「社說」、「中國文字學」、「羣經學」、「諸子學」、「中國歷史學」、「中國地理學」、「中國教育學」、「附錄」八類，月出一冊，上述〈緣起〉、〈章程〉，似為章氏門人錢玄同所擬。

⑮陶成章：《致石哥書》，手迹，一九一〇年，湖南社會科學院藏。

⑯我曾在蘇州章氏寓所見到《章太炎的白話文》，說明書籍出版後是送請章氏寓目的。

⑰章太炎：〈洪秀全演義序〉，《章太炎政論選集》第三〇七—三〇八頁。

⑱同上。

⑲《申報》一九二二年四月十六日〈章太炎講學第三日記〉。
⑳曹聚仁編：章太炎先生講演《國學概論》第三一—三四頁，一二七—一二八頁。
㉑同上。
㉒曹聚仁：章太炎先生演講《國學概論》「附錄」第三—四頁。
㉓金祖同：《甲骨文辨證》。
㉔見金祖同：《甲骨文辨證》上册。
㉕孫思昉：〈謁餘杭章先生紀晤〉，見《制言》第二十五期；《制言》第二十一期孫思昉：〈太炎先生傷辭〉也提到「以今文疑羣經」云云。

章太炎傳 / 湯志鈞著. -- 初版. -- 臺北市：
臺灣商務, 1996[民85]
面 ； 公分
ISBN 957-05-1329-2(平裝)

1. 章炳麟 - 傳記

782.884 85008921

章太炎傳

定價新臺幣四〇〇元

著作者 湯志鈞
責任編輯 雷成敏
封面設計 吳郁婷
校對者 鍾嘉惠 許素華
發行人 張連生
出版者
印刷所 臺灣商務印書館股份有限公司
臺北市重慶南路一段三十七號
電話：(〇二)三一一六一一八
傳真：(〇二)三七一〇二七四
郵政劃撥：〇〇〇〇一六五一一號
出版事業登記證：局版臺業字第〇八三六號

・一九九六年十月初版第一次印刷

ISBN 957-05-1329-2(平裝) 04920000